LAS HISTORIAS NO CONTADAS

DOCTORA LOLA APARICIO

LAS HISTORIAS NO CONTADAS

EXPERIENCIAS ENTRE LA VIDA Y LA MUERTE

Ediciones Luciérnaga

AGRADECIMIENTOS

A mi ser superior, a mis guías y a mi ángel de la guarda, porque me infunden entusiasmo y pasión. Por su sentido del humor y para que, en ocasiones, me ayuden a interpretarlo.

A los protagonistas de este libro por su generosidad al compartir sus testimonios y sus vivencias.

A Herminia por su claridad, luz y referente incondicional, para que me acompañe y esté a mi lado.

A todos los que me apoyaron y creyeron en mi proyecto, porque su amor es mi energía.

A las sincronías que hicieron posible que este libro sea un punto de encuentro entre quien lo escribió y tú que lo estás leyendo, para que te infunda amor y serenidad en los momentos en que más lo necesites.

Diseño de la cubierta: Planeta Arte & Diseño
Realización: Planeta

Primera edición: febrero de 2026

Ediciones Luciérnaga
Av. Diagonal 662-664
08034 Barcelona
www.planetadelibros.com

ISBN: 979-13-87667-50-4
Depósito legal: B. 21.775-2025

Impreso en España – *Printed in Spain*

PEFC Certificado
Este libro procede de bosques gestionados de forma sostenible
PEFC
PEFC/14-38-00305
www.pefc.es

SUMARIO

INTRODUCCIÓN

En el funeral de mi abuelo, mi tía Soledad, su hermana, me dijo al darme un abrazo: «Aquí estamos, Lola, donde nadie quiere». Cierto, pensé, nadie quiere estar en un funeral, ni la familia ni los amigos ni mucho menos el que acaba de fallecer, es algo que no podremos evitar: asistir a nuestro propio funeral, y aunque hayas intentado escabullirte de los ajenos, de este no podrás hacerlo.

Si hemos tenido que enfrentarnos en algún momento a la muerte de algún ser querido, familiar, amigo o allegado, lo habitual es que lo hayamos hecho en soledad, porque hablar de la muerte sigue siendo un tema tabú del que es mejor huir, funerales incluidos. Nadie quiere estar ahí. Sin embargo, ¿por qué si es algo tan natural como nacer?

«La muerte es un castigo para algunos, para otros un regalo, y para muchos un favor.»[1] Lo que pensamos sobre la muerte puede variar según el momento vital por el que estemos pasando y por diversos factores, como, por ejemplo, si estamos sanos o padeciendo una enfermedad. Tampoco pensamos igual sobre la muerte cuando somos jóvenes o ancianos.

Nuestra visión de la muerte también cambia si hemos reflexionado sobre ella. El periodo de duelo se convierte en una

1. Frase atribuida a Séneca, filósofo y escritor romano.

reflexión acerca de la finitud de la vida, tanto la del ser querido como de la propia.

Las personas entran y salen de nuestra vida, con nacimientos y fallecimientos.

Las almas van y vienen, asidua y constantemente. El billete para venir a la Tierra es de ida y vuelta. Y lo sabemos.

Recuerdo a una paciente que había viajado con un grupo de amigos a Bután.[2] Enfermó de bronquitis y se asfixiaba, costándole mucho caminar. A pesar de todo, cada día hacía un esfuerzo para continuar con el viaje.

Una tarde en la que se encontraba especialmente débil, subía hacia un templo a través de un bello paraje. El guía, que acompañaba al grupo y hablaba español, se retrasó con ella para atenderla y no dejarla sola. Hubo un momento en el que mi paciente, no pudiendo más, se detuvo y se sentó para recuperar el aliento. Respirando con dificultad le dijo al guía: «¡Que mala estoy hijo, me estoy muriendo a chorros!». Entonces, el guía se sentó a su lado, y mostrándole la naturaleza y el paraje que les rodeaba lleno de encanto, le dijo con una espontánea sonrisa: «Pues mire y observe la belleza del lugar ¡No es un mal sitio para morir!».

Mi paciente me contaba la indignación que le provocó el desafortunado comentario de aquel guía, al que increpó severamente y levantándose de inmediato, logró alcanzar al grupo, lo que le supuso un agravamiento de la bronquitis y que apenas pudiese dormir esa noche.

Pero ¿hizo el guía un comentario de mal gusto, o fue su falta de empatía para con el pensamiento occidental? Porque, como expliqué a mi paciente, para una sociedad como la butanesa, el lugar donde trascender, en este caso en plena naturaleza, con bellos pai-

2. Bután se asocia con la muerte principalmente por la práctica budista de contemplar la muerte cinco veces al día para fomentar y alcanzar la felicidad.

sajes y un aire perfumado por el bosque, era mucho más deseable que un hospital, entre cuatro paredes blancas y asépticas.

Entendí la postura de mi paciente, pero también el comentario del guía de Bután. Me hizo reflexionar que la consideración hacia la muerte no era igual para todos, y que tenía una vertiente educacional y cultural.

Morir o cruzar al otro lado no debe ser un conflicto a resolver, pero hacerlo con paz y reverencia, sí es algo que se puede aprender.

Existe un aprendizaje para morir bien, sin miedos, con serenidad y naturalidad, y de eso va este libro.

Podremos intervenir, dentro de lo posible, eligiendo el escenario, por ejemplo, o a las personas con las que queremos estar en el último momento.

A lo largo de la investigación que empecé hace años sobre la perimuerte, una de las conclusiones a las que he llegado es que existen sincronías. Quizás las sincronías existan para todas las cosas de la vida, si bien, de lo que no me había dado cuenta es de que existen para los últimos días. La muerte está sincronizada con otras personas. O quizás la muerte es capaz de sincronizar para que estén aquellos que tienen que estar y no estén aquellos que no deben estarlo.

¿Por qué y para qué ocurren estas sincronías? Por motivos profundos que requieren reflexión y análisis. Nada es porque sí. Sabiendo la gran dificultad que tenemos para descifrar la realidad, debo confesar que es algo que desconozco, y ese mismo desconocimiento es lo que me impulsa a seguir investigando.

La exploración de la realidad y la exploración de la conciencia son conceptos que están íntimamente imbricados y que desconocemos ampliamente (ambos).

Si la realidad fuese un libro, nosotros seríamos como analfabetos que apenas conocen algunas letras del abecedario.

Las sincronías en la perimuerte es una teoría que me surgió cuando a un querido amigo le llegó su momento.

Este amigo, al que llamaré Vicente, dos años después de su jubilación cayó enfermo y no averiguaban lo que le pasaba. Perdía kilos de manera alarmante. Se quedó tan delgado, que fue ingresado para realizarle toda una batería de pruebas diagnósticas.

En su habitación de hospital, que era para dos pacientes, ingresó en la otra cama un hombre con un cuadro agudo abdominal. Pero no era un paciente cualquiera, sino la pareja de una compañera de trabajo con la que Vicente se llevaba muy mal. Tan mal que no se hablaban.

Vicente había sido médico en el centro de salud durante años cuando ella llegó. Por diversos motivos, la relación entre ambos se deterioró hasta llegar al distanciamiento total. Recuerdo aquellos días. Mi amigo no soportaba las maneras que tenía la nueva compañera y cada día sentía más aversión hacia ella.

Vicente se consolaba imaginando «venganzas» a la hora del desayuno que me provocaban risa por ser tan ingenuas e inocentes, como enviarle una postal invitándola a que se fuese a otro centro de salud... el caso es que cuando mi amigo se jubiló, seguía sin hablarse con la nueva compañera.

Cuando supe que Vicente y su «enemiga» estaban en la misma habitación del hospital, ella acompañando a su pareja y él como paciente, no pude más que sonreír pensando en el sentido del humor que tienen las cosas. Ni el uno ni el otro podían salir de la habitación y estaban obligados a verse todos los días. Y todas las noches porque ella, la compañera, pasaba la noche en la misma habitación, pendiente de su pareja.

Enseguida pensé en ir a visitarlo, justo después del trabajo, y estar un rato con él. Pero me dijeron los compañeros que no le habían encontrado ninguna enfermedad y que le daban el alta. Me alegré mucho por él y decidí visitarlo en su casa.

Al día siguiente, durante el desayuno comenté la alegría que sentía porque a Vicente le hubiesen dado el alta y que, seguramente, estaría en ese momento recogiendo sus cosas para marcharse. Se hizo un tenso e incómodo silencio cuando una compañera dijo: «Pero ¿Lola, no te has enterado? Vicente se ha muerto esta noche».

Quedé en *shock* ¡Si le habían dado el alta el día anterior! ¿Cómo era posible que hubiese fallecido unas horas después?

Cuando me fui calmando, me di cuenta de que había fallecido en la misma habitación en donde la compañera con la que no se hablaba se quedaba con su pareja. Quise saber dónde estaba ella esa noche: estaba acompañando a su pareja, por lo que estuvo presente cuando Vicente trascendió. Qué casualidad ¿no?

Unos días después hablé con la compañera «enemiga» y testigo de la muerte de mi amigo. Me contó que durante varios días coincidió en la misma habitación con él y pudieron conversar. Vicente le manifestó que había estado mucho tiempo enfadado con ella y con su forma de hacer las cosas, pero que, ya jubilado, sentía que toda aquella historia había pasado y al darse cuenta de que no merecía la pena seguir con el enfado, le pidió disculpas por si alguna vez hizo, o dijo algo que a ella le pudiese molestar.

Entonces, ella me comentó que quizás Vicente no era como pensaba y que, al hablar, todas las rencillas se disolvieron. Que todo estaba en paz.

Querido amigo, te echo mucho de menos, pero la salida de este mundo en presencia de una de las personas con la que más te habías enfrentado, que justo encontraste en tu misma habitación del hospital, y además que pudieras hacer las paces con ella antes de marcharte, qué quieres que te diga... pues que la vida te la puso ahí para que trascendieses a su lado ¡Mira chico! Eso no hay quien lo mejore. Menuda caída de telón. ¡Qué grande eres, Vicente!

En este libro, he contado tanto con testimonios y vivencias de pacientes como del personal sanitario. He llegado a la conclusión de que nuestra vida humana se fragua en el mundo espiritual, luego se manifiesta través de un cuerpo físico y finalmente, tras la vida en la Tierra, volvemos al mundo espiritual con el conocimiento adquirido en este mundo a través de la experiencia.

¿Y qué tiene este mundo que no tenga el mundo espiritual? Pues, precisamente la adquisición de conocimiento a través de la experiencia. Sé lo que es estar enamorada, porque he tenido esa experiencia. Difícil de relatar si no lo has sentido. Como este ejemplo habría muchos. Pero vienen a decir lo mismo, experimentar una situación es una de las maneras que tenemos de aprender y se adquiere en el mundo material.

Al ser cada vida distinta, vivida de manera diferente, sentida de forma particular según quien la experimenta, hace que el conocimiento adquirido sea único, especial, irrepetible y, por lo tanto, de una extrema importancia. Luego, cada uno aporta la experiencia vivida al conjunto de almas. Lo que nos llevamos de este plano terrenal es la experiencia y la aportamos al mundo espiritual. Así es como llevamos la Tierra al cielo.

Si alguien crece en experiencia, todos nos beneficiamos, todos aprenden, todos somos parte de una unidad espiritual.

En la segunda parte del libro, mi propósito ha sido situar al moribundo como el protagonista de su propia muerte. He querido dar una serie de recomendaciones y sugerencias para transitar los últimos días de una manera consciente. Para acompañar en los últimos momentos de una manera más profunda, desde una perspectiva espiritual, desde la frontera entre los mundos cuando se abre una puerta, o un portal entre ambos, por donde nuestra conciencia se desplaza o se desliza desde el plano terrenal a otras regiones, dimensiones, hasta alcanzar otro estado de conciencia. Cada uno al que le corresponda.

He descrito las situaciones que podemos vivir en esos últimos días, cómo nos podemos sentir, qué hacer para amortiguar el dolor que nos provoca la pérdida de la vida terrenal que estamos agotando y, sobre todo, cómo poder marcharnos en paz, aceptación y amor, sin emociones negativas que nos aferren, sabiendo que todo estuvo bien porque tuvo un motivo, y aunque no sepamos cuál es, lo sabremos en su momento.

Lo que sucede en este plano terrenal es perecedero, nada dura, todo perece. Esta reflexión debería ayudarnos a no dramatizar acerca de lo más natural del mundo, que el cuerpo se muera.

Las tragedias se amortiguan cuando entendemos que la continuidad de la vida no es algo que elucubremos en la fantasía, sino algo que la ciencia está estudiando hoy en día como la posibilidad más plausible y que, al final, lo que realmente existe es la conciencia.

Nuestra conciencia existía antes de venir, siguió existiendo en este plano y continúa su existencia tras lo que llamamos muerte.

Las investigaciones realizadas sobre el tema nos conducen a la esencia y verdad de lo que somos: conciencia.

Situando al moribundo como pieza central de su propia muerte, nos encontramos que hay numerosas ocasiones en las que podríamos actuar, porque su conciencia, esa parte de nosotros que no perece con el cuerpo físico, está activa y nunca se apaga. Por lo tanto, aunque el enfermo esté en coma, su conciencia está alerta, por lo que habría que informarle de lo que está ocurriendo a su alrededor. Si se le va a administrar un medicamento, si se va a proceder a su sedación. Y si cuando haya expirado estuviera inconsciente, también habría que comunicárselo.

He apuntado, con algunas frases a modo de ejemplo, algunas maneras de hacerlo para que, llegado el momento, se tengan modelos que solo son eso, modelos, sobre los que reflexionar para poder luego adaptarlos a nosotros, y a la manera en la que queremos afrontar nuestra partida o la de nuestros seres queridos.

En la Edad Media tuvo mucho éxito un libro llamado *Ars Moriendi*[3] un libro que hoy denominaríamos «viral» para su época. En la actualidad, las personas seguimos trascendiendo de igual manera y nos sigue preocupando tener una buena muerte para nosotros mismos y para nuestros seres queridos.

La muerte, esa gran desconocida con la que tenemos una cita, ¿te gustaría que no fuese a ciegas?

Si ella nos conoce, no estaría de más que nosotros también investigásemos acerca de ella, lo que nos espera y qué podemos hacer para que esa cita no sea traumática.

3. *Ars moriendi (El arte de morir)* 1415-1450. Su popularidad fue tal, que se tradujo a la mayoría de las lenguas europeas occidentales, y fue la primera obra de una posterior tradición literaria de guías para la muerte.

Con «Mi muerte es mía» hago una reivindicación del protagonismo para el paciente que está en tránsito.

A la hora de acompañar deberíamos situar al que se marcha en el centro del proceso sin olvidar, siendo como es el protagonista de su propia muerte, que tiene la autoridad de decidir lo que quiere que se haga tanto en el terreno médico con su salud y su tratamiento, en el terreno emocional con quién desea rodearse, despedirse y tener unas últimas conversaciones, y en el terreno material cuáles son sus últimas voluntades, incluyendo lo que hacer con sus pertenencias.

Tras una conferencia en Barcelona, alguien se acercó para contarme la historia de un anciano oriundo de un país sudamericano. Había fallecido en España y su voluntad fue que se llevaran sus cenizas y las esparciesen sobre la tierra que lo había visto nacer, cerrando el círculo, regresando al mismo escenario que estaba presente cuando nació.

La familia, que no tenía posibilidades económicas, hizo todo lo posible por realizar la voluntad del abuelo. Tardaron varios años en recaudar fondos para el viaje. Trabajando con ingenio implicaron a vecinos y a amigos. Pusieron en marcha eventos como tómbolas y bailes hasta que consiguieron los fondos suficientes para poder viajar. En este punto, todos los miembros de la familia que vivían en España quisieron acompañar a su antepasado de regreso a su país. Este trabajo en equipo para volver a la tierra que lo vio nacer hizo que se movilizasen propios y extraños, aunaron esfuerzos y reforzaron lazos para el regreso a casa del que fue antecesor de todos los que vivían en España.

Me pareció una bella metáfora del trabajo en equipo que puede suponer regresar a nuestro hogar espiritual, tras nuestro viaje por el mundo material o terrenal.

Así pues, la última voluntad del anciano y su cumplimiento no solo supuso un viaje en la materia, sino que tuvo connotaciones emocionales; fue un homenaje de reconocimiento a los propios ancestros, a la identidad, la individual y la colectiva. Cómo una muerte, la del abuelo, pudo generar ilusión, creatividad para lograr el objetivo, esfuerzo común, trabajo en equipo, implicación y compromiso de manera que el viaje se convirtió en un viaje a los orígenes emocionales, culturales y espirituales, generando lazos de unión en varias generaciones de una familia.

Los dos eventos de los que estamos seguros que nos sucederán para tener una experiencia terrenal son el nacer y el morir. Billete de ida y vuelta.

El alma sabe a lo que vino, su anhelo consiste en que nos conectemos a ella, y una forma de conectarnos es tratar de responder a las preguntas que nos infunde: ¿para qué hemos venido? ¿Adónde iremos después de que el cuerpo muera? Incluso otras más profundas como: ¿qué o quién es la luz? ¿Cómo puedo volver a la fuente de toda Creación?

Reflexionar sobre la muerte ayuda a tener conciencia de la finitud del tiempo concedido, pudiendo ser una espoleta, un catalizador que nos haga salir de la zona de confort en la que se puede estar frustrado. Porque tener el tiempo contado ayuda a focalizar nuestros esfuerzos para lograr alcanzar objetivos, a mantenernos alertas y tomar decisiones importantes como la elección de qué actitud mantener frente a las adversidades que nos acontezcan: con miedo o con confianza.

En mi opinión, decidirse a vivir con una actitud de confianza en los procesos de la vida es llegar al final del viaje, con la tarjeta de embarque en una mano y el pasaporte del alma en la otra y que se pueda estampar la leyenda: «He vivido intensamente antes de morir».

Entonces haré una fiesta en el cielo a la que todos estáis invitados.

Benalmádena, 31 de octubre del 2025

1
EL TRÁNSITO Y SUS FASES

El tránsito consiste en el deslizamiento, desplazamiento o trasvase de la conciencia desde este plano al siguiente, y se manifiesta por los cambios espirituales que presenta la persona que está cruzando al otro lado a través de una serie de etapas o fases.

En mi primer libro *El final es el principio*[1] describí las fases del tránsito. Estas fases pueden superponerse unas a otras, aunque el orden de aparición habitual es tal y como las describí.

La primera, la **«fase de aviso»**, es cuando se nos va a comunicar, o informar, que nuestro paso al otro lado se está acercando para que nos podamos preparar abordando los asuntos que nos queden pendientes tanto materiales, emocionales o de otra índole, y que queramos dejar resueltos y zanjados antes de partir.

La siguiente fase es la **«fase de la llamada»** y puede acaecer de dos maneras: la llamada activa o la llamada pasiva.

La llamada activa es cuando la persona toma la iniciativa y de manera activa empieza llamar a seres queridos que ya han fallecido. Suele hacerlo llamándolos por su nombre de manera repetida para que acudan a buscarlo. También puede preguntar a los acompañantes, familiares y amigos, si saben dónde están los seres queridos ya fallecidos y porque aún no han aparecido.

La fase de la llamada pasiva se da cuando la iniciativa es tomada por los del otro lado, que comienzan a llamar a los que se en-

1. Doctora Lola Aparicio, *El final es el principio*, Luciérnaga, 2023.

cuentran en este plano para que vayan a donde ellos ya están. Y lo realizan de diversas maneras.

La siguiente es la **fase de las visitas**. Es la fase más conocida, en donde los pacientes comienzan a recibir visitas de seres queridos que ya han cruzado, pudiendo ser visitados incluso por aquellos que ignoraba que habían muerto. Pueden acudir además seres espirituales, como guías o ángeles, entre otros. En ocasiones son visitados por desconocidos, por ancianos, niños e incluso animales de compañía que ya han trascendido. También pueden ser visitados por una luz.

La última es la **fase de las despedidas**, donde la persona en tránsito se despide de los que aún están aquí, utilizando su cuerpo espiritual y energético de diversas maneras para manifestarse y decir adiós.

El desarrollo de las citadas fases, sus características y testimonios son la base del libro anteriormente mencionado.

Desde su publicación, numerosas personas me han compartido muchos testimonios y experiencias por diferentes vías, por ejemplo a través de las redes sociales —YouTube, Instagram y Facebook—, me han escrito al correo electrónico que tengo dedicado para este fin,[2] se han acercado tras las charlas o conferencias en las que he participado y, por último, amigos y colegas que, sabiendo de mi interés, me han compartido experiencias suyas, de familiares, o me han presentado a personas que las han tenido.

Gracias a todos ellos, que han aportado muchos de los casos que se exponen en esta revisión de las fases del tránsito, casos que son realmente sorprendentes y que son llamadas a la reflexión de la perimuerte y a la investigación sobre cómo se comporta la conciencia, el alma, el espíritu, o lo que sea que nos habita y sobrevive, en esta etapa fundamental de nuestra existencia una vez que el cuerpo se apaga.

2. doctoralolaaparicio@gmail.com

1.1. FASE DE AVISO EN MUERTES INESPERADAS

La fase de aviso es la primera fase del tránsito y en ella se nos comunica de diferentes maneras que nuestra hora está cerca.

Uno de los puntos clave de mi investigación sobre las fases del tránsito es qué sucede en esta fase si la persona fallece de manera repentina, o inesperada.

¿Podría ser que todos tuviéramos esta fase o solo la tiene un porcentaje reducido de la población? ¿La tenemos todos y solo un porcentaje valida las señales, normalmente muy claras, que le informan de que su hora se acerca?

Cuando se tiene una enfermedad que potencialmente puede ser fatal, las personas comienzan a reflexionar sobre la finitud de su existencia y, tal vez, esto facilita el hecho de tener una fase de aviso más clara. En estos casos se podría pensar que el enfermo puede estar sugestionado e interpreta como una fase de aviso lo que sería un producto de su mente. Por el momento, los testimonios recogidos dejan poca duda.

Pero cuando las personas no esperan tener un pronto desenlace, no están siquiera enfermas y tienen lo que llamamos una muerte inesperada, súbita, como puede ser por un accidente, ¿existe también la fase de aviso?

Fui interesándome por la fase de aviso, preguntando a los seres queridos y a los allegados de personas que fallecieron de manera inesperada.

También he recibido información espontánea de esta fase a través de personas que, tras leer mi libro o escuchar alguna de mis conferencias, se han puesto en contacto conmigo. Podemos distinguir diferentes vías por las que se manifiesta la fase de aviso:

Vía psíquica: por medio de premoniciones, intuiciones muy intensas o agudizadas y a través de los sueños.

Vía sensorial: a través de los sentidos, por ejemplo, por medio de la vista cuando tenemos una aparición de un ser fallecido, o a través del oído donde podemos escuchar nuestro nombre por parte de un ser querido o de alguien que no se identifica.

En ocasiones, una persona puede padecer alguna enfermedad que, en apariencia, no reviste peligro para su vida, o simplemente tenga mucha edad, y fallece de manera repentina. Tal vez, los familiares o amigos no se percataron de la inminencia del fallecimiento, el protagonista, ¿le dio importancia y esta percepción le proporcionó la oportunidad de poner en orden algún asunto que tuviera pendiente?

1.1.1 Aviso mediante visión

MI MARIDO SALE DEL DORMITORIO

Tras dar una conferencia, una mujer de unos cuarenta años se acercó para preguntarme si podía contarme algo que estaba sucediendo en el lugar donde ella trabajaba, y quería saber mi opinión:

—Lola, me llamo Mati y trabajo en una residencia de ancianos. Me gusta mucho hablar con ellos. Es mi vocación. Bueno, pues una de las residentes me ha explicado algo que le ha sucedido, ¿te lo puedo contar?

—¡Claro! —le dije, indicándole con la mano que nos apartáramos un poco del resto de la gente que salía y entraba de la sala de conferencias—. Me lo cuentas y a ver en lo que puedo ayudarte, por lo menos te daré mi opinión.

—Se trata de una mujer de unos ochenta y tantos años que, en dos ocasiones, ha visto a su marido. El marido también estaba en la residencia con ella, pero murió el año pasado. Victoria, que así se llama esta mujer, me ha explicado que estando ella en su dormitorio, vio a su marido salir del baño y dirigirse a la puerta de salida del dormitorio. Ella se levantó corriendo, abrió la puerta y fue a mirar. Pero en el pasillo y no había nadie.

—¿Qué estaba haciendo ella cuando le ocurrió esto?

—Pues me dice que estaba a punto de acostarse. Tiene una habitación para ella sola y el cuarto de baño está justo a la entrada de la habitación. Me lo ha dicho porque le ha pasado ya dos veces.

—Y ¿las dos veces es lo mismo? ¿Su marido sale del baño y se va para el pasillo?

— Sí, Lola.

—Y ella ¿está asustada?, ¿por qué cree que lo está viendo?

—De eso no me ha dicho nada —me respondió Mati tras un breve silencio—. No la vi asustada, tampoco se lo pregunté porque no me dio la impresión de que tuviese miedo ni nada parecido. Lo que la noté fue algo excitada cuando me lo contó. No supe qué decirle. A lo mejor ahora, después de escucharte, podría haberle dicho que su marido la estaba visitando. Pero —se detuvo y me miró a los ojos— si la estuviera visitando, ¿es porque ha venido a por ella? Y si es así, ¿por qué sale de la habitación?

—¿Sale de la habitación para irse al pasillo? —pregunté para asegurarme de la disposición de la habitación y de lo que estaba haciendo la visión.

Sí, se dirige a la puerta de salida y cuando Victoria sale tras él, no ve a nadie, solo ve el pasillo.

—Te voy a dar mi opinión. Creo que Victoria está siendo invitada por su marido a que salga al pasillo, a que lo siga, a que vaya tras él. De hecho, es lo que ella hace cuando lo ve. Creo que la visión tiene mínimo tres significados, en mi opinión. Uno de ellos es la invitación a que salga al pasillo, como metáfora del tránsito.[3] La otra es que vaya detrás de él, que siga sus pasos, que deje este plano y pase al siguiente como él mismo ha hecho y, por último, el marido va a ser el encargado de buscarla y de acompañarla. Quizás por eso ella no se asuste. Sabe a lo que viene su marido. Ha venido a por ella. Te aconsejo estar pendiente, porque es una visita muy sugerente de que está entrando en el tránsito.

3. El pasillo como metáfora del tránsito será visto con más profundidad en el capítulo 1 Fase de la llamada, «El pasillo en el tránsito».

Le dejé mi correo[4] a Mati para que me contase o me consultase cualquier duda o incidencia. Al cabo de cinco meses, me escribió comunicándome que Victoria un día en el comedor empezó a temblar de fiebre. De inmediato la llevaron a Urgencias donde le diagnosticaron neumonía, la ingresaron y falleció tres días después.

La visión que tuvo Victoria fue un aviso para el entorno y para ella misma.

Creo que cualquier visión proporciona la mayor cantidad de información con la menor cantidad de datos, o sea, las visiones, al igual que el resto de las comunicaciones de los del otro lado, son muy eficientes.[5]

«MAMÁ, VEN. MAMÁ, VEN»

A Alicia la conocí en un taller de escritura creativa.

—¿De qué va tu libro? —me preguntó cuando supo que había publicado uno.

—Explica lo que nos sucede durante la perimuerte. Sé que es un tema que a muchos les da miedo o respeto, pero te aseguro que hay cada vez más personas que sienten la necesidad de saber. —Me encogí de hombros.

La observé. Me escuchaba con atención y, poco a poco, su sonrisa se fue diluyendo. Tal vez no esperaba que el tema fuera sobre la muerte.

Unas semanas después volvimos a coincidir en el taller.

—Me estoy leyendo tu libro —dijo mientras tomaba asiento a mi lado—, y la verdad es que me está gustando, Lola. Es muy ameno. Me ha hecho recordar un caso que le pasó a mi tía abuela Maruja —hizo una pausa y se puso las gafas—. Vivía en Madrid.

— ¿Tu tía abuela? —pregunté con interés.

4. doctoralolaaparicio@gmail.com
5. Ser eficiente es la capacidad de alcanzar un objetivo utilizando la menor cantidad posible de recursos, logrando mayores resultados.

—Sí. Mi abuela Carmen tenía dos hermanas y las tres vivían en Madrid, aunque cada una en su casa. Mi abuela y su hermana Maruja estaban muy unidas, se veían todo lo que podían, es más, te diría que se llamaban casi todos los días.

—Cuánto me alegro, es tan importante poder compartir tu día a día con alguien cercano, y si es tu hermana, ya ni te cuento. Si supieras cuántos abuelos viven solos y aislados en sus casas sin salir, sin oír más voces que las de la tele o la radio. Una pena.

—Sí, ellas se llevaban muy bien —dijo entornando los ojos—. ¿Sabes? Leyendo tu libro me he acordado de algo a lo que no le di explicación en su momento.

—Es curioso —le dije— las cosas que no tienen explicación se quedan grabadas en el fondo de nuestra memoria y de pronto salen a la conciencia. Han estado allí todo el tiempo, como esperando a poder salir a la luz.

—Yo tendría doce o trece años —asintió antes de comenzar— y vivía en Córdoba con mis padres y mi hermano pequeño. Todas las navidades las pasábamos en Madrid en casa de mi abuela Carmen. Nos íbamos sobre el 20 de diciembre para aprovechar al máximo. Ese día llegamos tarde y nos acostamos enseguida. Por la mañana me levanté temprano. Olía a café y tostadas recién hechas. Me acerqué a la cocina y mi abuela estaba hablando con mi madre y le decía: «Mi hermana Maruja está fatal de la cabeza. Ahora dice que desde hace unos días ve a su niña, la que se le murió con seis o siete años. Dice que la ve cuando abre una habitación de la casa y que la niña le dice: "Mamá, ven. Mamá, ven"».

—Tu tía ¿había comenzado a ver a su niña fallecida?

—Sí, Lola.

— ¿La había visto con la edad con la que había fallecido? —seguí preguntando.

En ocasiones, me han referido que se les ha aparecido algún hijo que falleció de pequeño, pero que lo ven como si hubiese crecido y tuviera la edad que tendría si no hubiese fallecido.

— Sí, sí. La vio con la misma edad con la que murió, con seis o siete añitos.

—Has dicho que la vio en una habitación, ¿siempre en la misma? ¿Su dormitorio, tal vez? Lo pregunto porque suele ser lo más común, que las visitas de los que nos han dejado se produzcan en el dormitorio.

—La casa de mi abuela y la de mi tía eran pisos antiguos, muy grandes, con muchas habitaciones, no recuerdo qué habitación era, pero, no sé por qué tengo la impresión de que era una habitación de uso poco frecuente. Si hubiese sido el dormitorio, lo hubiera dicho. De lo que sí tengo la certeza es que la vio varias veces.

—Debió de ser un *shock* para ella, supongo. Ver a su hija fallecida...

—No, qué va —me cortó Alicia—. Mi abuela me dijo que estaba contenta por verla de nuevo después de tantos años. La que no parecía tan contenta era mi abuela que se asustaba mucho con las cosas de los muertos.

—¿Y sabes si la vio sonriente o vestida de blanco o con un halo alrededor del cuerpo?

Son detalles que si no se recuerdan de momento, al preguntárselos, pueden venir a la memoria y nos hablan de cómo se manifiestan los del otro lado.

—No, no tengo ni idea. Solo sé que mi abuela me dijo que la niña la llamaba diciéndole: «Mamá ven, mamá ven», esas fueron sus palabras. — Se quedó callada y pensativa—. ¡Qué curioso! No me acordaba de esto para nada.

— Y ¿qué pasó con la tía Maruja?

—Creo que fue justo al día siguiente de esa conversación cuando Maruja falleció de un infarto, en su cama, o incluso puede que fuera esa misma noche, sin haber tenido ningún síntoma físico previo. Esta es la forma en la que han muerto todas las mujeres de la familia: mi abuela, sus hermanas, mi bisabuela y hasta mi tatarabuela. Están sanas como una pera y de pronto les falla el corazón y se quedan en el sitio.

Pensé que a la tía Maruja, en la fase aviso, la había venido a buscar su hija con una llamada. Como dijimos antes, la llamada pasiva es cuando los del otro lado se acercan a este y comienzan a llamarte para que vayas a su encuentro, anunciando la cercanía del paso al otro lado.

—Lo que sucede es que para los que se quedan aquí es un *shock*.

—¡Ya te digo! La noticia me impactó mucho porque además de lo repentino, lo que mi abuela había contado de la niña, tuvo todo el sentido. Entendí que la visión era real, no imaginaciones de mi tía Maruja. La niña había venido a buscarla. Recuerdo que lo comenté con mi madre y ella me dijo que había estado pensando sobre quién vendría a buscarla a ella si se moría. ¿Y sabes qué? Creo que aquel suceso fue importante tanto para mi madre como para mí. Desde aquel día las dos tenemos la convicción y la tranquilidad de que, cuando nos llegue el momento, no estaremos solas, alguien que nos quiere vendrá a buscarnos. Y bueno, leer tu libro ha reafirmado esa creencia, así que solo puedo estarte agradecida por haberlo escrito y haberlo compartido con todos nosotros.

Alicia y yo nos miramos y sonreímos. Incliné la cabeza dándole las gracias. La clase a la que asistíamos acababa de comenzar.

Este caso me resulta interesante porque combina dos fases del tránsito: la Fase de Aviso y la Fase de la Llamada pasiva. La tía no estaba muy enferma, nada hacía prever que falleciese. Pero la aparición la avisa y el mensaje de su hija claramente es una llamada: «Mamá, ven. Mamá, ven». Me hace pensar que las fases no son estrictas, sino que pueden combinarse, aunque el mensaje es el mismo: avisar, informar, llamar para que sepamos que es nuestra hora de regresar a casa.

Una vecina me comentó, un día en que salimos a pasear, que su madre a la que adoraba, una semana antes de fallecer de forma inesperada y repentina, le dijo que había tenido un sueño tan raro que parecía ser totalmente real. En el sueño veía a su marido ya fallecido que le decía: «Marisa, ven. Marisa ven». A su madre le había impresionado el mensaje recibido y lo realista que parecía, tanto que dudaba si era un sueño. Creo que pudo tener una visión.

Dos personas distintas, en distintas ciudades, de distintas edades, reciben el mismo mensaje de cara a una misma forma de morir, muerte inesperada en donde un ser querido dice su nombre y las invita, casi como una orden, a que vayan donde ellos ya están: «[Nombre de la persona], ven». ¿Casualidad? Y por qué en ambos casos utilizan el imperativo «ven». ¿No es como una orden? Todo es muy misterioso.

1.1.2. Mi padre avisó a mi madre

Conocí a mi paciente, Carmen, y a su única hija varios años atrás, recién llegada al centro de salud que sería mi destino definitivo.

Suele ocurrir en numerosas ocasiones que el médico general, de cabecera o de familia, llegue a ser un amigo al compartir confidencias sobre las circunstancias de sus vidas a lo largo de los años. Esto me sucedió con Carmen.

Una mañana acudió sola a la consulta. Me llamó la atención su delgadez, su rostro demacrado, sin maquillar, sus ojos caídos. No hacía tanto que no la veía como para que no me impresionara ese cambio en su aspecto físico. No podía sostenerme la mirada y hablaba cabizbaja. En principio pensé que era por su trabajo en la ITV[6] que le estresaba mucho.

Se sentó en la silla frente a mí, levantó la vista e intentó esbozar una sonrisa que parecía más bien una mueca:

—Buenos días, doctora.

6. La Inspección Técnica de Vehículos (ITV) es una inspección periódica y obligatoria, que verifica que un vehículo cumple con las condiciones técnicas y de seguridad necesarias para circular por la vía pública.

—Carmen, ¿cómo estás? ¿Cuánto hacía que no venías? ¿Dos o tres meses?

—Sí, más o menos.

—Cuéntame, ¿qué te trae por aquí? —le pregunté, aunque inspeccionaba cada detalle de los cambios que observaba antes de que me dijera el motivo de la visita.

—Me encuentro muy cansada y como hace tiempo que no me hago una analítica, he pensado que tal vez podría mandarme una.

—Sí, es verdad —dije observando en el ordenador que hacía más de un año que no se realizaba análisis—. ¿Cómo te va el trabajo, y la familia...?

Seguí interesándome por ella hasta que en el curso de la conversación me dijo que su madre había muerto hacía un mes.

No dudé de que era necesaria la analítica, pero me planteé si su estado físico y emocional tendría que ver con su periodo de duelo. Muchas personas desconocen que el duelo también puede afectar de manera psicosomática y producir síntomas físicos como el cansancio, que, a veces, se relacionan más a una anemia, por ejemplo, sin tener en cuenta que la gestión emocional del dolor consume energía.

Con relativa frecuencia, las personas olvidamos que, tras el fallecimiento de un ser querido, estamos durante un tiempo, más o menos prolongado, en periodo de duelo.

—¿Estaba enferma tu madre? —pregunté ya que no recordaba que lo estuviera.

— No, doctora, ella se encontraba bien. —Se detuvo, puso las manos en la mesa y me miró —. Tenía achaques, nada importante. Que si la tensión, que si la artrosis, sin embargo, lo tenía bien controlado, ella se cuidaba mucho.

—Entonces, ¿qué pasó?

—Tuvo un infarto —retiró sus manos de la mesa—, un infarto masivo,[7] tan extenso que no se pudo hacer nada.

7. Un infarto masivo es una forma severa de infarto de miocardio (ata-

Los ojos se le llenaron de lágrimas, se llevó la mano a la boca y me miró a través de unos ojos tristes y brillantes. Al verbalizar la muerte de su madre se agolparon las emociones, quizás las vivencias de aquellos días.

Me levanté y nos abrazamos largo rato. Poco a poco, Carmen se fue tranquilizando y nos sentamos. Me contó que el infarto le sobrevino estando en casa y sola, pero pudo alertarla con una llamada. Tras una conversación en donde me relató someramente el doloroso suceso, me pregunté si la fase de aviso había aparecido en el caso de la madre de Carmen, pues era una muerte inesperada. Así que le dije:

—Te voy a preguntar algo que puede parecerte inusual, pero ¿tu madre te había contado un tiempo antes de que le diera el infarto algo que te resultara extraño, raro o que no supieses como catalogar?

Observé cómo su cuerpo se tensaba y en su cara apareció una palidez más acusada. Guardó silencio unos instantes antes de decir:

—No lo había pensado, pero ahora que lo dices, sí que ocurrió algo extraño. —Me miró fugazmente, y me pareció que calculaba si contármelo o no—. Un mes antes del infarto, mi madre me dijo una cosa. No sé cómo se me ha podido olvidar, más bien es que no he vuelto a pensar en ello hasta este momento —se quedó callada y ladeando la cabeza negaba suavemente con ella.

—¿Qué ocurrió?

—Pues un mes antes de darle el infarto, mi madre me dijo, un día así, de repente: «¿Sabes que he visto a tu padre?» —Me miró a los ojos—. Mi padre falleció hace varios años, pero mi madre dijo que lo había visto en la casa. Le pregunté cómo era eso posible y me dijo que lo había visto, sin más. Entonces no le pregunté detalles, aunque ahora cobra sentido esa visión o esa aparición de mi padre.

---

que cardíaco) donde una parte considerable del músculo cardíaco se ve afectada.

Carmen volvió a quedarse en silencio. Su entrecejo fruncido y la boca algo apretada me hizo pensar que aún le quedaba algo por decir.

—Tu madre te contó que había visto a tu padre en su casa —Carmen asintió—. Y ¿le dio algún mensaje?

En muchas ocasiones, la visión tiene un mensaje que comunica normalmente por vía telepática, sin mover los labios o con palabras que les resuenan en la cabeza. Carmen negó y por fin dijo:

—Si le dio un mensaje, eso no lo sé, pero estuvo una semana en el hospital antes de fallecer, donde le repitió de nuevo el infarto, y en esa semana que estuvo ingresada me dijo una cosa y le estoy encontrando mucho sentido.

—¿Qué es lo que te dijo tu madre en el hospital?

—Me dijo: «¿Sabes que tu padre está viniendo todos los días a visitarme?». En esos momentos no supe qué decirle ni qué preguntarle. Estaba tan preocupada por su salud que olvidé que ella había visto a mi padre un mes antes en su casa. Mi padre vino a buscar a mi madre, ¿verdad, doctora? ¿Cómo no me había dado cuenta antes? —Me miró buscando mi opinión. Había llegado a una conclusión, y yo asentí.

—Carmen, no me extraña que se te pasara esta experiencia con toda la preocupación por su salud y el estrés del hospital.

—Sí, claro, pero ahora entiendo que mi padre vino a buscarla—. Me sonrió

—Sí, creo que los del otro lado acuden a buscarnos y nos ayudan a realizar el tránsito. La verdad es que sucede en muchas ocasiones, pero son cosas que tampoco vas contando por ahí. Se quedan en tu memoria hasta que puedes compartirlo.

—A lo mejor mi madre vendrá a por mí cuando me toque. No sé. —Me miró con un brillo acuoso en los ojos—. ¿Crees que lo hará?

—No sabría qué decirte, Carmen. No sabemos quién vendrá a acompañarnos y ayudarnos en nuestro tránsito. Lo que sí pienso es que los del otro lado siguen estando unidos y enlazados con nosotros por los vínculos del amor, que estos lazos perduran, aunque estén ya en el otro lado, y que el tránsito no lo realizamos solos.

Carmen se marchó con la petición de una analítica completa y con una íntima sensación de tranquilidad. Ahora sus padres, a los que amaba tanto, estaban unidos, juntos donde fuese que estuvieran.

También pensaba que algún día alguno de sus seres queridos vendría a buscarla, a visitarla en sus últimos días y que le aportaría amor y serenidad al final de esta existencia. Que no estaría sola cuando le tocase cruzar, ahora tenía ese íntimo convencimiento.

1.1.3. Mediante un sueño: «¿Crees que me voy a morir?»

Un grupo de personas que habían leído mi primer libro[8] y estaban muy interesadas en el tema del tránsito, me invitaron una mañana porque querían preguntarme dudas que les habían surgido y acabaron compartiendo sus experiencias.

Las vivencias de corte espiritual, como las que conciernen al tránsito, tienen un poder especial para fijarse en la memoria. Como ocurre en las ECM,[9] las personas que las han tenido las recuerdan de manera vívida, aunque hayan pasado muchos años. Con las experiencias relacionadas con la perimuerte sucede lo mismo. Las personan las recuerdan muy bien a pesar de los años que hayan podido transcurrir.

Hablábamos sobre la fase de aviso cuando alguien me preguntó:

—¿Y en los casos de muerte repentina también existe la fase de aviso?

—Es algo que estoy investigando —le respondí—, recogiendo casos para dar respuesta a tu pregunta. En los casos de muerte repenti-

8. Doctora Lola Aparicio, *El final es el principio*, Luciérnaga, 2023.
9. Experiencias cercanas a la muerte.

na, los datos que tengo son los que me ofrecen los testigos, ya que la persona ha trascendido. Los familiares, amigos y allegados son los que me comentan algún hecho que pudiera implicar que habían recibido un aviso antes de sufrir esa muerte súbita. Es difícil de investigar, pero los resultados de los que dispongo hasta ahora son positivos, en el sentido de que sí que parece que tuvieron una fase de aviso.

—Lo digo —continuó diciendo— porque me estoy acordando de un compañero de instituto. De esto hace ya muchos años. Murió de leucemia cuando estudiábamos el BUP.[10] Mantuve amistad con otro compañero del instituto que unos dos años después de que este chico muriese me dijo que había soñado con él.

—¿Con el chico que había muerto de leucemia? —pregunté.

—Sí, con el de la leucemia. Me contó que soñó con el compañero fallecido, pero me llamó la atención que me dijese: «He soñado con el compañero que se murió de leucemia, ¿crees que eso quiere decir que yo también me voy a morir?». En ese momento le quité importancia y hasta me reí. Ya te imaginas, dos jóvenes de veinte años que uno le pregunta al otro si cree que se va a morir, pues no le di importancia. Justo una semana después, ese amigo que me había contado el sueño tuvo un accidente de tráfico y falleció en el acto. ¿Crees que fue una fase de aviso?

Es una buena pregunta. La persona que contó esta experiencia no le había preguntado al amigo cuál había sido el contenido del sueño, pero lo que sí sabemos es que le provocó esa inquietante pregunta: «¿Crees que eso quiere decir que yo también me voy a morir?». A mi parecer tuvo un sueño premonitorio, porque, aunque no sepamos cuál fue el contenido del mismo, sí podemos decir que le llevó a plantearse la posibilidad de que le aconteciera su propia muerte.

—¿Creéis que fue un aviso? —pregunté abiertamente al grupo de personas.

—Yo creo que sí —contestó la persona que me había contado la experiencia—. Se me quedó grabada en la memoria la

10. Bachillerato Unificado Polivalente desde el año 1975 al 2000.

conversación que tuve con mi amigo una semana antes de que muriera. Cuando me enteré de que había tenido un accidente y que se había muerto, pensé en ese sueño y en esa conversación. Por cierto, que esa conversación fue la última que tuvimos.

Se hizo un silencio respetuoso en donde reflexioné sobre la fase de aviso y de cómo aparecía en tantas ocasiones, incluso en las muertes inesperadas como era este caso, por un accidente.

¿Por qué un sueño le llevó a plantearse si era un aviso de su propio tránsito? ¿Qué sucedería en la vida de ese joven tras el sueño con su amigo fallecido? ¿Qué hizo? ¿A quién llamó? Solo sabemos que compartió el sueño con su amiga y que, tras conocer su fallecimiento, ella asoció ambos sucesos, sueño y fallecimiento, y lo interpretó como una coincidencia asombrosa. Pero ¿y si no fue una coincidencia y lo que tuvo fue una fase de aviso? Espero que las personas reflexionemos en profundidad acerca de los sucesos que nos acontecen, porque todos nos pueden aportar claridad y conocimiento para orientarnos en nuestra vida. Pienso que algunos son tan importantes como aquellos en los que se nos informa de que regresamos al hogar.

Me pregunto si esta fase aparece en todos y, si es así, ¿será un derecho «espiritual» saber con antelación cuando será nuestra marcha?

1.1.4. Aviso a terceros: ¿A qué huele la muerte?

Dos personas que tienen una especial sensibilidad para percibir la inminencia del óbito a través del olfato, de diferentes profesiones, que no se conocen entre sí ni viven siquiera en la misma comunidad autónoma, me han comunicado, cada una por separado, que la muerte «huele».

El primer caso es el de una colega muy sensitiva, de Madrid, con una dilatada experiencia profesional en Urgencias. Me relataba que cuando llegaba a un domicilio a atender a un paciente, en ocasiones percibía un determinado olor que desprende la persona y que cuando eso sucedía, el paciente fallecía en un breve periodo de tiempo, a veces no pasaban ni horas. Y no fallaba.

El otro caso es el de una trabajadora de una residencia de ancianos. Me contó su experiencia tras un seminario y quedé con ella para poder hablar con tranquilidad. Cuando tenía 45 años y varios de experiencia laboral en la residencia, estaba con uno de los ancianos y notó que las fosas nasales del hombre se inflaban un poco y que el aire que salía por ellas desprendía un olor particular. Este hombre falleció a las pocas horas. Este fenómeno, el de observar las fosas nasales algo infladas y que el aire que salía por ellas tenía un olor especial. Después de aquella primera vez, en todos los casos en donde lo observó, la persona fallecía antes de las 24 horas. Al notar ese especial olor en alguien, comenzaba a preguntar a otros compañeros si notaban algún cambio olfativo sin decirles que tras el cual la persona fallecía. Y todos le dijeron que no apreciaban nada; fue cuando se dio cuenta de que era ella la que podía percibir el olor que anunciaba el deceso.

Al principio no contó nada a nadie y, poco a poco, se ratificó en el fenómeno y aceptó que percibía la inminencia de la muerte a través del olfato. Un día lo comentó con una trabajadora de la residencia y, al cabo de un tiempo, ya eran varios los compañeros que la avisaban si tenían dudas acerca de cuán cerca estaba el óbito de algún paciente, con el fin de avisar a la familia.

Mientras trabajó en la residencia, se prestó a este cometido que era respetado y mantenido en la confidencialidad por el resto de los compañeros.

Luego, lo comentó a su círculo más cercano y dio lugar a que alguna amiga la llamara para que le indicara si el fallecimiento de su padre, o de su madre, estaba cercano. Si no percibe nada, la muerte no aparece con la inminencia de un día.

—¿A que huele la muerte? —le pregunté mientras tomábamos algo en una cafetería. Resultó que vivíamos cerca la una de la otra.

—A un olor neutro, Lola, no sabría cómo describirlo. Es un olor distinto a todo lo que conozco, no se parece a nada. No es dulce ni ácido, tampoco es algo que huela mal ni bien. Es un olor característico que no sé cómo explicarlo.

—Y siempre que lo has olido, ¿esa persona ha fallecido o te has equivocado en alguna ocasión?

—Por desgracia, no me he equivocado. Cuando he percibido ese olor particular, lo he comunicado para que se hagan los preparativos correspondientes, o se avise a los familiares. Tantas veces me ha pasado que me siento muy segura. Puedo oler la muerte y si con esto ayudo a alguien porque está esperando un desenlace y quieren saber su inminencia, me desplazo a donde me llamen.

—Ya entiendo, hay personas que tienen un ser querido muy enfermo y quieren saber si su marcha está próxima. Quizás quieran avisar a algún familiar que puede tardar varios días en llegar o bien retrasar o aplazar un viaje, por ejemplo ¿no?

—Eso es, Lola, y yo puedo decírselo.

Me miró con ojos cansados y pensé cómo sería tener esa capacidad, la de poder oler y por lo tanto saber, cuando alguien iba a morir de manera inminente. Me contó cuando le pregunté que al inicio lo sintió como una carga, porque, ¿quién desea saber con breve antelación quienes son a los que les toca cruzar? Pero luego, comprobó que podía ser de ayuda. Preparaba a la familia a tomar decisiones más o menos drásticas, como llamar al resto de los familiares o comunicarles que era el momento de despedirse del ser querido y poder hacerlo. Cuando entendió que su capacidad podía ayudar y era útil, fue cuando lo aceptó.

1.2. FASE DE LA LLAMADA

Dentro de las fases del tránsito, la fase de la llamada es una de las más conocidas, tanto en ámbitos hospitalarios como en residencias.

Cuando la persona comienza con la fase de la llamada estando en su casa, suele acudir la familia a la consulta para contarme lo que le está pasando al paciente. Quieren saber si lo que le ocurre a su familiar es algo patológico, como el inicio de una demencia, alucinaciones o un deterioro cognitivo que pueda requerir tratamiento médico.

Muchas veces no presentan otros síntomas de deterioro cognitivo o de ninguna enfermedad que justifique lo que les sucede, y lo que pasa es que están en la fase de la llamada.

Ha comenzado el tránsito.

La fase de la llamada puede aparecer de dos maneras, pasiva o activa:

1. La llamada activa: Es cuando la persona, toma la iniciativa y empieza llamar a sus seres queridos fallecidos. Suele hacerlo llamándolos por su nombre de manera repetida, usando frases típicas como:

◊ «Mamá o papá o el nombre del ser querido ya fallecido», nombrándolo y repitiendo su nombre una y otra vez. En muchas ocasiones, se les escucha llamar a ese ser querido cuando están solos en su habitación.

◊ «Mamá o papá o el nombre del ser querido ya fallecido, ¿por qué no vienes? ¿Por qué no venís?»

◊ O bien pueden preguntar a los acompañantes, familiares o amigos, por esos seres que ya no están en este plano. Un diálogo típico suele ser:

—¿Has visto o tú sabes dónde está mi... padre/madre/ser querido?

—¿Por qué preguntas por «el ser fallecido en cuestión»? «Ya no está» o «está en el cielo» o cualquier frase que le haga entender que ya no está entre nosotros.

— Ya, ya, pero es raro que no haya venido. Me dijo que iba a venir y todavía no ha llegado.

No solo pregunta por el ser querido fallecido, sino que se extraña de que, habiéndole dicho que iba a ir, aún no haya llegado.

La persona que ha iniciado el tránsito puede preguntar por algunos de sus seres queridos ya fallecidos y esto puede servir de indicativo de que se encuentra en la fase de la llamada activa.

2. La fase de la llamada pasiva aparece cuando son los del otro lado los que toman la iniciativa y comienzan a llamar a los que aún permanecen en este lado. Pueden utilizar el sentido de la vista o del oído usando palabras, sonidos o gestos, generalmente con las manos, para indicarles que vayan hacia donde están ellos. Esta llamada puede ser tanto una visión en donde la persona en tránsito puede ver a seres del otro lado que la llaman mediante gestos, o también pueden escuchar la voz del familiar fallecido que le llama por su nombre, o por un sonido específico y conocido como el silbido peculiar que el ser querido fallecido usaba cuando llamaba a alguien.

1.2.1. Llamada pasiva: El pasillo en el tránsito

Hace unos meses, a través de mis redes sociales, pedí a mis seguidores que compartieran conmigo sus experiencias con el tránsito de algún familiar o amigo y les solicité que me otorgaran permiso para poder compartirlas en mis seminarios, cursos o publicaciones, formando parte de mis investigaciones.

Entre otras personas, contactó conmigo por Instagram Cristi, que estaba interesada en compartir la historia de su abuela paterna, María. Mantuvimos un contacto más estrecho por correo electrónico, medio por el cual yo le hacía llegar preguntas relacionadas con su testimonio. Esto es lo que me compartió:

«Me llamo Cristi, la historia fue de mi abuela paterna que se llamaba María. Ocurrió cuando yo tenía unos catorce años. Ella vivía en una residencia, estaba bien, nada enferma. Nos contó a mi padre y a mí, cuando fuimos a verla un fin de semana, lo que le había pasado pocos días antes.

»Nos dijo que una noche se levantó al baño, que estaba fuera de la habitación, al final del pasillo. Cuando salió de su dormitorio, camino del baño, vio que a un lado y a otro del pasillo había mucha gente. Pensó que podían ser familiares de algún residente que se había muerto, así que pasó entre medias de las personas y los saludó. Cuando volvió a su habitación, antes de entrar en ella, los volvió a mirar, dijo que todos estaban mirándola y le hicieron el gesto con las manos de que fuera con ellos. Mi abuela quiso ver mejor quiénes eran y qué querían decirle. Entonces encendió la luz del pasillo, porque antes estaba solo con la de emergencia, y ahí dice que desaparecieron y que ya no había ninguno. Se quedó superextrañada y nosotros le dijimos que podría haber sido un sueño, pero ella nos repetía que no, que todo había sido real. Nos lo contó con mucha paz, nada asustada, supersegura de que no había sido un sueño ni imaginaciones suyas, sino que todo había sido muy real. Tan real que a la mañana siguiente mi abuela nos dijo que había preguntado a las compañeras y trabajadoras de la residencia si alguien se había muerto esa noche y todos dijeron que no.

El caso es que a la semana murió, sin esperarlo, de los bronquios.»

Este testimonio es interesante por varios motivos. La utilización del pasillo como espacio en que aparece la visita por ser uno de los lugares preferidos en donde se sitúan las visiones. El pasillo es una zona de tránsito entre una habitación y otra. No es un sitio donde se permanece mucho tiempo, sino que se suele atravesar con un objetivo y un destino determinado. Por eso, es una metáfora bastante acertada de lo que es el tránsito: un paso entre este plano y el siguiente, donde nadie se queda mucho tiempo.

Las personas en tránsito van de un plano al otro, de una habitación a otra. Pero es de obligado paso si se quiere, o se desea cambiar de habitación.

Otra circunstancia que llama la atención es que fueran muchas personas y, además, desconocidas.

La abuela de Cristi pensó que eran familiares de otra persona que acababa de fallecer y estaban allí para el velatorio. Cuenta que, al pasar en medio de ellos, los saludó, acorde con un comportamiento de buena educación. Pensar que los del pasillo acudían a un velatorio no iba muy desencaminado y, aunque parezca algo macabro, el velatorio al que acudían era al de ella misma.

Dentro del baño no refirió haber visto a nadie, pero al salir, las personas seguían estando en el pasillo: la esperaron a que saliera del baño. La visión no continua dentro del baño. ¿Debían permanecer en el pasillo? Y si esas personas a las que vio fueran una alucinación, ¿hubieran discriminado entre el baño y el pasillo?

Cuando va a entrar en su habitación, se vuelve a mirar y es cuando se percata de dos cosas. La primera es que todos la están mirando y la segunda es que comienzan a hacerle gestos con las manos para que vaya hacia donde están ellos. No refiere que le hablaran o hiciesen ruido con murmullos o palabras. Tampoco parecían hostiles, por lo menos no lo expresó y actuó en consecuencia no alertando a nadie. Aun así, ¿porque no se asustó? Si en un pasillo con las luces de emergencia, observas que personas desconocidas te están mirando y haciendo gestos para que vayas donde están ellos, eso ¿no da un poco de miedo? Pero ella, a pesar de describirlos como muy reales, no se asustó cuando, tras encender la luz, desaparecieron.

Fuese como fuese, la abuela no alertó a nadie en ese momento y esperó al día siguiente para preguntar a los trabajadores y residentes si es que había habido algún fallecimiento y velatorio la noche anterior. No lo hubo.

No eran seres queridos fallecidos, no contó que entre ellos hubiese nadie que le resultase familiar, y pensó en coherencia, que vinieron por otro residente. Entonces, ¿quiénes eran esas presencias o seres que la abuela vio? ¿Antiguos residentes que habían trascendido? ¿Es acaso lo que he dado en llamar un «comité de bienvenida», donde los pacientes suelen ver a muchas personas desconocidas?

El comité de bienvenida no suele «llamar» a la persona, simplemente están allí, rodeando al paciente o situándose en el salón, sitio predilecto utilizado por el comité para presentarse al que está en tránsito.

¿Por qué no entraron en su dormitorio? ¿Por qué la estaban llamando desde el pasillo? ¿Quizás la estaban llamando para que fuese al pasillo como metáfora del tránsito?

Si se trata de una llamada pasiva, como el caso de la abuela de Cristi, aunque no exista una enfermedad evidente el hecho de que la visión esté llamando, con gestos de las manos habitualmente, suele significar que el tránsito está muy avanzado, la marcha de la persona está muy cerca.

Victoria, la paciente del caso de aviso en el pasillo, tuvo una visión algo diferente, aunque el mensaje era el mismo, su marido la invitaba a ir al pasillo, ir tras de él, y no parecía una llamada tan clara como la de la abuela de Cristi, ¿quizás al no ser su marcha tan inminente el mensaje de la visión fue más sutil?

Quiero pensar que el diseño del proceso de tránsito está realizado a medida de cada uno, siendo el adecuado para cada caso. Al fin y al cabo, somos los protagonistas de nuestro propio proceso y tal vez intervengamos en el mismo de una manera profunda que ignoramos, pero que, con el conocimiento que vayamos adquiriendo, podamos tener acceso a dicha información. Para ello hay que tener el deseo de saber. Pero ¿hasta dónde queremos hacerlo y hasta dónde podemos?

1.3. LA FASE DE LAS VISITAS

Esta es la fase más conocida del proceso del tránsito, en ella el enfermo empieza a ver o a ser visitado por familiares, amigos, o allegados que ya han cruzado y están al otro lado o puede ser visitado por personas desconocidas, seres de luz, guías espirituales, ángeles, niños, ancianos e incluso mascotas.

Estas visitas acuden por varios motivos, los más frecuentes serían el de informar que ha llegado la hora, y que van a realizar un viaje, tranquilizando al que va a partir asegurándole que lo hará acompañado, e incluso pueden dar instrucciones de cómo hacer el tránsito.

También se benefician los testigos, puesto que comprenden que a su ser querido lo han venido a buscar y que se marchará con aquellos que le precedieron o con algún ser espiritual. Y se benefician fundamentalmente de dos formas. Por una parte, perdiendo el miedo a la muerte si observan que su allegado se marcha confiado, e incluso feliz, por encontrarse de nuevo con seres queridos que hacía tiempo que no veía porque habían cruzado el umbral y, por otro lado, ayuda en el duelo, pues provoca sosiego saber que tu ser querido está con los suyos, que vinieron a buscarlo, que se encuentra con ellos esté donde esté y que nunca morimos del todo. Solo la materia queda en el plano que le corresponde.

Me pregunto si mi conciencia no pertenece a este plano, por lo que, cuando abandonamos el cuerpo, volvemos al plano que, en realidad, nos corresponde.

Me han relatado muchas vivencias de visitas del otro lado, sin embargo, nunca me he vuelto a encontrar un caso como el que paso a relatar.

1.3.1. Me lo han dicho «ellos»

Los martes por la mañana, Margarita solía acudir al mercadillo que montan a escasas calles del centro de salud. Vivía algo apartada de los comercios y supermercados. Cuando entró en la consulta, lo hizo con varias bolsas repletas de frutas y verduras.

Tomó asiento y me preguntó acerca de unas pastillas que le había prescrito el cardiólogo en la última revisión y que le provocaban efectos secundarios.

La conversación derivó hacia la hipertensión que padeció la

madre de Margarita y, aunque hacía años que ya había cruzado a otro plano, la seguía echando de menos.

—¿Se puede vivir sin una madre? —me preguntó, negando ligeramente con la cabeza. Tras un breve silencio en el que yo me hice la misma pregunta continuó—. Me sucedió algo rarísimo con ella. A veces lo pienso y por más vueltas que le doy no encuentro ninguna respuesta. —Me miró fugazmente a los ojos, y añadió con una tímida sonrisa en la boca—: ¿Tiene tiempo para que se lo cuente?

Tenía la agenda a tope, como todos los martes. No era la única paciente que aprovechaba para ir al médico cuando ponían el mercadillo, pero la pregunta, me intrigó. Y ella deseaba compartir su experiencia.

—Claro, cuéntame —la animé

Margarita se reclinó hacia atrás, se acomodó en el reposabrazos y comenzó:

—Mi madre estaba en casa de mi hermana. Vivía con ella. Y cuando se puso muy enferma, mi hermana pidió ayuda al resto de los hermanos para que hiciésemos turnos en su cuidado. Yo tenía los turnos de tarde. Llegaba a casa de mi hermana a las dos de la tarde y me quedaba hasta las ocho. Ese día estaba en mi dormitorio arreglándome para irme cuando llegó mi hijo. —Una sonrisa apareció en el rostro de Margarita—. Entró a la habitación. Estaba muy contento y sin decir ni hola me suelta: «Me voy a casar. Ya lo tenemos todo preparado: el día, la iglesia y hasta donde vamos a celebrar el banquete». Doctora —amplió la sonrisa—, yo sabía que tenía novia, pero que ya lo tuvieran todo preparado para casarse, eso me cogió de sorpresa. Le pregunté por qué no me había dicho nada y me respondió que él y su novia tenían claro lo que querían y no deseaban recibir sugerencias ni opiniones por parte de unos y de otros, como indicarle un restaurante o una iglesia, porque la gente opinaba sobre todo, e incluso creían saber mejor que ellos mismos lo que les convenía. Para evitar que nadie se entrometiese, habían decidido llevarlo todo con el mayor secreto y así evitar conflictos.

—No está mal pensado —le dije a Margarita—. La verdad es que es una decisión muy personal y si ellos tenían claro lo que querían, llevarlo en secreto evitó conversaciones incómodas en donde te sugieren que cambies tus planes porque a otros le parecen mucho mejores los suyos propios.

—Mi hijo había decidido que yo fuera la primera persona a la que le iba a dar la noticia. Me puse muy contenta, pero ya llegaba tarde para darle el relevo a mi hermana y salí pitando. Cuando llegué, fui directamente al dormitorio donde estaba mi madre y le dije muy contenta: «Tengo que contarte una cosa». Mi madre me sonrió y me dijo: «Sé lo que me vas a decir. Que el niño se casa». Me quedé petrificada, pero mi madre continuó y me dijo el día, la hora, la iglesia y hasta donde iban a celebrar el banquete. ¡Justo lo que me acababa de decir mi hijo! ¿Cómo era posible que ella lo supiera, doctora? Había entrado en casa de mi hermana como un torbellino, casi ni le había dicho «hola». ¿Cómo era posible que tuviese toda la información? ¿Se lo habría contado mi hijo y no era yo a la primera a la que se lo contaba? Todavía en estado de *shock* le pregunté: «¿Tú cómo sabes eso?». Pero lo que no me esperaba ni por asomo es lo que me contestó: «Porque me lo han dicho ellos». Le pregunté: «¿Ellos? ¿Quiénes son ellos?». Lo que me contestó la buena señora, ya me dejó loca. Va y me dice señalando una esquina de la habitación: «Pues ellos». Yo me giré de manera automática, aunque sabía que en la habitación solo estábamos mi madre y yo. Allí no había nadie, solo una esquina.

—¿Ellos? —insistí intrigada, apoyando mis antebrazos sobre la mesa.

—¿Y quiénes eran «ellos»? ¿A quiénes se estaba refiriendo tu madre?

—Espere doctora, que esa sí que es buena —me respondió, enseñándome ambas palmas solicitando mi paciencia—. Le repetí a mi madre esa pregunta, que quiénes eran «ellos» y va, me señala otra vez la esquina y me dice: «¡Pues ellos! Los que vienen todas las tardes a visitarme y a charlar conmigo un rato». Yo ya me quedé muerta. Me acababa de enterar de que estaba viendo a gente, y ahora dice que la están viniendo a visitar todas las tardes y que hablan con ella ¡Soy yo la que voy todas las tardes! Y nunca me había dicho nada ni noté nada extraño en ella.

—Y ¿por qué no te había dicho antes que estaba teniendo visitas del otro lado?

—Justo eso fue lo que le pregunté —me contestó Margarita acercándose a la mesa—. Y también me intrigaba mucho cómo era posible que supiera lo de la boda de mi hijo y que, conociendo esa información, no me hubiera dicho nada. Yo nunca la vi hablar sola ni mirar a esa esquina de una manera especial.

—Entonces, ¿ella sabía lo de tu hijo por esas visitas y no te lo comentó?

—Pues sí. Mi madre me contó que sabía lo de la boda del niño desde hacía varios días porque se lo habían dicho «Ellos», esas visitas, pero que al darle la noticia le dijeron «pero tú...» —y se llevó el dedo índice a la boca en señal de silencio—. Y que eso quería decir que no debía decir nada. Le daban esa noticia, pero que ella debía callarse porque era un secreto. Por eso no podía decírmelo.

—A ver si la he entendido bien —quise aclarar con mi paciente—. ¿Me dices que alguien en la visión de tu madre, uno de esos «Ellos», se llevó el dedo índice a la boca para indicarle que no debía decir nada y ella entendió enseguida que no lo comentase porque era un secreto?

—Sí, sí, eso mismo —asintió varias veces.

—Y ¿quiénes eran los que la visitaban? —pregunté para averiguar si eran familiares, amigos o allegados.

—Nunca me dijo quiénes eran. Nunca, doctora, y mira que se lo pregunté muchas veces.

—¿Cómo? —exclamé. Era la primera vez que la persona que tenía la visión no quería compartir la identidad de las visitas—. Pero si ya te había dicho que la visitaban, ¿por qué no quería decir quiénes eran? Imagino que tú le insistirías, ¿no? Querrías indagar. —Margarita asintió—. ¿Y no te lo dijo?

—No, no me lo quiso decir —negó con la cabeza—. Mi madre no estaba diciendo tonterías doctora, ni se le había ido la cabeza ni nada. Estaba bien lúcida. Cuando se lo comenté a mis hermanos, que ella veía a «gente» en la esquina, mis hermanos también le preguntaron que quiénes eran, pero tampoco se lo dijo. Le preguntamos en muchas ocasiones, porque ya teníamos curiosidad. Pero nada. No soltó prenda. —Después de un breve silencio me comentó con una sonrisa triste—: ¿Sabe, doctora? Mi madre falleció antes de la boda y no pudo ver a su nieto casado. En fin, así es como tenía que ser. Qué le vamos a hacer.

Este caso me parece muy interesante. En primer lugar porque al paciente se le da una información sobre el futuro, uno de sus nietos se va a casar y se mostró veraz, incluyendo el secreto y el silencio que se debía guardar. Pero ¿por qué y para qué le dieron esa información a la abuela? Era un secreto, pero ella lo supo antes que nadie.

Por otro lado, los pacientes suelen compartir la identidad de las visitas y sin son desconocidos para el paciente, así lo dicen. Suelen mostrarse abiertos a comunicar sus visiones si sienten que van a ser escuchados. En este caso no solo se escuchó lo que la madre decía, sino que se le dio total validez porque la información era veraz y la paciente estaba lúcida.

Entonces, ¿por qué no quiso revelar la identidad de «Ellos»? Parece que eso también era un secreto. ¿Personas misteriosas del otro lado que revelan el futuro? ¿Le habrían hecho partícipe de alguna otra confidencia que la paciente nunca llegó a comunicar porque también era algo confidencial?

No lo sabemos porque la familia tampoco preguntó si «ellos» le habían dado otras informaciones.

Es inusual que las visitas revelen a los enfermos información sobre el futuro. Entonces, ¿por qué esos seres le dieron esa noticia? ¿Con qué finalidad? Me pregunto si la boda del nieto sería importante en el mundo espiritual. Alguna importancia tendría cuando seres del otro lado se lo comunicaron a la abuela. ¿Era una manera de tranquilizarla al comunicarle algo que se va a revelar como verdad y así podría confiar en ellos si es que la iban a acompañar al otro lado? Algo así como ganarse su confianza.

Nadie se había apercibido de que la abuela estaba teniendo visitas todas las tardes, tal vez por el secretismo que debía guardar.

Por lo demás cumplía con las características propias de la fase de las visitas: acudían todos los días, más o menos a la misma hora (por la tarde) y se situaban en un lugar determinado, normalmente el mismo, la esquina, que además es uno de los lugares preferidos donde se sitúan las visitas, solo rebasado por el lugar predilecto: los pies de la cama.

Es la primera vez que tengo constancia del uso de los gestos para enviar un mensaje en la fase de las visitas.

La fase de la «llamada» es cuando los del otro lado suelen llamar a los que están en tránsito utilizando gestos, invitando, con una o ambas manos, que vayan hacia ellos.

El siguiente caso era el paciente el que hacía gestos. No solo alargaba la mano hacia arriba, sino que le hacía una petición muy particular al ser querido que estaba en el otro plano.

1.3.2. ¿Por dónde voy?

Recibí una invitación de la televisión local, para ser entrevistada sobre la perimuerte. Una vez finalizada, el cámara se me acercó y me preguntó si me podía hacer una consulta.

—Claro —le respondí.

Casi siempre que hablo de temas sobre la perimuerte, hay alguien que desea compartir su experiencia conmigo. Para mí es un lujo y un honor.

—Quiero darte las gracias porque al escucharte he comprendido las últimas palabras de mi abuela.

—Eso ocurre en ocasiones —le respondí—. Cuando se comprende algo que antes no se podía entender, es como colocar una pieza de un puzle y, de repente, muchas cosas cobran sentido.

—Sí, es verdad. El caso es que mi abuela cuando se estaba muriendo, llamaba a su marido, mi abuelo. Se pasó una semana llamándolo. Y luego, parece que ya estaba allí y le preguntaba cosas. Hasta hoy no le había encontrado sentido.

—¿A qué cosas te refieres?

—Mi abuela era gallega y a mi abuelo lo llamaba Manoliño. Cuando ella estaba en sus últimos días, alzaba el brazo y comenzaba a abrir y cerrar la mano como si quisiera agarrar algo. Nombraba a mi abuelo y pensamos que era a él a quien quería agarrar o darle la mano.

—Sí, ese gesto del que me hablas es típico en las personas que están en tránsito. Suben uno o los dos brazos como queriendo agarrar algo invisible, o que le da la mano. Y a veces se lo pide en voz alta: «Dame la mano... nombre del ser querido» al que están viendo, otras veces, son ellos los que les ofrecen su mano: «Toma mi mano...» para que se la cojan desde el otro lado.

—Mi abuela extendía el brazo y la mano y decía: «Manoliño por dónde voy, por aquí o por allí?». Y también decía: «Manoliño, ayúdame y dime por dónde tengo que ir, ¿por aquí o por allí?».

—En definitiva, le estaba pidiendo que le mostrase el camino correcto por el que ir. —Parece que a tu abuela se le presentaban diferentes opciones en su visión, diferentes caminos por los que optar y ella quería que su marido le indicase cuál de ellos debía tomar.

—Sí, eso parece. La verdad es que no lo había pensado hasta que hoy te he escuchado decir que las visitas del otro lado ofrecen al que se marcha instrucciones para realizar el tránsito. Y me ha recordado lo que decía mi abuela. Creo que le estaba pidiendo a mi abuelo para que le diese instrucciones y la ayudase a escoger el camino, a tomar o el camino correcto, no sé, y por eso le preguntaba a mi abuelo «por dónde voy».

Esa es una de las funciones de las visitas, no solo acompañan y aseguran a los que han iniciado el tránsito que no van a estar solos, sino que les ayudan a realizarlo de la mejor manera. Yo creo que la abuela aún no acababa de irse y le pedía ayuda a su marido que, estando con ella, aguardaba el momento justo y adecuado para trascender. Quizás ella estuviese viendo el paisaje que otros dicen que hay en el otro lado, pero no acababa de cruzar el portal. ¿Por qué no se cruza el portal una vez que ya se está viendo a los seres del otro lado? Es lo que llamo el «efecto aduana» como si aún existiesen obstáculos para dar el salto al otro lado y no sabemos si son impedimentos o trabas que existen en este lado o en el otro. Quizás Manoliño estuviese esperando a que su mujer, adentrándose en el tránsito, tuviese la última decisión porque ya sabría por dónde debía ir. Creo que todos sabremos, llegado el momento, por donde ir, aunque recibamos apoyo y ayuda para hacerlo.

Al hilo de este caso, se me ocurre que sería muy interesante recoger las últimas palabras de las personas. Esto nos darían mucha información acerca del último viaje: con quién lo hacemos, cómo lo hacemos, quizás para averiguar dónde y con quién está nuestra conciencia en esos últimos momentos.

En las visiones, hay veces en donde la persona en tránsito lo que ve al otro lado es una luz. Puede apreciar una luz o una luz con alguien dentro de ella. En otras ocasiones, la luz se abre y se percibe ese otro lado al que van a cruzar; la luz es entonces como un portal o puerta a través de la cual se pueden visualizar paisajes luminosos con jardines, en donde las plantas y las flores tienen colores muy vívidos y vibrantes, seres espirituales, seres queridos fallecidos.

En el siguiente caso vamos a acercarnos a la experiencia de Karina con el tránsito de su hermano, que ocurrió cuando ambos eran muy jóvenes. Ella me hizo llegar su testimonio mediante una carta.

1.3.3. Tú hiciste un pacto

Hace un tiempo recibí esta misiva, en relación a la vivencia que esta persona tuvo con su hermano enfermo de linfoma.

Carta de Karina sobre la muerte de su querido hermano Gabo:

Estimada Lola:

Siempre estuve muy relacionada con la muerte por experimentar muchos fallecimientos en mi entorno familiar, la muerte de mi padre, la de mi madre y la dolorosa muerte de mi hermano Gabo.

En el año 1993, cuando mi hermano tenía 18 años recién cumplidos, le diagnosticaron un linfoma de Hodgkin.[11] Por entonces, yo tenía 16.

Cuando le diagnosticaron el linfoma, le dieron tres meses de vida. Sobrevivió un año y medio contra todo pronóstico. Yo creo que porque peleó con todo para seguir con vida. O tal vez porque su hora era la que era. Una mañana, cuando fui a verlo, lo encontré especialmente silencioso. Al rato de yo preguntarle, comenzó a contarme lo que le había pasado durante la noche anterior.

Según me dijo, yo era la única que lo entendería, por eso me lo contaba. Era algo que nadie podía comprobar, solo Lassie, la perra de la familia que había sido testigo de lo acontecido. Gabriel y mi abuela dormían en dos habitaciones que están pegadas. Inicialmente era una pieza enorme que dividieron en dos, resultando dos habitaciones chiquitas con una sola salida; de un dormitorio se comunicaba al otro y se salía directo a una puerta principal, que lleva al comedor o sala de la casa.

En plena madrugada, Lassie, nuestra perra collie que dormía en medio de ambas habitaciones, comenzó a ladrar sin parar y acudió en busca de Gabriel que estaba acostado, sacudiendo su cola entre ladridos. Mi abuela, que dormía en la habitación de al lado, se despertó y pidió a mi hermano que hiciera callar a la perra. Mi hermano se dio cuenta de que la perra quería que la siguiera y se levantó para ver qué es lo que le pasaba. Se dirigió a la puerta del dormitorio que es de metal con cristales biselados y

11. Tipo de cáncer que afecta a los linfocitos, un tipo de glóbulo blanco de la sangre.

estaba entreabierta. Vio que detrás de ella, en el comedor, había una luz. Abrió la puerta y comprobó que la luz estaba situada justo enfrente de él, delante de otra puerta que daba al patio, pero que, debido a la intensidad de la luz, apenas podía verla y eso que solo lo separaban unos cuatro metros de ella. Me aseguró que la puerta del patio estaba cerrada, por lo que la luz no podía venir de fuera. Esa luz estaba delante de la puerta que daba al patio y justo frente a él. Dio unos pasos adentrándose en la sala y comenzó a buscar el origen de la luz, mirando por todos los rincones posibles del comedor. Las lámparas estaban apagadas. Fue entonces cuando se dio cuenta de que Lassie ya no ladraba y que, mirando fijamente a la luz, movía la cola como si saludara a alguien muy conocido. Mi hermano siguió escudriñando el comedor y reparó en que la barra de la cortina que había delante de la puerta del patio, y que echábamos en verano para que no entraran moscas, ya no estaba estropeada. La argolla de la izquierda llevaba rota un tiempo y no había tenido tiempo de cambiarla, pero ahora estaba bien. ¿Cómo es posible que estuviera nueva si no se había cambiado?

Volvió a mirar la luz, me dijo que era de un blanco intenso, que no se apreciaban colores dentro ni formas, solo una luz blanca intensa, aunque no hacía daño a los ojos. No sabía precisar cuándo en un momento determinado, comenzó a escuchar dos voces masculinas como si le hablasen al oído:

—Gabriel, hemos venido a buscarte, tú sabes que vas a morir —dijo una voz.

—Sí, pero no quiero —contestó mi hermano.

—Tú hiciste un pacto y ahora tienes que cumplirlo —respondió la voz.

Mi hermano me dijo que mantuvo una conversación con esas voces y que les había preguntado si era posible romper ese pacto, pero le dijeron que no.

Siempre se refirió a «ellos» en masculino y en plural, porque le hablaron, mínimo que yo sepa dos personas, más bien dos seres. Aunque no supo su identidad, yo acabé pensando que eran sus guías. Pero solo es una apreciación mía. Él nunca supo identificar a quién pertenecían esas voces, solo que eran masculinas.

También me comentó que debía hablar con su novia, pedirle perdón y que lo hiciese pronto porque a mi hermano ya no le quedaba mucho tiempo en este plano. Estas voces le hicieron notar que no estaba siendo del todo honesto con ella, no sé a qué se refería, debían ser cosas entre ellos, pero yo nunca me enteré. Me mencionó que las voces le hablaban de otras cosas de las cuales no podía contarme nada. Eso quedaba entre esos seres invisibles y él.

Durante toda esta conversación, mi hermano siguió viendo la gran luz situada a la entrada de la puerta del patio.

Le pregunté a Gabriel si había sentido miedo y me dijo que no, porque pensó y sintió que parte de esa luz era nuestra madre y eso le hizo sentir paz y tranquilidad mientras las voces masculinas le informaban de su pacto para morir joven.

Tal vez, la presencia de mi madre en esa luz era importante para darle a mi hermano la paz y la tranquilidad necesarias para estabilizarlo emocionalmente frente a la noticia de su inminente partida, y quizás por eso pudo tener la conversación con las voces sin alterarse o salir corriendo. No sé, pero creo que es así.

Hoy siento que Gabo tuvo un encuentro con sus guías y mi madre, los cuales vinieron a darle claridad justo antes de su transición, haciéndole recordar que antes de venir había hecho un pacto y se tenía que marchar. Quizás esto le ayudase a aceptar su situación. Claridad en cuanto a la deshonestidad con su novia y aunque nunca supe en qué consistía, sí sé que habló en profundidad con ella. Las otras cuestiones de las que habló con esas voces me fueron veladas.

Las cosas que no quiso contarme creo que tienen que ver con las leyes divinas de la vida y la muerte, como ese pacto que hizo antes de venir, y de las cuales no podemos tener acceso en cualquier momento, sino que esto depende de si es necesario recibir esa información. Está claro que para mi hermano sí lo era.

No sabría decir por qué pienso ahora todo eso, pero creo que no estoy desencaminada, porque cuando mi hermano tuvo la experiencia con la luz, yo tenía solo 16 años, por eso pienso que aún no era el momento de enterarme de algunas cosas como esas leyes divinas. Pero todo esto son elucubraciones mías, mi hermano solo me dijo que había cosas de la conversación con esas voces que no podía contarme y yo lo acepté.

Intentó transmitirme que ya no teníamos mucho tiempo y que él debía irse, que llegaba la hora de su muerte, algo con lo que él, a pesar de este encuentro y lo que le habían dicho, no estaba para nada de acuerdo. No quería morir.

Mi hermano cuidaba mucho de mí, y comprendo lo difícil que tuvo que ser esa charla en la tenía que decirme que se iba a marchar. El deceso físico de Gabo, con solo 19 años, fue muy intenso, ya que peleó contra la muerte duramente. Como te digo, aunque las voces le recordaron su pacto, él no estaba de acuerdo y peleó.

En sus últimos suspiros todavía guerreaba contra la muerte y no dejaba de gritarle: «¡No me vas a ganar!», o, «¡No vas a poder conmigo!». Los sedantes que le administraban no hacían efecto. El personal médico, un amigo de Gabo y mi hermano mayor que lo acompañaban en el hospital, estaban conmocionados viéndolo luchar de esa manera tan intensa y hasta furiosa.

Era de esperar que un guerrero semejante no se dejara abatir por nada ni nadie, aunque la ciencia suministrara sus «cócteles» calmantes más eficaces, parece que nada funcionaba, nada hacía efecto en él, hasta que cesó la lucha. Creo que hubo un momento en el que hizo las paces con la muerte y en un abrazo apretado con su amigo, que tenía entonces 21 años, y con nuestro hermano mayor, que solo contaba 20, emprendió su vuelo de regreso a casa en libertad.

Aunque tuvo el encuentro con la luz en el comedor de la casa, Gabo trató de desafiar todas las reglas y los pactos hasta comprobar por sí mismo que su tránsito sucedería, se pusiera como se pusiese. Pudo sentir lo maravilloso que fue entregarse y dejarse ir porque, cuando finalmente pudo hacerlo, según me contaron los que allí estaban, su amigo y mi otro hermano, se marchó en paz y en un abrazo con ambos.

1.3.4. Visitas no bienvenidas

Dentro de la fase de las visitas, en ocasiones no son bien acogidas por el paciente. Si esto sucede, suelen enfrentarse a ellas hablándoles o incitándolas a que se marchen. Y, aunque las visitas del otro lado acuden, el paciente no quiere verlas.

El miedo a la muerte, los sentimientos de culpa, de vergüenza, el miedo al juicio, los asuntos inacabados o el intenso apego a este plano, junto con las responsabilidades familiares como los niños pequeños, responsabilidades de negocios o de otra índole, puede hacer que cuando acuden las visitas del otro lado, estas no sean bien recibidas. Les incomoda recibir la información de que se tienen que marchar, que es la hora de irse. Entonces se resisten y mantienen broncas discusiones, con cierta violencia y agresividad verbal hacia las visitas del otro lado que han venido para informarles y acompañarles en el tránsito.

El paciente que se defiende de esas visitas tiene consciencia de que han venido a buscarlo para llevarlo donde están ellos, pero como la noticia les resulta en extremo desagradable, tratan de ahuyentar a los visitantes con gritos e improperios. En ocasiones, la mera visión de seres del otro lado, aunque no le proporcionen información alguna, puede desencadenar agitación y griterío.

Es una situación relativamente frecuente, sobre todo por la noche. En otros casos sienten miedo y no quieren mirar hacia donde están las visitas, o bien cierran los ojos pensando que, si no las miran, desaparecerán.

Son casos que suceden con relativa frecuencia y que me he encontrado a lo largo de los años en el ámbito de mi consulta, pero no ha sido hasta haber investigado los fenómenos perimuerte, que no los orienté hacia el diagnóstico adecuado.

NO QUIERO VER A MI MUJER

A Francisco, un paciente de 89 años, lo trajo a mi consulta su hija porque no quería dormir en su dormitorio y había decidido hacerlo en el sillón del salón.

La hija deseaba que le convenciera de que era más saludable dormir en la cama porque se descansaba mejor. Eso era fundamental para su salud. De hecho, la hija tenía toda la razón.

—A ver, Francisco, ¿por qué duerme usted todas las noches en el sillón del salón? —le pregunté—. ¿No ve que eso le hace polvo la espalda, sobre todo las lumbares? Era la zona de la que solía quejarse.

Francisco me miró y guardó silencio bajando la vista. Me pareció que era como un niño al que le estaba regañando y cambié mi actitud.

—¿Es que se asfixia cuando se acuesta? —le pregunté, porque en muchas ocasiones, y por distintos motivos médicos, las personas mayores pueden asfixiarse al adoptar la posición horizontal.

—No, no doctora. No me asfixio. —Por lo menos comenzó a conversar conmigo.

—Entonces, ¿es que hace frío o calor en tu dormitorio?

—No me gusta mi dormitorio —respondió Francisco de repente y apretó los labios.

—¿Cómo? ¿Cómo es eso? —le comenzó a interrogar la hija—. Tu dormitorio de toda la vida, donde has dormido siempre, ¿ahora no te gusta? Creo que está muy caprichoso, ya no quiere más que *gachonerías*,[12] doctora.

— Francisco, ¿qué es lo que le pasa al dormitorio para que ahora no le guste?

—Verá doctora, es que —miró de soslayo a la hija—, es que me da miedo.

—¿Qué te da miedo tu dormitorio? Pues las siestas bien que te las echas y ahí no te da miedo —dijo la hija.

—Le da miedo por la noche ¿verdad, Francisco? —le pregunté.

—Sí, es por la noche cuando no quiero entrar al dormitorio.

12. En Andalucía, mimos.

—¿Qué es lo que le pasa en su dormitorio por la noche para que le dé miedo y no quiera entrar? —pregunté

Francisco me miró mientras yo mantenía un gesto relajado y levemente sonriente, como si hubiese preguntado cualquier otra cosa de la vida cotidiana, como lo más normal del mundo.

—Por la noche en mi dormitorio —respondió mirando de reojo a la hija—, está mi mujer y por eso no quiero acostarme.

—¿Estás viendo a mamá? —preguntó con voz aguda la hija—. Eso no me lo habías dicho antes ¿Cómo es que está viendo a mi madre, doctora? ¿Eso es que se le está yendo la cabeza o qué le pasa?

—No me pasa nada. —Francisco miró a su hija, alejando un poco el cuerpo de ella y mirándome luego—. No me vaya a mandar nada doctora, que no me pasa nada.

—¿Lo ve, doctora? ¿Usted cree que esto es normal?

—Lo cierto es que lo que dice es bastante usual —respondí a ambos—. Las llamo «las visitas» de dormitorio. Los del otro lado pueden venir a visitarnos y normalmente lo hacen por la noche. También es típico que se queden en el dormitorio. Por eso no la ve en el salón. —Miré a la hija y le pregunté—: ¿Entiendes ahora por qué le da miedo acostarse en su cama? —Pensé un momento antes de preguntar—: Tu padre y tu madre ¿se llevaban bien?

Si Francisco no quería entrar en su dormitorio, tal vez la visita le producía, por lo menos, disgusto. Ya que, en otras ocasiones, la visita suele ser bien recibida, inicialmente con asombro, pero luego con agrado.

—Regular —respondió la hija, meneando la cabeza mientras miraba a su padre y luego a mí—. Regular tirando a mal. ¿Esto tiene arreglo? Porque muy normal no me parece que diga ahora que ve a mi madre. Me da miedo que se le esté yendo la cabeza. Era lo que me faltaba —dijo mirando con desaprobación a su padre.

Le pasé un test para ver su capacidad cognitiva[13] que resultó normal. Y tras una charla con ambos y tranquilizar a la hija de

13. Son pruebas diagnósticas para identificar alteraciones en funciones

que no era una demencia, eventualidad que le preocupaba muchísimo como es natural, cedió a la situación:

—Entonces se va a quedar en el salón, me parece a mí —dijo la hija mientras levantaba al padre de la silla—. ¿Verdad, papá?

Francisco durmió en el sillón del salón hasta que, finalmente, cruzó al otro lado meses después, tras un ictus del que no se recuperó.

GRITOS EN LA NOCHE «NO ME QUIERO IR»

Me he dado cuenta, tal vez demasiado tarde y lo digo por las veces que he acudido a domicilios por la noche cuando trabajaba en Urgencias, avisada por algún familiar porque el paciente estaba gritando, muy agitado, de que esos gritos, en ocasiones, no eran fruto de una desorientación del paciente o de un estado de confusión, sino que estaban siendo provocados por las visiones que estaban teniendo los enfermos.

Para saber si esos gritos corresponden a una desorientación o a visitas del otro lado, es necesario sopesar los síntomas del paciente, pero, además, tras comprobar qué grado de agitación o inquietud presenta, escuchar lo que dice. La escucha es fundamental.

Un delirio o una alucinación puede ser diagnosticada, entre otros síntomas, por la incoherencia del discurso, la agitación física, muchas veces incoercible[14] y la incapacidad para mantener una mínima conversación.

Pero, otras veces, al escuchar lo que dicen los pacientes que están gritando y preguntarles directamente por el motivo de los mismos, pueden comentar, quizás con cierta ansiedad, a quién o a quiénes están viendo, y con quién están manteniendo una discusión donde los gritos podrían ser consecuencia de esa discusión con los visitantes del otro lado.

---

cognitivas como la memoria, la atención, el lenguaje, el razonamiento y la orientación.

14. Que no se puede reprimir o contener.

Las visitas no deseadas pueden ser tanto de conocidos como de desconocidos. Si es una sola persona la que visita, no suelen gritar, lo que intentan es eludir la visión, como hizo Francisco, evitando acostarse en su cama por la noche. Puede que lo único que se aprecie en el paciente sea un cambio de conducta. Yo he tenido varios pacientes que, acercándose su momento, no quieren dormir en su dormitorio por la noche.

Las frases típicas utilizadas por pacientes en esta fase de las visitas no bienvenidas y que cursan con gritos y en estado de cierta alteración son entre otras:

◊ «No me vais a llevar».
◊ «Marcharos de aquí. Fuera».
◊ «No quiero veros, os digo que os marchéis».
◊ Cuando la familia o acompañantes le preguntan por qué está tan alterado, suelen referir:
◊ «Esos que están ahí (señalando al lugar donde están situadas las visitas) han venido a buscarme, pero no me quiero ir».
◊ «Dicen que me quieren llevar con ellos, pero yo no quiero».
◊ «Han venido a por mí y me quiero quedar».
◊ «Diles que se vayan».

Normalmente, la familia y los cuidadores les instan a que se calmen y que observen que allí no hay nadie, lo cual hace que el paciente se sienta menos comprendido y hasta, en cierta manera, solo. Como consecuencia, arrecian y se vuelven más agresivas las frases hacia aquellos que saben que han venido a buscarlo.

Lo habitual es que las visitas no deseadas se sitúen en el mismo lugar en que se sitúan los vivos, y cuando se presentan en el dormitorio, normalmente lo hacen a los pies de la cama, al lado de la misma o en las esquinas.

Conocí a la nieta de Manuel, Marina, un año antes de que su abuelo trascendiese. Cuando al abuelo comenzaron a darle pequeños ictus, se fue a vivir con él y con su abuela. Estaban muy mayores, la abuela necesitaba muchos cuidados, y Manuel no podía seguir cuidándola. Era Marina ahora la que venía a la consulta cuando necesitaban algo.

—Ha estado mi abuelo ingresado, doctora —me dijo Marina esa tarde—. Le ha repetido el ictus. Menos mal que no ha sido muy grave y esta mañana le han dado el alta. En el hospital le han suministrado medicación y me han aconsejado que venga a su médico.

Estuvimos hablando de cómo le había ido en el hospital y Marina me acabó diciendo:

—Lo he pasado muy mal viéndolo enfermo y eso. Pero una noche me dio miedo y salí corriendo de la habitación —dijo llevándose la mano al pecho y moviendo la cabeza.

—Y eso ¿por qué?

—Pues creo que se le fue la cabeza por la morfina o la medicación que le estaban poniendo, la verdad es que no lo sé.

—Ah, se desorientó en el hospital —le dije mientras recogía ese dato en la historia clínica del paciente.

—No sé si es eso lo que le pasó porque luego parecía muy normal. El caso es que yo me encontraba con él en la habitación y de pronto se quedó mirando fijamente hacia una pared, en donde había un pequeño armario, y empezó a decir, bueno más bien a gritar: «Fuera de aquí. Marchaos que yo no me puedo ir a ningún sitio. Que os vayáis, he dicho. Que no puedo irme. Tengo que cuidar de mi mujer. Fuera de aquí. Yo no me voy. Venga fuera, fuera», cosas así. Me asusté mucho y es que cada vez gritaba más. Vaya que salí corriendo y se lo comuniqué a la enfermera, que me respondió que sería de la medicación. El caso que yo ya no quise entrar más a la habitación. Me vine para casa. Me temblaban las piernas, doctora, solo quería salir de allí corriendo.

—¡Ya! No me extraña. ¿Qué edad tienes? ¿Dieciocho años? —asintió—. Normal que te dé miedo ver gritar a tu abuelo y encima si dice cosas como dirigiéndose a alguien, pues te preguntas, ¿y si son fantasmas o algo así?

—Sí, sí, eso pensé y me fui corriendo. A la mañana siguiente volví pensando «ya verás, ya verás, a ver cómo está el abuelo», y me lo encontré sentado en la cama estupendamente. Al rato le pregunté, aunque me daba miedo de que le repitiera lo de la noche anterior, si se acordaba de lo que le había pasado.

—¿Y qué te dijo?

—Pues él estaba muy tranquilo y me dijo que se acordaba perfectamente, que en la pared había visto una puerta que se abría y por ahí entraban familiares suyos que ya habían fallecido. Pensó que venían a por él y por eso les empezó a gritar para que se fueran. —Marina se detuvo para mirarme—. Es que él está muy preocupado por quién va a cuidar de mi abuela si le pasa algo.

—Sí, lo entiendo —dije pensando en su esposa—. Tu abuela está muy frágil.

—Doctora, ¿cree que estaba alucinando como me dijo la enfermera? Porque luego a la mañana siguiente estaba normal, contándome todo como si nada.

—A ti, ¿qué impresión te dio?

—Yo creo que es verdad, que veía a esas personas. Porque a la mañana siguiente me contó todo con mucha seguridad y me dijo que era real lo que había visto. Que él sabía que se tenía que marchar, pero que por ahora no podía irse por mi abuela. Me pidió perdón porque le dije que me había asustado, y me dijo que no volvería a gritar si los veía de nuevo.

No tuve la impresión de que fuera un anciano que tuviese un episodio de desorientación. Recordaba perfectamente lo que le había sucedido, lo compartió con su nieta y le pidió perdón por los gritos. Es más, la conversación con la nieta a la mañana siguiente tenía coherencia, entre lo que el abuelo contaba que había sucedido, cómo él había reaccionado y las razones: su situación personal, no se podía marchar, porque tenía que cuidar de su mujer.

Me mantendría atenta a lo que en los próximos tiempos le sucediera a Manuel, podía ser una fase de las visitas, en este caso no bienvenidas, porque él era consciente de a lo que venían. Consideraba que tenía responsabilidades para con su mujer y no se podía marchar.

Cuando he encontrado casos en los que el paciente no recibe con agrado a las visitas llegando a increparlas, la partida ha ocurrido de igual manera, los gritos no han impedido que el paciente no se marche. Las visitas informan que la hora está próxima, y si la persona tiene responsabilidades, como decía Manuel, las visitas pueden acudir con antelación, dando tiempo para que las pueda dejar resueltas y para aceptar que se tiene que marchar.

Manuel falleció a los tres meses cuando le repitió el ictus. Su nieta vino a despedirse de mí.

—Me vuelvo al pueblo, doctora, mi abuela se viene también.

—Siento mucho lo de tu abuelo. Él no quería irse y dejar sola a tu abuela.

—Bueno, se fue haciendo a la idea, o eso me parece a mí, porque el día que le repitió el ictus fuerte, me dijo «ya me voy, me voy a morir», y le dije «¡anda ya abuelo!, no digas esas cosas». Pero me lo repitió con mucha tranquilidad y se murió en la ambulancia camino del hospital.

—¿Te dijo si había vuelto a ver a sus seres queridos fallecidos?

—No, doctora, ya no me dijo nada más. No sé si los vio. Como le dije que me daba miedo, si los volvió a ver, ya no me dijo nada para no asustarme.

Pensé lo mismo que Marina, no sabemos si tuvo más visitas o algún tipo de visión, lo que sí sabemos es que, cuando le llegó su momento, el abuelo lo sabía y no se resistió. Se lo dijo a la nieta como si la conformidad del abuelo confortase a la nieta de que las cosas eran así.

En el siguiente caso, la nieta juega un papel importante en la vivencia de su abuela, siendo no solo testigo de lo sucedido, sino como coprotagonista de la experiencia, lo que se llama una experiencia de muerte compartida.

NO OS LA VAIS A LLEVAR. EXPERIENCIA DE MUERTE COMPARTIDA

Las experiencias de muerte compartida suceden cuando la persona que está en tránsito y el testigo o acompañante, están viendo lo mismo, tienen la misma visión. Es bastante inusual, pero cuando aparece, nos hace plantearnos en qué plano o dimensión están realmente las visiones.

Como he dicho en muchas ocasiones, la muerte abre un portal porque la conciencia está expandida, está desplazándose de un plano a otro y lo hace a través de ese portal. En las ECM es el túnel que muchos refieren ver, ese por el que caminan y en donde al final normalmente ven una luz.

A veces, ese portal es como una luz que se va abriendo poco a poco. A través de esa apertura pueden verse paisajes descritos como muy bellos y a los seres que están habitando esa otra dimensión. Estos seres pueden ser conocidos o desconocidos. Pueden ser guías espirituales o ángeles.

Yo pienso que estos seres utilizan la apertura de este portal para cruzar y es la forma que tienen para acceder y visitar al paciente.

Las experiencias de muerte compartida suceden cuando el protagonista del tránsito y el acompañante, que está sano, que no está tomando fármacos y no está en tránsito, están viendo lo mismo.

Este tipo de experiencias son sumamente interesantes porque podría anular una de las teorías con las que se pretende dar explicación a estos fenómenos de las vivencias perimuerte, la teoría de que todo está en el cerebro del moribundo, fabricado por las sustancias segregadas durante el proceso que tratan de hacer más llevadero el estrés de ser conscientes de la propia desaparición o muerte, aparte de preguntarme qué sentido, en clave de supervivencia o de adaptación de la especie, tiene segregar sustancias tranquilizantes para que la persona no sienta su propia muerte, o incluso la viva con paz y alegría, cuando dichas sustancias hubiesen sido mucho más útiles en los episodios estresantes de la vida, en circunstancias extremas o en aquellas que llevan a la persona a una depresión profunda. ¿Por qué no se segregan estas mismas sustancias para aliviar las adversidades de la vida, sobre todo las más traumáticas? Sin duda, ayudarían a que la persona se sobrepusiese más rápido, con menor dolor, y pudiera continuar su camino tras una experiencia traumática.

¿No sería esto mucho más lógico para la supervivencia? ¿Qué sentido tiene que se segreguen solo cuando ya no hay ninguna posibilidad de seguir vivo?

Tras una conferencia, una mujer de unos 30 años se acercó y se presentó como María José, y me dijo que deseaba hablar conmigo porque quería comentarme lo que le sucedió con su abuela.

—Lola, nunca me hubiese atrevido a relatar esta experiencia si no te hubiese escuchado algo parecido a lo que me ocurrió. Soy enfermera y tengo mis reservas para compartir lo sucedido.

—Te entiendo —le dije—, no es fácil contar experiencias que no tienen explicación. Nos las guardamos para nosotros. Pero los fenómenos ocurren. Entonces, ¿qué me quieres compartir?

—Pues algo que me pasó con mi abuela. Hace cinco años que murió de un cáncer. Al final estaba muy mal. Cada dos por tres la llevábamos al hospital y la dejaban ingresada. Así las cosas, mi madre decidió que viniese a vivir a casa con nosotros.

—Para estar acompañada y en familia.

—Sí, para que no estuviese sola, sí. Bueno, una tarde, mi abuela estaba en su dormitorio. Todo parecía tranquilo cuando empecé a escuchar gritos. Era mi abuela. Salí corriendo y conforme llegaba a donde ella, los gritos comenzaron a ser inteligibles y decía: «¡Fuera de aquí! ¡Quiero que os vayáis! ¡No me vais a llevar! ¡Fuera de aquí!». Me asusté pensando que alguien había entrado en el dormitorio de mi abuela.

—¿Era por la tarde, me has dicho? —le pregunté

—Sí, por la tarde. Ella estaba despierta y yo estaba en la otra punta de la casa. Cuando entré en el dormitorio, mi abuela estaba de pie y fuera de sí. La tuve que agarrar por los brazos y me costó calmarla para que me mirara a los ojos, y me dijese qué era lo que estaba pasando.

—Y ¿qué era lo que le pasaba?

—Pues me dijo, una vez que se tranquilizó un poco, que habían venido unas personas y le habían dicho que se la querían llevar. Y que a ella le dio miedo y trataba de echarlas del dormitorio para que se fueran, pero que no se iban. Por eso comenzó a gritarles.

—Entonces, ¿ella estaba en ese momento viendo a esas personas? —asintió.

—Sí, sí, me dijo que seguían allí. Le pregunté que dónde estaban y entonces me señaló una de las esquinas de la habitación y me dijo: «¡Míralos!, ¡ahí están, ahí están! ¿No los ves? ¡Diles que se vayan!».

—Y tú miraste, ¡claro!

—Sí, claro, me volví de forma automática para ver donde ella señalaba. Entonces me pasó lo que jamás pensé que pasaría. Allí, donde decía mi abuela, había como un túnel de luz, redondo, con un metro de diámetro, que iba abriéndose poco a poco. Yo podía ver lo que había dentro. Una luz vibrante salía de «eso» redondo que se abría y lo inundaba todo. Dentro de ese portal, como tú lo has llamado en la conferencia —asentí sin mediar palabra— pude apreciar un paisaje bellísimo con plantas, flores y con unos colores vibrantes como nunca había visto. También pude ver a personas, bueno no serían personas, sino seres de luz porque estaban al otro lado de ese portal.

—¡Madre mía! —exclamé—. ¿Has podido ver los seres del otro lado y la belleza de su paisaje? —asintió varias veces—. Dicen que es algo muy bello, que casi no se puede describir con palabras —dije emocionada. Una persona que, sin haber tenido una parada cardiaca,[15] había visto el otro lado y me compartía su ex-

15. Hasta ese momento, las descripciones que había leído, o me habían contado, eran procedentes de personas con una Experiencia Cercana a la

periencia—. Entonces, ¿es tan bello como dicen? —De todas las preguntas que se pueden hacer esta fue la que se me ocurrió.

—Totalmente, Lola. Ese paisaje, la luz, ese portal redondo que se iba abriendo y que era pura luz, los seres que estaban allí... —Se detuvo un instante y respiró más profundo—. Todo era muy muy bello. Yo me hubiera quedado allí, mirando, pero entonces mi abuela me sacó del embelesamiento tirándome del brazo y de manera insistente me decía: «Diles que se vayan, dile a esa gente que se vayan, díselo, díselo. Me están diciendo que han venido a por mí, que quieren llevarme y yo no quiero. ¡Dile que se vayan!».

—A pesar de la belleza que se desplegaba ante tu abuela, ¿no quería adentrarse en ese portal o túnel de luz? Le habían dicho que venían a por ella y ella no quería irse.

—No, no, para nada. A pesar de lo enferma que estaba, ella no se quería ir. Ahora me doy cuenta de que ese portal se había abierto para ella. Porque estaba en su perimuerte. Era parte de su proceso, del tránsito —chasqueó la lengua con pesadumbre—. Entonces no aprecié del todo lo que estaba viendo, era el otro mundo, y yo he visto con mis propios ojos el otro lado —suspiró profundo antes de continuar—. El caso es que todo sucedió en unos pocos segundos. Y no sabía lo que ahora sé. De haberlo sabido, ¿cómo hubiese actuado? No lo sé. Mi abuela me insistía y me insistía. Estaba muy nerviosa, no quería seguir viendo a los que venían a por ella. Entonces yo traté de defenderla. Con un brazo la empujé para que se pusiese detrás de mí y empecé a gritar al portal, bueno a los seres que estaban en esa luz: «¡Fuera de aquí, fuera! ¡No os vais a llevar a mi abuela! ¡Que os vayáis, que os vayáis he dicho!».

—Ahora eras tú la que gritabas las mismas frases que había estado gritando tu abuela. Los gritos que te llevaron a su habitación eran los que ahora gritabas tú.

—Sí, Lola, ¿no es irónico? Fui a su cuarto para calmarla del

Muerte: cuando accedieron a ver el otro lado se encontraban clínicamente muertas.

griterío que estaba armando y de pronto era yo la que estaba dando voces y diciendo lo mismo que ella. Mi abuela se quedó detrás de mí, agarrándome fuerte y lloriqueando —se detuvo un momento y me miró antes de preguntarme—: Pero ¿sabes qué fue lo que más me sorprendió de toda esta historia?

No, claro que no lo sabía porque para mí todo lo que me estaba contando era fascinante: que en la habitación de su abuela se abriera un portal, un túnel de luz que dejaba ver el paisaje del otro lado y a los seres que lo habitan, ¿qué puede asombrar más?

—No —le dije, negando con la cabeza varias veces—. ¿Qué más te sucedió?

—Pues lo que más me sorprendió de todo fue que, cuando yo empecé a gritarles y a decirles que se marchasen, el portal empezó a achicarse poco a poco —dijo aproximando sus manos, haciendo como un redondel cada vez más pequeño—. Hasta que el portal desapareció por completo ¡Eso fue lo más fuerte, Lola! —La estaba escuchando sin pestañear, no sabía ni qué decir cuando por fin exclamó—: ¿No te das cuenta? —negué con la cabeza—. Pues que me hicieron caso, Lola, que esos seres, o el portal o lo que fuera, ¡me hizo caso, a mí! Cuando yo les dije como una orden y a gritos que se fueran, el portal se cerró haciendo desaparecer el bello paisaje y a los seres que estaban del otro lado. Se empezó a hacer pequeño y despareció en un punto. Ya no había nada en la habitación. Mi abuela se fue tranquilizando poco a poco. No sé por qué, cuando mi abuela les gritaba para que se fueran, no se fueron, pero cuando les grité yo, el portal se cerró. ¿Por qué me hicieron caso a mí y no a mi abuela?

—Pues —me quedé pensativa—, no sé por qué se cerró el portal y los seres se marcharon cuando tú se lo pediste, no tengo ni idea.

Puede ser que no esperaran que María José los viera, que ella también pudiera percibirlos tal vez no era lo adecuado. Pero si eso fuera cierto, ¿cómo se manejan las «energías» del otro lado para dejarse ver por unos y no por otros?

María José, que comenzó a negar cabizbaja, levantó la vista de nuevo para concluir:

—Sí, el portal se cerró ese día, Lola, pero mi abuela trascendió dos días después. Así que, ya ves, no pude impedir que vinieran a por ella. La verdad es que ya no la escuché gritar más ni me dijo que estuviera viendo a nadie. Estuvo tranquila esos dos días y luego se fue, falleció sin más. Pero sí te voy a decir que desde ese día le perdí el miedo a la muerte. No nos vamos del todo, continuamos en otra realidad, en otro plano, en otra dimensión. No sé cómo definirlo, pero está muy cerca, tanto como que en un segundo se puede abrir un portal y ver el otro lado, tan real como te estoy viendo ahora y luego, en un segundo, cerrarse. Tal cual.

Quedé fascinada por el testimonio que me acababan de compartir y por todas las preguntas que bullían en mi mente. Su vivencia la ayudó perder el miedo a la muerte al comprobar por sí misma que existe una realidad, no sé si paralela, pero los mundos se pueden unir a través de «algo» que se abre y se cierra (¿a voluntad?). Es una puerta de conexión entre ambas realidades cuando se está en tránsito. ¿Podríamos abrirla cuando quisiéramos al igual que María José pudo cerrarla? Si fuera así, ¿hay gente que lo hubiera hecho, pero de la que no sabemos nada? ¿Por qué pudo María José ver el portal y lo que hay tras él? ¿Por qué se le permitió verlo?

¿Es posible que el portal hubiese quedado abierto para quien no debía cruzarlo?

1.4. FASE DE LAS DESPEDIDAS

En la fase de las despedidas, las personas que están en tránsito suelen tener el deseo de despedirse de algún ser querido, familiar o amigo. Si no tienen la oportunidad de hacerlo de manera personal, bien porque existe algún tipo de imposibilidad como, por ejemplo, la distancia o por estar ya en periodo de inconsciencia, sí pueden despedirse utilizando su energía o esencia. La fase de la despedida abarca desde un poco antes de trascender hasta varios días después.

Cuando están trascendiendo o lo acaban de hacer, se pueden despedir no solo de la familia, sino que, a veces, lo hacen también de personas con las que no tenían un vínculo especial: conocidos, empleados, vecinos, etcétera.

Pero ¿cuáles son las vías utilizadas por esa esencia de lo que somos para poder decir nuestro último adiós? Existen diferentes maneras de despedirse que podrían depender de las distintas capacidades o habilidades de la conciencia recién desprendida del vehículo material. Y creo que también de las cualidades del destinatario, por lo que se pueden utilizar varios medios o vías de comunicación.

Las formas habituales que la conciencia o espíritu tiene de despedirse son a través de los sueños y de los sentidos.

1.4.1. A través de los sueños

Entre las características que presentan los sueños, donde el ser querido se despide anunciando que se va a otro plano, tenemos:

- ◊ Son sueños muy «reales» y vívidos. Se instalan en la memoria, permaneciendo en el recuerdo del que sueña. Sabemos que no es un sueño cualquiera.
- ◊ Si la persona se fue por alguna enfermedad, se soñará con ella con buena salud. Si le faltaba algún miembro, en el sueño aparecerá con el cuerpo completo.
- ◊ Dan un mensaje breve y conciso. Con pocas palabras pueden expresar muchos matices. Lo más frecuente es que digan «estoy bien» antes de dar cualquier mensaje. A veces, este es el único mensaje.

«ESO ES PROHIBIDO»

Después de hacerme una entrevista telefónica para su pódcast «Días Extraños», el periodista Santiago Camacho[16] quiso contarme la experiencia que había vivido con su querido abuelo.

—Yo estaba muy unido a mi abuelo. Era una persona muy recta y con cierta rigidez en las formas. Con decirte que llevaba corbata hasta para estar en casa.

—Los abuelos son muy importantes en nuestra vida, influyen de una manera muy profunda —le dije pensando en los míos y en cómo me habían influido y ayudado.

—Pues verás, Lola, el caso es que cuando murió mi abuelo, yo me encontraba muy triste, pero a los pocos días soñé con él. En el sueño, yo entré en la sala de estar y me lo encontré sentado en el sillón. Le pregunté que cómo era posible que estuviese allí. En el sueño yo era consciente de que mi abuelo estaba fallecido.

—Esos sueños en donde se sabe que con quien sueñas está fallecido tienen más posibilidades de que sean verdaderos encuentros en el astral —le comenté—. Si lo sueñas en una situación cotidiana actuando como si nada hubiese ocurrido, puede ser que sea un sueño sin más. Pero si en el sueño sabes que ha fallecido y te extrañas de poder verlo, es como si supieses que está allí para algo más que para intervenir en un sueño, y por eso los considero verdaderos encuentros en el astral con nuestros seres queridos fallecidos.

—Pues llevas razón, pienso que lo que tuve fue un encuentro con mi abuelo porque, tras haber hablado con él un rato de cosas nuestras, de pronto me surgió una pregunta: «Abuelo, ¿cómo es el otro lado? Dime cómo es ese lado en donde estás ahora». Ansioso por recibir la respuesta, le insté a que me contestara. Entonces mi abuelo me miró con seriedad y me dijo: «De eso no te puedo hablar porque está prohibido». Su respuesta me sorprendió.

16. Santiago Camacho Hidalgo es un periodista y escritor español.

—¿Por qué te sorprendió? —pregunté con frustración. Me hubiera gustado saber cómo es el otro lado a través de alguien que ya llevaba cierto tiempo allí. En las ECM, las personas regresan enseguida, es como que solo nos muestran la punta del iceberg. Demasiado poco. Pero tu abuelo había trascendido hacía un tiempo y había pasado por esa primera etapa. Sin posibilidad de volver a su anterior vida, estaba en el otro lado y tenía información que no se nos ha desvelado.

—Me dejó muy meditativo, tanto que aún lo pienso y le doy vueltas. Mi abuelo me dijo «no puedo hablar porque eso es prohibido» —Hizo una pausa, pero yo no dije nada porque no lo pillaba—. Lola, lo normal es que dijese «No puedo hablar de eso porque está prohibido». Debería haber usado el verbo «estar»: eso está prohibido. Pero utilizó el verbo «ser»: «eso es prohibido».

Ciertamente hay una diferencia entre utilizar un verbo o el otro. No significa lo mismo el verbo «ser» que el verbo «estar».[17]

Esa extrañeza que le produjo al nieto es lo que le sigue causando sorpresa cada vez que lo recuerda.

¿Quiso decir el abuelo que en el otro lado las leyes son permanentes mientras que en este lado todo está en continuo dinamismo y cambio? Si así fuera, no lo podríamos entender del todo. Nuestra misma personalidad no es estática y estamos evolucionando continuamente. En sentido estricto no podríamos decir ni quiénes somos, sino quiénes estamos siendo. Si alguien me preguntara quién es Lola Aparicio, tendría que responder que no se puede contestar, o puedo decir «quien está siendo Lola Aparicio ahora», ya que, probablemente, mañana sea diferente a quien es hoy por el continuo dinamismo en el que vivimos. La realidad no es estática.

Entonces, ¿qué le quiso decir realmente el abuelo respondiendo

17. En español, los verbos «ser» y «estar» son muy similares en la forma, pero se usan para expresar diferentes conceptos. «Ser» se usa para características permanentes o esenciales, mientras que «estar» se usa para estados temporales o condiciones que cambian.

con esta enigmática frase? ¿Que en el otro lado las cosas son más estáticas e inamovibles? Todo es muy misterioso.

Lo que dejó claro el abuelo es que había cosas que no podía desvelar por estar prohibido. ¡Yo que pensaba que en el otro lado seríamos espíritus libres! Quizás lo seamos, pero siguen habiendo restricciones, normas, leyes y, por lo tanto, prohibiciones. Por lo menos eso parece y por el momento esa es la información que se nos puede ofrecer a los que estamos experimentando una vida humana.

1.4.2. A través de los sentidos

El sentido de la vista nos permite despedirnos del fallecido cuando tenemos una aparición o visión de este.

A través del oído podemos escuchar, por ejemplo, nuestro nombre, con la voz del que se acaba de marchar. Con el olfato, percibiendo su perfume o un determinado aroma que tengamos asociado con el fallecido, como puede ser oler a tabaco si era fumador. Con el sentido del tacto, notando un beso, una caricia o alguna sensación a través de la piel, el órgano más extenso y con más terminaciones nerviosas del ser humano. Percibir la presencia del que se fue es una experiencia totalmente subjetiva en donde intervienen sensaciones, que van desde sentir una presencia física a sentir una energía, o simplemente tener la intuición de que el ser querido está cerca de nosotros, por lo que no se limita a un único sentido.

APARICIONES

Una aparición o visión de la persona fallecida puede ocurrir en diferentes situaciones:

Si el destinatario está dormido, se puede despertar de manera espontánea (con un sobresalto, o con calma) o despertarse por un estímulo como sentir que lo zarandean. En cualquier caso, verá a la persona fallecida que va a despedirse de él cuando se haya despertado. Lo normal es verlo a los pies de la cama, aunque a veces puede situarse en otras posiciones como, por ejemplo, al lado de esta.

Si el destinatario está despierto, previamente puede ver al fallecido en cualquier lugar de la casa. La visión que suele tener el destinatario en una despedida es la del fallecido sonriente, con el rostro iluminado, pudiendo portar, o no, un halo alrededor del cuerpo, como si irradiara una luz blanquecina o fuera vestido de blanco radiante.

Estas despedidas suelen cursar en un tiempo muy cercano al fallecimiento y, por tanto, la apariencia del que se ha ido es similar a la que tenía antes de partir, pero con un aspecto saludable, sin deterioro físico alguno con lo que la imagen es reconfortante ya que está exenta de dolor alguno.

Cuando dan un mensaje, este suele ser telepático, no mueven los labios. Los destinatarios suelen expresarlo como: «Me habló con palabras que sonaron en mi cabeza», o similares.

Los mensajes suelen ser muy breves. En mi experiencia no mantienen largas conversaciones con la aparición, sino que el del otro lado da un mensaje corto, conciso y que invita a la reflexión.

Recuerdo un paciente que me comentó que el mensaje que le había dado un amigo que se le apareció una noche después de fallecer fue: «Todo es al revés de cómo te lo han contado», breve, conciso, de gran caladura y profundidad. Invita a la reflexión.

En resumen:

◊ Las apariciones de las despedidas suelen ser de muy corta duración.
◊ Tras la aparición, el receptor no suele mostrarse ansioso o con miedo. Lo habitual es que después de la visión, si ha sido por la noche en el dormitorio, siga durmiendo sin mayor problema. Si ha sido por el día estando despierto, aparece una emoción de asombro, pero no suele aparecer temor o miedo.
◊ Es muy frecuente que el destinatario no sepa que la persona

que se le aparece ha fallecido. En algunos casos, lo había hecho unos días antes. Frecuentemente aparece en el mismo momento de su fallecimiento o en los momentos previos, dándose el fenómeno de la bilocación.[18]

La psicología ha llamado «alucinaciones del duelo»[19] a las visiones que la persona, tras el fallecimiento del ser querido, tiene y en donde se le aparece el difunto. Considera que son fenómenos comunes y habituales. En sentido estricto es una alucinación, ya que se percibe algo que no existe en el mundo físico, pero ¿es real?

Existen multitud de frecuencias visuales y auditivas que no podemos percibir con los sentidos y, sin embargo, son reales y existen. Por lo tanto, en lugar de diagnosticarlo rápidamente como una alucinación, no darle mayor importancia y concluir que forma parte de la imaginación, o fantasía, creada por la mente del doliente, podríamos investigar su contenido antes de descartarlo. Porque, ¿y si fuese una expresión de la conciencia que está en ese momento entre dos mundos? Por este motivo habría que investigar mucho mejor los fenómenos que ocurren en la fase de las despedidas, que son tan frecuentes como extraordinarios.

GRACIAS POR SER MI AMIGO

Ricardo, un enfermo de cáncer, se despidió de un amigo la noche que trascendió:

—Doctora, me ha sucedido algo esta noche, que no sé si contárselo —me dijo Andrés, paciente desde hace años cuando aca-

18. La persona que experimenta la bilocación se encuentra en dos o más sitios simultáneamente.
19. Las alucinaciones del duelo son experiencias perceptivas que ocurren durante el proceso de duelo, donde la persona ve, oye, huele o siente una presencia del ser querido fallecido, pero esta percepción no se basa en un estímulo externo real.

bó con su consulta médica—. No hubiera venido a contárselo expresamente, pero como ya tenía cita sacada para otra cosa... —Hice un gesto con la cabeza asintiendo para que continuase—. Me he despertado esta madrugada, así de repente, y a los pies de mi cama estaba mi buen amigo Ricardo. —Se detuvo y me miró. Le brillaban los ojos. No dije nada y asentí—. Me estaba diciendo adiós con la mano, doctora, así —movió la mano— y luego, me emocioné porque ¡me dio las gracias por haber sido su amigo! —Se detuvo y enjugó unas lágrimas con su mano—. Es que no sé qué pensar...

—¿Se te ha aparecido tu amigo esta noche? ¿Es que ha muerto? Bueno no sé si lo ha hecho, si bien lo parece ¿no?

—Yo sabía que estaba enfermo —dijo tras un instante en donde cogió un pañuelo de la caja que le extendí—. Pero no que había fallecido justo esta noche. Me he enterado por la mañana antes de venir, porque un amigo común me ha llamado y me ha dado la noticia. Me quedé en *shock*. ¿Se me ha aparecido cuando se estaba muriendo? O a lo mejor ya estaba muerto —comenzó a balbucear—. ¿Cómo puede ser? El caso es que yo después de haberlo visto, diciéndome adiós y dándome las gracias, me quedé pensativo, aunque me volví a dormir. Mi amigo parecía estar bien. Sé que es una locura, no me asusté ni sentí miedo.

—Está bien, Andrés, ¿qué crees que ha pasado?

—Creo que es obvio, que vino a despedirse de mí —se detuvo—. Lo estoy diciendo y me sigue pareciendo una locura. Hacía varios días que no nos veíamos. El verlo anoche, no sé, me tendría que haber asustado, sin embargo, me dio paz y tranquilidad. Cuando pienso que me dio las gracias por ser su amigo... —No pudo terminar. Las lágrimas se agolparon en sus ojos antes de tomar de nuevo otro pañuelo de papel.

—Andrés, no creo que sea ninguna locura, más bien son los lazos invisibles del amor los que nos unen y por eso tu amigo se apareció, yo también pienso que fue para despedirse de ti. Es muy emotivo que además te diera las gracias por haber sido su amigo. ¡Me parece tan bello lo que te ha sucedido!

Andrés asintió antes de decir:

—Era una bella persona, doctora. Yo soy el agradecido de haber contado con su amistad. Pero esta forma de decirme adiós no la podré olvidar nunca. ¿Cómo se le ocurrió? —dijo sonriendo a la vez que seguía llorando—. ¡Las cosas de Ricardo!

Pero ¿es así como podremos despedirnos? ¿Cada uno según seamos? Porque para Andrés que su amigo se despidiera de esta forma, dándole las gracias por su amistad, era totalmente lógica, eran «¡las cosas de Ricardo!».

Me asombro con humildad cuando me comparten este tipo de vivencias. Creo que ambos planos, este y el otro lado, están separados por una fina membrana que se puede rasgar por un momento.

También me hacen reflexionar sobre la continuidad de la vida de la que tengo muy pocas dudas. No solo creo que hay algo, una conciencia, que nos sobrevive, sino que ese algo es amoroso, expresa bondad y en el caso de Ricardo, agradecimiento.

Las apariciones, tan frecuentes en la fase temprana de las despedidas, se tornan infrecuentes conforme pasa el tiempo, y a partir de varias semanas tras el óbito, se hacen inusuales.

Aunque hay excepciones.

«ILLO» ¿TÚ CUÁNDO VAS A VOLVER?

Una paciente a la que conocía desde hacía varios años me hizo la siguiente confidencia:

—Doctora, nunca le he contado lo que me pasó hace ya un tiempo —comenzó a decir una vez finalizada la consulta médica—. He visto que no había nadie en la sala de espera cuando he entrado y me he dicho, «se lo voy a contar a la doctora que sé que me escuchará». A otro no se lo contaría, pero a ti sé que puedo.

—Claro —le dije.

Los pacientes y las personas que conocen mi investigación han comenzado a contarme sus vivencias, saben que me interesan y que las voy a escuchar.

—Hace diecisiete años que perdí a mi padre —comenzó— y unos años después, llegué a mi casa del súper sobre las doce y media de la mañana, cargada con bolsas. Yo vivo en un chalé. Solté las bolsas en la cocina y me tumbé en la cama. Ese día estaba muy cansada y pensé que podía descansar un rato antes de ponerme a hacer el almuerzo.

—Un ratito de descanso antes de la vorágine del almuerzo, vosotros sois muchos de familia. —Recordé que me había comentado que almorzaban en su casa varios de sus hijos.

—Sí, pero no me importa que mi familia venga a comer, doctora. El caso es que estaba en la cama y oí ruidos, como si estuvieran tocando y arañando la madera de la puerta de casa. Me asusté porque no esperaba a nadie. Me levanté y me acerqué. La puerta de entrada tiene a los lados unas cristaleras esmeriladas[20] y, a través de ellas, pude ver la silueta de dos personas que estaban al otro lado. Me detuve, puesto que no habían llamado a la puerta, preguntándome quiénes podrían ser. Cuando, de pronto, por la bisagra de la puerta comenzó a entrar un humo espeso, blanquecino y denso, se filtraba y accedía a mi casa con cierta rapidez. Me quedé boquiabierta. Ese humo se fue concentrando delante de mí hasta tomar la forma de mi padre, doctora. —Me miró con los ojos muy abiertos—. ¡Mi padre estaba delante de mí!

—¿Cómo que tu padre estaba delante de ti? —Ahora la que se había quedado boquiabierta era yo—. ¿Quieres decir que se te apareció tu padre?

20. El cristal esmerilado permite el paso de la luz, pero las imágenes se ven borrosas y desenfocadas, como si se mirara a través de una ventana empañada.

—No es que se me apareciera doctora, es que estaba allí físicamente.

—¿Qué? ¿En carne y hueso? —pregunté y sentí que era una auténtica locura lo que le acababa de preguntar.

—Sí, sí, doctora en carne y hueso. Tal como te estoy viendo ahora a ti. Allí estaba, delante de mí. No era trasparente ni nada de eso, te lo digo con seguridad porque pude tocarlo.

Yo no salía de mi asombro mientras observaba cómo su sonriente rostro se inundaba de felicidad.

—¿Te dejó que lo tocaras? —pregunté.

— Sí, sí. Y no solo eso, pude abrazarlo. —Me miró con ojos brillantes, sacando un pañuelo de papel del bolso—. ¡Abracé a mi padre!, doctora, lo pude abrazar de nuevo. Pero en ese abrazo me aparté un poco para preguntarle: «*Illo*,[21] ¿tú cuando vas a volver a visitarme?». No sé por qué le dije eso. Yo estaba feliz, no me podía creer que estuviera allí y poder abrazarlo. Yo lo que quería es que se repitiera más veces —me miró asintiendo—. Pero justo después de haberle preguntado eso, mi padre se apartó, me sonrió y comenzó a volverse de nuevo en un humo espeso y salió por donde había entrado. Yo me quedé allí, delante de la puerta sin hacer nada, y cuando pude reaccionar, la abrí. No había nadie. Tardé meses en contarle esto a mi marido y ahora lo sabes tú.

—Nadie me ha contado nada parecido, nunca —le dije asombrada—. ¿No te dio ningún mensaje? ¿Era tal como tú lo recordabas?

— No me dijo nada, ¿qué más podía decirme, doctora? Si estaba allí delante de mí y me sonreía. —No cesaba de sonreír y de limpiarse los ojos con el pañuelo de papel que ahora estaba arrugado.

—Eso es verdad, que más mensaje te puede dar que poder verlo de nuevo. Mejor todavía, poder abrazarlo —dije imaginando la

21. En Andalucía, forma informal de dirigirse a una persona. Apócope de «chiquillo».

escena. Entonces me acordé de que el padre no venía solo—. ¿Qué pasó con la silueta? La que quedó detrás del cristal de la puerta.

—Pues allí permaneció todo el rato que estuvo mi padre conmigo y mientras mi padre se marchaba en forma de ese espeso humo. La podía ver borrosa tras el esmerilado de la puerta. Luego se desvanecieron los dos.

— ¿Y quién crees que era? —Los protagonistas de estas vivencias intuyen lo que ha pasado y muchas veces me sorprenden. Ellos son los que poseen las respuestas.

— Yo creo que era un acompañante necesario para que mi padre se pudiera materializar y visitarme. Lo he pensado muchas veces y he llegado a esa conclusión.

—Eso ¿qué significa?

—Pues que mi padre necesitaba ayuda para poder venir como lo hizo; él solo no hubiera podido. Alguien le estaba dando soporte energético.

—¿Soporte energético? —repetí para ver si lograba entender esa respuesta. Cada vez me parecía más misterioso lo que me estaba contando.

—Sí —me dijo mi paciente, irguiéndose en la silla—. El espíritu de mi padre está ahora en forma de energía y para poder venir a verme necesitó la colaboración de ese acompañante que le ayudó con la suya. Se necesita mucha energía para realizar lo que mi padre hizo.

—Estoy impactada —pude decir. Y me quedaba corta.

Cuando llegué a casa, me puse a investigar y este fenómeno se llama «materialización» y, aunque hay reportes, son casos sumamente infrecuentes. Algunos datos nos los podría aportar lo que se denomina la «mediumnidad de la materialización» que son médiums capaces de materializar personas ya fallecidas. Mi paciente no era ni es médium, sin embargo, aun así, pudo observar de manera espontánea este fenómeno. Por ello supe que ese vapor blanco que vio mi paciente se llama ectoplasma, y que permite a los del otro lado reducir sus vibraciones al nivel humano físico. Cuando hay suficiente ectoplasma, puede materializarse y hacerse sólida. Este fenómeno es rarísimo, lo que hace a este caso único y peculiar.

En mi investigación ayuda mucho a otros cuando comparto las vivencias que los protagonistas, o testigos de las vivencias, me cuentan. No todos pueden hacerlo en persona, así que tengo un *email*[22] expresamente dedicado para quienes desean contarme sus experiencias. El siguiente caso procede de una persona que me escribió al correo.

EL TACTO: CARTA DE MANUELA

Los que se marchan pueden utilizar el sentido del tacto para comunicarse con los de este lado, con los que se quedan en el plano físico, con sus seres allegados. Si el fallecimiento ha sido por la noche, el ser querido puede despedirse con un zarandeo brusco que haga despertar a la persona de la que desea despedirse. Pero si la persona está ya despierta, puede sentir una caricia, un beso, sentir que le toman la mano o que la arropan en la cama, o experiencias similares. El sentido del tacto incluye la sensación térmica y se puede sentir el calor de la caricia o el de un beso.[23] Junto a estas sensaciones se tiene la intuición de saber de quién proviene.

La elección del sentido del tacto para la despedida podría ser porque el destinatario sea más sensible al tacto, o porque el que se quiere despedir encuentra más fácil hacerlo a través de este sentido.

Tras escucharme en un programa de radio,[24] Manuela se decidió a compartir su experiencia y relatarme, en el *email* antes mencionado, cómo se despidió su querida madre y su añorado gato Pope.

22. doctoralolaaparicio@gmail.com
23. El sentido del tacto permite sentir la textura, la presión, la temperatura y el dolor.
24. Programa de radio *Espacio en blanco* de Miguel Blanco en RNE, emitido el 22-12-2024.

Esto fue lo que me escribió, dándome permiso para compartirlo:

«Estimada Dra. Lola Aparicio:

Me llamo Manuela y la escribo desde un pueblito de Castilla. Siempre me han interesado las ECM (aunque yo no he tenido ninguna) y los contactos que existen entre el otro lado y este. La escuché hablando en el programa *Espacio en blanco*, de RNE. Me interesó mucho lo que contó y compré su libro *El final es el principio*.

Quería compartir con usted un par de experiencias que me pasaron hace años y que ahora, después de leer su libro, han cobrado más sentido para mí. Así pues, le doy las gracias por haber escrito el libro.

El pasado 15 de enero hizo trece años que murió mi querida madre. Estábamos muy unidas. Ella tenía un carácter especial, una sabiduría, un saber estar, una honestidad y una bondad extraordinarias. Estaba ingresada en el hospital esperando a que le colocaran un marcapasos, pero su corazón se paró unas horas antes, a las 6.30 horas de la mañana. Tenía el corazón dilatado desde hacía bastantes años, debido a su obesidad, y ya solo le funcionaba al 20 por ciento.

A las seis y media de la madrugada de aquel domingo, mientras dormía, sentí una sacudida fortísima que me hizo botar en la cama. Me desperté de súbito, atónita, puesto que jamás había sentido nada parecido. No fue un zarandeo, sino algo parecido a una descarga eléctrica. Intenté tranquilizarme para volver a dormir un rato más. A las ocho de la mañana sonó el teléfono y me dieron la noticia. En el hospital, mi hermano me dijo la hora de su muerte y lo entendí, pero no dije nada. Pensé que era como si se hubiese roto el cordón invisible que nos unía, pero quizás fue su forma de avisarme de que partía. Tuve un duelo terrible, la experiencia más traumática de mi vida porque era la persona que más he querido y quien más me ha querido. Creo que nunca superaré su muerte, solo he aprendido a vivir sin ella (qué remedio).

Además de esa experiencia, tuve otra sorprendente cuando murió mi gato Pope. Seguro que más personas habrán vivido algo parecido a lo que me pasó. En su libro no habla de animales, pero quizás alguien le haya contado que también las mascotas se despiden de su humano.

Al vivir en un pueblo pequeño, tengo una gatera en el salón, que va a dar al patio, para que mis gatos entren y salgan y no se estresen encerrados en casa. Yo sabía que Pope era un espíritu libre. Nos adorábamos y yo quería que estuviera siempre conmigo en casa. Sin embargo, él, a pesar del amor que me tenía, prefería acechar a los conejos de una arboleda cercana a casa. Para llegar hasta ella debía cruzar la carretera. Era precavido e inteligente, pero a mí me preocupaba que cruzara. A veces no pasaba la noche en casa y yo salía a buscarlo a la arboleda. Una mañana, después de dos días sin encontrarlo ni que apareciera por casa, yo estaba despierta en la cama cuando noté su calor y una suave presión en las piernas, igual que cuando se acurrucaba sobre mí. Dado que estaba despierta, se me hizo raro no haber oído el ruido de la gatera ni haber notado que se subía a la cama, como era habitual. Entonces me incorporé para verlo y acariciarlo, pero allí no había nadie. Empecé a sospechar algo y salí de nuevo a buscarlo. Por el camino, me encontré con una vecina que me avisó: había visto un gato en la cuneta. Corrí hacia donde me indicó y allí estaba Pope. Apenas pude mirarlo. Me arrodillé en el suelo con un ataque de nervios y, llorando desesperada, llamé a mi marido para que lo recogiera. Después entendí que fue a despedirse de mí aquella mañana.

Lloré mucho su pérdida. Por nuestra pequeña casa han pasado más de treinta gatos durante los veinte años que llevamos viviendo en el pueblo, todos recogidos de la calle para darles un hogar y una buena vida. Hemos cuidado y querido a todos, pero ninguno ha sido tan especial como mi Pope.

Estas son las dos experiencias que quería contarle, Lola, por si le sirven de algo. Muchas gracias por leerme.

Un abrazo desde el campo de Castilla

MANUELA».

Después de leer a Manuela, no creo que pueda añadir nada más bello y sentido.

2
EXPERIENCIA PRENATAL

He dedicado mi investigación a las experiencias de la perimuerte y a describir cómo nuestra conciencia se desplaza, durante el periodo del tránsito, desde este plano o dimensión al otro lado. Pero si somos algo ahora, ¿fuimos algo antes de nacer? Y si es así, ¿de dónde venimos cuando nacemos? ¿No sería ilógico pensar que regresamos al plano donde previamente estábamos antes de nacer? Pero ¿dónde está ese plano o dimensión? ¿Podemos acceder a él? Y si así fuese, ¿podemos recordarlo? ¿Se puede recordar dónde estábamos antes de venir a esta vida?

En la terapia regresiva que muchos profesionales, entre ellos médicos y psiquiatras, practican para la sanación de diversas dolencias, o incluso para el autoconocimiento, la persona puede «recordar» otras vidas, pero entre una y otra vida, ¿dónde estamos? Existen autores que han explorado ese plano o dimensión, entre ellos Michael Newton que mediante técnicas de hipnosis lleva a las personas a un estado supraconsciente.[1]

En junio de cada año realizo la declaración de la renta. Llegué puntual a la cita con el asesor fiscal que recién acababan de recomendarme.

1. Michael Newton (9 de diciembre de 1931 - 22 de septiembre de 2016) fue un psicólogo, hipnoterapeuta y autor estadounidense conocido por desarrollar la técnica de regresión «Vida entre Vidas» *(Life Between Lives)*, que explora el viaje del alma entre reencarnaciones.

José María, que así se llama, me estaba esperando detrás de su mesa en una sala compartida con otros dos asesores que se encontraban atendiendo a otras personas.

Jose María tendría unos sesenta años, gafas con montura de pasta y pelo canoso. Me llamó la atención que tuviese la tez tan blanca porque en Málaga no abundan las personas tan poco bronceadas. Amablemente me invitó a que me sentara.

Su voz suave, su trato discreto y profesional hizo que buscara la manera de que la declaración fuera lo más justa posible. Cuando terminamos, me preguntó tímidamente:

—Hemos hablado de tu libro, pero no sé de qué va.

Su rostro ahora estaba relajado e incluso dejaba ver una incipiente sonrisa.

Le conté someramente el tema, una guía para cruzar al otro lado y que iba de la descripción de las fases del tránsito con casos y testimonios. Asintió mientras escuchaba y luego me preguntó inesperadamente

—¿Crees en los viajes astrales?

—Creo que, en ocasiones, la conciencia se desprende del cuerpo y puede vivir un viaje por un plano que llamamos astral. En alguna ocasión me lo han contado. Una paciente decía que, por la noche y de manera espontánea, podía verse desde arriba acostada y a su marido a su lado, y aseguraba que no era un sueño. Esto se llama experiencia extracorpórea y puede ser el inicio de un viaje astral, pero como a ella le asustaba mucho, nunca pasó de ahí. También existen personas que se entrenan y lo pueden hacer a voluntad.

Me escuchó con atención y, cuando terminé, me explicó:

—Cuando era niño tenía, no sé definir si es que tuve un sueño, una ensoñación o si en realidad es un recuerdo —se inclinó hacia la mesa y bajó la voz—. Lo que me sucedió se lo conté a mi hermana y me dijo que eran tonterías y fantasías mías. Por eso ya nunca se lo he contado a nadie más. —Y se calló. Me miraba quizás calculando el impacto causado por sus palabras

—¿Me quieres contar eso que le contaste a tu hermana? —le dije invitándole a continuar—. Te puedo dar mi opinión, si quieres.

—Es algo que me ocurrió antes de nacer. —Continuó algo animado.

—¿De antes de nacer? —pregunté.

Confieso que era lo que menos me esperaba. Era algo nuevo que despertó de inmediato mi curiosidad por lo que asentí varias veces animándole a continuar.

—Sí, es algo que me ocurrió antes de nacer. No sé si es un recuerdo que tengo, es una ensoñación o es una fantasía cómo te digo —reiteró de nuevo—. Pero está en mi memoria sin variar y de forma clara desde que era chico. Es de justo antes de nacer, de venir a la Tierra. En ese momento, yo iba caminando por una llanura muy extensa con tres seres altos que me acompañaban: eran «los guardianes». Bueno, yo los llamo así porque su labor consistía en vigilarme. Pero no sé bien quiénes eran en realidad. Los tres iban vestidos con túnicas largas y blancas. —Se detuvo un momento tal vez para observar mi reacción.

—Esos guardianes, como tú los llamas, ¿me los podrías describir? De qué color tenían el pelo, cómo eran sus rostros, todo lo que recuerdes.

Estaba muy interesada en lo que me estaba contando.

—No recuerdo de qué color tenían el pelo ni si eran hombres o mujeres. De lo que sí estoy seguro es de que su misión era vigilarme —me contestó animado al comprobar que mi curiosidad suscitaba preguntas.

—José María, esto que me cuentas es de justo antes de nacer, quieres decir ¿de antes de venir a la Tierra? ¿A esta vida? —le insistí para estar segura de estar entendiendo lo que me estaba contando.

—Sí, sí. —Sonrió—. Todo lo que te estoy contando es de justo antes de venir a la vida que estoy viviendo ahora.

—Dices que eran guardianes y que su misión era vigilarte. ¿Por qué era necesario vigilarte?

—Pues porque quería venir a esta encarnación con recuerdos de otras vidas.

Mi piel se erizó desde los brazos hasta la espalda ¿Era posible que mi asesor fiscal, al que acababa de conocer, un profesional experto en números y normativas, me estuviese hablando de reencarnación, de seres espirituales con túnicas blancas que no eran de este plano, que lo acompañaban antes de nacer y lo vigilaban para que no viniese con recuerdos de otras vidas? He escuchado muchas cosas, pero esta era realmente nueva para mí.

—¿Y qué pasó? —interrogué expectante y muy interesada.

—Pues recuerdo —continuó José María con los ojos entrecerrados—, que me pregunté cómo se habían dado cuenta los guardianes de que yo quería venir con recuerdos de otras vidas. A día de hoy es algo que me sigo preguntando —negó varias veces encogiéndose de hombros—. Era una decisión que yo había tomado. Lo que no sé es cómo se dieron cuenta —reiteró como molesto—, pero lo hicieron. El caso es que, al saber mis intenciones, me llevaron por esa llanura hacia un río.

—¿En esa llanura había un río? —asintió—. ¿Y cómo era?

—Bueno la verdad es que más que un río como tal, así ancho y caudaloso, más bien era un arroyo de unos dos metros de ancho, de aguas cristalinas.

—En esa llanura por donde ibas había un arroyo de agua cristalinas —repetí—, y ¿tenían nombre? La llanura y el arroyo, digo

—Sí, Lola, así es. Sí, la llanura tenía nombre, pero no lo recuerdo. El arroyo se llamaba el «Río del Olvido» por eso debía beber de esa agua. Aunque, en realidad, era más un arroyo que un río —insistió.

—Y ¿cómo era de largo?

—Se extendía a lo lejos. —Alargó su brazo derecho como señalando a un punto lejano detrás de mi hombro y se quedó mirando a ese punto—. No sabía dónde nacía ni si desembocaba en algún lugar, solo estaba allí y sus aguas corrían por la llanura. También recuerdo que en ese lugar había otras personas. Algunas caminaban por la llanura con vestiduras blancas, similares a la de los guardianes, y otras, como yo, se acercaban al río y bebían.

—Entonces esa llanura estaba poblada, quiero decir que había más seres. No había casas ni edificios —negaba con la cabeza—, pero otros seres sí que había.

—Sí. No sé de dónde saldrían los que estaban por allí, como yo. Me acuerdo de que, de los tres guardianes que me acompañaban, solo hablaba uno, los otros dos no dijeron nada. Tras llevarme al río, el guardián que hablaba me ordenó que bebiera del agua que corría por el arroyo, con el fin de que se me borraran los recuerdos de otras vidas, pero como yo no quería beber, él no dejaba de repetir de manera insistente: «Bebe, bebe, bebe».

—¿Y qué hiciste?

—Pues es que no podía hacer otra cosa, Lola, me agaché hacia el río e hice como que bebía. Pero los guardianes se daban cuenta de que no lo estaba haciendo. Y el que me hablaba continuaba: «Bebe, bebe, bebe». Remoloneando, tomaba un sorbo y lo escupía. Pero al guardián, que no se le escapaba nada, me decía «bebe más». Así estuvimos un rato; el caso es que, aunque yo no quería, algo tragué. —Hizo una pausa y torció la boca.

Me pareció que, aún ahora, no estaba muy contento de haber bebido, de haber cedido a la insistencia del guardián, me pareció que pensaba que tendría que haberse opuesto de manera tajante y que no lo hizo.

—Bueno bebiste a tu pesar, pero no lo olvidaste todo, porque te queda este recuerdo —le dije para animarlo.

—Me sigue pareciendo que me obligaron a beber porque no cesaban de incitarme.

— Ya veo. ¿Y cómo bebías de ese río? ¿Te ayudabas con las manos? ¿Te dieron un vaso? ¿O cómo?

Se quedó pensativo como si fuese la primera vez que se hacía esa pregunta.

— Yo no utilicé nada —negó con la cabeza —, ni las manos ni usé ningún vaso. Solo me acerqué al caudal del agua y bebía desde allí directamente. —En su rostro asomó una sonrisa maliciosa—. Bueno, intenté engañarlos, pero no pude. —Frunció el ceño—. Como ya le he dicho, me obligaron a beber y a olvidar.

Parecía enojado consigo mismo, con los guardianes, o con ambos,y me surgió una pregunta.

—¿Por qué querías venir con recuerdos de otras vidas?

—Eso no se lo he dicho a nadie —me miró bajando un poco la voz—. Ni a mi hermana se lo dije, no lo sabe nadie. En esta vida, la que ahora tengo, se me iba a presentar una prueba difícil. No sé si de naturaleza material o espiritual. Porque no recuerdo en qué consistía dicha prueba, eso sí que se borró de mi memoria. Aunque tendría una pequeña posibilidad de superarla, sería muy difícil hacerlo, no era imposible, pero necesitaría un gran esfuerzo. Y, aun así, lo más probable era que no la superara. Pero si lograba superarla, ¡ésta sería mi última encarnación! —bajó la cabeza negando suavemente—. Y yo ya no quiero venir más. Por eso, si traía recuerdos de otras vidas, con la sabiduría adquirida en estas, tendría más probabilidad de superarla. Ahora, sin esos recuerdos, la superación de la prueba es muy difícil, o se quedará sin superar. Vaya que yo quería venir con ventaja, pero no me dejaron. Ahora tendré que volver a la Tierra una vez más.

—Vamos por partes, José María, es mucha información que procesar. Veamos, aunque no recuerdes, ¿tienes alguna intuición sobre de qué va esa prueba?

—No lo sé —negó varias veces—. No tengo ni idea de cuál es la prueba. Hasta ahora no tengo la sensación de haber tenido que superar ninguna ni de haber estado en un periodo de mi vida en donde haya pensado que lo que me sucedía era esa prueba.

—¿Por qué no te dejaron venir con recuerdos de otras vidas y superar esa prueba con la sabiduría adquirida en existencias pasadas?

—No lo sé —dijo y apareció una sonrisa algo pícara—. Es que, Lola, yo quería venir con ventaja, con conocimientos de otras vidas, así sería más fácil superar esa prueba. No sé cuáles eran los recuerdos que quería traerme, no sé si pertenecían a una vida en concreto o a varias. Eso no lo sé, pero allí yo disponía de una sabiduría que me hubiese venido muy bien para solventar esa dichosa prueba.

—Ya veo, querías tener ventaja sobre los demás que venimos en blanco —sonreí ante la actitud picaresca de José María con los del otro lado.

—Mira, es que el otro lado no es tan paraíso como pensamos —dijo con el ceño fruncido y negando con cierto vigor—. No hay tanta libertad como podríamos pensar. ¡Qué va! Yo sé que está sujeto a ciertos condicionamientos y no existe el libre albedrío, al menos para venir.

—El otro lado tiene leyes y condicionantes. ¿Podemos elegir venir o no?

—No —negó con la cabeza, con rostro serio.

Estaba haciendo una crítica del otro lado. Esto también era nuevo para mí. Que el otro lado, como decía José María, no es el cielo que nos han contado, lleno de paz, armonía, amor y libre albedrío es algo que no me había planteado nunca. Siempre había creído que el otro lado era un plano en donde la esencia más pura del alma estaría completa. Un mundo espiritual donde existe la felicidad. Ahora me pregunto si pensar eso, no es demasiado ingenuo, porque si así fuera, un mundo completo y lleno de satisfacción y armonía, ¿porque querríamos venir a este plano terrenal a experimentar el dolor? Es cierto que también hay experiencias satisfactorias, pero exactamente, ¿a qué venimos? ¿De verdad necesitamos experiencias traumáticas y dolorosas?

Lo que parece claro es que José María sí creía saber a lo que venía, tenía la información de que se le iba presentar una prueba y que, además, si no la superaba, tendría que reencarnar de nuevo, que sería la última encarnación. Eso es lo que él quería. Sus razones tendría, ¿no?

Luego comencé a pensar que desconozco lo qué es el otro lado o el más allá, ni las leyes que lo rigen o los condicionamientos que allí funcionan para continuar aprendiendo.

Por lo visto tenemos que seguir evolucionando en conciencia. Tal vez hacemos lo mismo que aquí, aprender, pero sin la herramienta que nos ofrece el cuerpo para experimentar. Un tipo distinto de aprendizaje.

La experiencia no cabe duda de que es una fuente de sabiduría. El conflicto es inherente a la vida humana para el desarrollo de nuestra conciencia. Si esto es así, en el otro lado ¿existen conflictos? Porque según José María no es tan bonito como lo cuentan y no pudo elegir traer recuerdos de otras vidas porque se lo impidieron. Pero cuando habla de condicionantes o leyes, quizás esa sea una de esas leyes, todos debemos vivir en este plano en igualdad de condiciones en cuanto a la sabiduría o experiencia anteriormente adquirida entre encarnaciones, pero ¿por qué? Si esto es así y se pudiera recordar la sabiduría adquirida por la experiencia de otras vidas, con aumentar el nivel de complejidad y tener que enfrentarme a nuevos retos ¿no sería suficiente?

—Lo que sí sé es que tenemos voluntad. Yo tenía voluntad, es más yo tenía una personalidad —continuó José María sacándome de mis reflexiones.

—Explícame eso mejor —volví a interesarme.

—Pues el hecho que de yo quisiera venir con ventaja, trayendo recuerdos de otras vidas, denotaba que yo tenía una personalidad propia, que deseaba hacer algo que estaba prohibido, sí y de una determinada manera, luego yo tenía una personalidad y además tenía un plan y la voluntad para hacerlo. Yo tomé una decisión, no quería beber del agua del Río del Olvido e hice lo posible para negarme. Luego puse mi empeño y mi voluntad en ello. No me dejaron. Eran demasiado listos.

Con esa aseveración pareció encontrarse más seguro y frente a la imposición de los guardianes, él sabía lo que quería y aún hoy seguía sabiéndolo. Tenía una personalidad propia que no había sido alienada por las imposiciones de los guardianes, aunque tuviesen autoridad. Autoridad, por cierto, de la que no pudo escapar o ¿en cierto modo sí?, porque se acuerda de algo, no sabemos si cuando le llegase esa prueba, algo internamente, algo que está en su conciencia, le ayudará o no. Porque el paso por otras vidas ¿no debería servir para algo? Si no, ¿para qué vivir una y otra vez? Si se alcanza un cierto grado de conciencia, ¿no se debería mantener para seguir progresando? Tengo demasiadas preguntas para tan pocas respuestas.

—Dime una cosa y ya te diré por qué lo pregunto. ¿Cómo era esa llanura donde estabas? ¿Tenía árboles y vegetación? ¿Podías ver alguna montaña, aunque fuese a lo lejos? ¿Era un valle? ¿Cómo era?

Le hice estas preguntas porque lo que me estaba contando José María, me recordaba a lo escrito por Platón hace 2.400 años en el último libro de *La República*.[2]

—Era una llanura muy grande, no había montañas ni árboles ni nada alrededor. Lo que sí veía era a seres como los que me acompañaban, vestidos también con túnicas blancas andado por allí, por esa enorme y ancha llanura. Estaban por todos lados. También vi a otros que, como yo, se acercaban a la orilla del Río del Olvido y se inclinaban a beber su agua, quizás también se preparaban para tener una encarnación, para venir a la Tierra.

—Antes me has dicho que querías venir con ventaja para no volver a reencarnar, entonces, ¿tú sabes las encarnaciones que te quedan? —le pregunté levantando las cejas.

—Sí, eso lo sé —relajó los labios.

—Esa información, ¿te la dieron los guardianes?

—No, Lola, eso no sé cómo lo sé, pero lo sé —me contestó muy serio—. Lo sé por algo que yo llamo «autoconocimiento». Algo que yo sé íntimamente desde siempre. Yo sé que es así. Nadie me lo ha dicho ni recuerdo que nadie me lo dijese, es algo que simplemente sé.

2. El libro *La República* de Platón está compuesto por diez libros, siendo el décimo el último de ellos, el cual contiene la conclusión de su diálogo y las reflexiones finales.

Creo haber entendido lo que quería decirme. No es fácil describir algo que uno sabe en lo más profundo. Es esa sabiduría, quizás esa intuición o certeza, que tenemos en ocasiones acerca de las cosas y de nosotros mismos, un sentimiento por el que sabemos que ese conocimiento no viene del exterior a uno, va más allá del raciocinio intelectual y es inherente a nosotros.

—¿Y cuántas encarnaciones te quedan?

—Pues si no bebía del agua del río tal vez esta fuera mi última encarnación, porque superaría la prueba al poder contar con la sabiduría que me aportaban los recuerdos de otras vidas —se hizo un poco hacia atrás—. De todas formas me queda una encarnación más.

—¿Sólo una encarnación más?

—Sí. Voy a reencarnar una vez más —se tomó un instante y me miró a los ojos—. Además, sé dónde voy a hacerlo.

—¿Ah, sí? Sabes que vas a tener una última reencarnación y ¿dónde vas a reencarnar en la próxima vida?

— Sí. Es en el norte, no sé si de Europa o de Canadá, porque he visto como seré en la próxima encarnación y mi aspecto será nórdico, alto, rubio y muy blanco.

Está claro que el tiempo tal como aquí lo percibimos, pasado presente y futuro, no es así en el otro lado, y puedes tener acceso al futuro.

— Y ¿serás hombre o mujer?

—Eso, Lola, no lo sé. Pero lo que sí te puedo decir es que mi próxima vida será mucho más fácil que esta. Eso sí lo sé.

—¿Sabes que no es la primera vez que oigo hablar del Río del Olvido? —observé como arqueaba las cejas y entreabría la boca. Ahora era yo quien le sorprendía —. Ese río está descrito en el libro *La República* de Platón. En el último libro en donde habla del Mito de Er.

—Eso no me lo esperaba —me dijo algo pálido—. No sabía que alguien ya había hablado del Río del Olvido, y mucho menos Platón. Ahora que me has dicho eso, me siento muy reconfortado porque sé que lo que te he contado no es una fantasía —sonrió ampliamente—. Yo sabía, en el fondo de mi ser, que lo que te he contado era un recuerdo, que no era una ensoñación o fruto de mi imaginación como decía mi hermana. Ahora que me has dicho que es algo conocido, me has dado una seguridad que hace que no desconfíe de lo que siempre he sabido. Mi hermana, al decirme que eran fantasías, me hizo dudar, aunque en el fondo yo sabía que las cosas eran como me habían pasado. Ahora tú me lo confirmas. Ese río ya ha sido descrito por otros. No sabes la carga que me has quitado de encima, de verdad.

Me estaba sonriendo feliz.

—Lo que dice Platón acerca del soldado Er es que este, tras ser dado por muerto, volvió a la vida y entre otras experiencias del otro lado cuenta que las almas que van a venir son llevadas por la llanura del Lete, que es así como Platón llamó a esa llanura, y dice como tú, que no hay nada, ni árboles ni plantas ni montañas. Tal como tú lo describes. La llanura está expresamente diseñada para que cuando las almas lleguen al Río Lete, también llamado del Olvido o de la Desatención, se inclinen a beber. Habla también de las tres Moiras,[3] las personificaciones del Destino, y se dice que iban vestidas con túnicas blancas y largas.

José María quedó impresionado. Lo que para él era un recuerdo, había sido descrito hacía miles de años por Platón.

De este caso me surgen preguntas. Esos recuerdos ¿son arquetípicos y pertenecen al inconsciente colectivo que describe Jung, o son realidades que existen en otras dimensiones, y la llanura del Lete es real y es el lugar en donde nos encontramos justo antes de nacer?

¿Quién dicta que se deba volver a la Tierra sin conocimiento previo de las vidas anteriores? Entonces, ¿para qué vivirlas si no sirve lo que se aprende en ellas para las vidas posteriores?

3. Las Moiras son Cloto, Láquesis y Átropos. En la mitología romana son las Parcas Nona (la equivalente a la griega Cloto), Décima (a Láquesis) y Morta (a Átropos).

¿Qué clase de pruebas debemos superar los humanos? ¿Todos tenemos que superar pruebas en cada una de nuestras vidas? ¿Para qué tenemos que superarlas? ¿Y todos debemos superar al final de todas las encarnaciones las mismas pruebas o son diferentes para cada uno?

Y cuando venimos, ¿sabemos que algunas de esas pruebas tienen muy pocas probabilidades de superarlas? ¿Se da por bueno si no lo hacemos, o tenemos que repetir vida tras vida para superarlo? Y si no se superan ¿qué pasa?

Pero si esto que reflexiono es cierto, ¿quiere decir que cuando venimos, no todo está escrito? ¿Podemos realmente escribir nuestra vida teniendo opciones como puede ser superar una prueba que ni los de allí ni nosotros estamos seguros de poder hacerlo? Aun así, ¿venimos porque la vida son desafíos que debemos superar?

Le pregunté a José María por su vida, si la consideraba difícil o complicada. Se encogió de hombros y me contestó que siempre se está esforzando por lograr un objetivo u otro, pero que nunca obtiene lo que desea.

Claro que, ¿a cuántas personas no les pasa lo mismo?

Quizás los deseos no satisfechos sean el motor y la motivación para que nos levantemos cada mañana e intentemos, una vez más, alcanzarlos, ya que cuando finalmente cumplimos alguno, solemos ocuparnos de conseguir otro. Entonces, ¿el otro lado es la ausencia de deseos? Parece que no, según la experiencia previa a la encarnación de José María, su deseo de no volver a encarnar, es lo que causó disputa y malestar cuando los «vigilantes» en el otro lado le obligaron a beber para olvidar.

Permitidme un poco de humor, parece ser que tanto en este plano como en el otro: se bebe para olvidar.

3
¿DÓNDE ESTÁ LA CONCIENCIA CUANDO ESTAMOS EN COMA?

El amor por la escritura y la literatura nos había unido a Lourdes y a mí unos años atrás. Una mañana en que me la encontré, me comentó que uno de los amigos de su grupo de toda la vida, Paco J., les explicó durante una comida lo que le había sucedido estando en coma durante el COVID. Hasta ese momento no había hablado del tema, pero ese día se atrevió a narrar su experiencia.

Enseguida mi amiga pensó en mí y en que podía ser de interés para mi investigación. Y así pues, una calurosa tarde de agosto, nos citamos los tres, mi amiga Lourdes, el protagonista de este testimonio, Paco J., y yo.

Me encontraba con mi amiga cuando Paco J. se acercó a la mesa tras una señal de esta avisándole de nuestra ubicación. Mientras caminaba hacia nosotras, pude observar la complexión atlética de sus casi dos metros de altura, el porte que seguía manteniendo a sus cincuenta y pico años y la amplia sonrisa con la que se anticipaba antes de que me lo presentaran.

Tras los saludos de cortesía, comenzó a relatarme su experiencia:

—Es raro que enferme. —Se echó hacia atrás en el asiento, puso los brazos sobre sus piernas, juntó las manos y entrelazó sus dedos—. Pero en la época de la pandemia, quise salir de viaje con mi familia y nos tuvimos que hacer la prueba del COVID, y yo di positivo, aunque no tenía ningún síntoma. Al día siguiente comencé a asfixiarme y acudí a Urgencias. Recuerdo que era un viernes. Me hicieron una radiografía en la que me detectaron una neumonía unilateral[1] en el pulmón izquierdo. Me ingresaron de inmediato. Empeoré en cuestión de horas. Tras una hipotensión severa,[2] me tuvieron que reanimar y cuando consiguieron estabilizarme, me ingresaron en la UCI con sedación para provocarme un coma inducido por fármacos.[3] No llegué a tener parada cardiaca, pero en estado de coma yo pude escuchar a los sanitarios que decían alarmados «está cayendo a 16, ahora a 12». Más tarde me enteré de que se referían a mi frecuencia cardiaca. Las bajas pulsaciones ponían en peligro mi vida. Lo llamaron bradicardia severa. —Se hizo el silencio. Había estado entre la vida y la muerte y mientras recordaba, revivía lo sucedido en aquellos momentos.

—Eso es muy grave —le dije—, saliste de aquel episodio. ¿Qué pasó en esos momentos en donde no llegaste a tener una parada, aunque la gravedad era tremenda?

—Pues comencé a ver una luz redonda. En principio era como si fuera un foco que aparecía y desaparecía. Pero en un momento determinado se hizo fija, permanente, ya no desaparecía y fue entonces cuando me atrajo de una manera involuntaria e irresistible. Sentía que me estaba absorbiendo. Irremediablemente avanzaba hacia ella y no podía hacer nada al respecto. Me dije a mí mismo: «No quiero ir hacia la luz. ¡Era lo que me faltaba!, con

1. Neumonía unilateral es una infección pulmonar causada por diversos agentes patones y que afecta a un solo pulmón.
2. Descenso de la tensión arterial por debajo de 90/60 y que puede causar un *shock* por falta de flujo sanguíneo y un fallo en los órganos por falta de oxígeno y nutrientes.
3. Una sedación profunda que sumerja al paciente en un estado de inconsciencia (coma) donde no responda a la voz ni a los estímulos físicos y en la que se espera que el paciente recupere la conciencia al retirar los sedantes.

la de cosas que tengo que hacer. No, no, y no. ¡No quiero ir!». Conforme avanzaba atraído por la luz, sentía como me enfadaba cada vez más. Sabía que significaba que me estaba muriendo y me negaba en redondo. Pensaba en mi familia, en mis hijas y me decía: «Aún me necesitan. Soy el cuidador de la familia, recurren siempre a mí cuando sucede algo». También pensaba en todas las cosas que dejaba. No, no y no. No quería seguir mientras que era, inexorablemente, atraído por ella. La experiencia no se detuvo por mis pensamientos en contra de esa atracción, sino que continuaba siendo absorbido con contundencia, me pusiera como me pusiese.

—Entonces, ¿tú no experimentaste esa paz y felicidad que dicen las personas que sienten cuando van hacia la luz?

—Espera, Lola, no te adelantes —hizo un gesto con las manos pidiéndome paciencia—. Esto no ha hecho más que empezar. Mientras me atrapaba y me atraía hacia ella, yo seguía subiendo, pero ahora me pareció que iba por una escalera mecánica por donde ascendía sin posibilidad de retorno, cuando, de pronto, algo me llamó la atención a mi izquierda. Era como otra escalera mecánica —se detuvo para hacerme una aclaración—. Te pongo el ejemplo de la escalera mecánica porque tenía esa sensación, iba subiendo, pero no porque hubiese una escalera mecánica de verdad ¡entiéndeme!

—Sí, entiendo que es una metáfora. No había ninguna escalera mecánica que te llevase. Lo que quieres trasmitir es la sensación que tenías mientras ascendías.

—Sí, eso es. Como te decía me llamó la atención que a mi izquierda en esa otra escalera mecánica había gente subiendo como yo. Paralelos a mí y entonces fue cuando me fijé en ellos. No daba crédito. ¡Eran seres queridos míos ya fallecidos!

—*Wow* y ¿te decían algo? ¿Te llamaban? ¿Te hacían señales? No sé, ¿qué hacían allí? —solté toda la retahíla de preguntas con impaciencia.

No quería que se me olvidase nada y deseaba tener toda la información. Pronto descubrí que Paco J. era muy paciente y generoso compartiendo su experiencia, que resultó ser mucho más de lo que esperaba.

—Me miraban y me sonreían —continuó con una gran sonrisa—. No me dijeron nada ni se comunicaron conmigo, solo me acompañaban en esa subida, que era suave y sin pausa, y ellos me sonreían. Me fijé que cada uno iba vestido de una manera. Y cada uno tenía una edad diferente. No tenían la edad en la que fallecieron ni eran tampoco todos jóvenes. No iban vestidos de la misma manera, cada uno llevaba una ropa distinta.

—¿Qué quieres decir? Te fijaste en la ropa, ¿era significativo? Y lo de la edad también ¿no?

—Sí, estas dos cosas, la edad y la ropa con la que iban vestidos era muy importante. Iban agrupados, guardaban un orden. Primero vi a mi padre que llevaba un traje de chaqueta negro con corbata, tendría unos veintipocos años. Luego vi a mis abuelos, pero no a todos. Primero iban los abuelos maternos, mi abuela Leonor, que iba vestida de novia y murió de parto cuando mi madre tenía quince o dieciséis meses. Luego iba mi abuelo materno, Paco, al que me parezco mucho, hasta en el carácter, él aparentaba unos sesenta años y vestía un elegante traje de chaqueta. A su lado iba Rafaela, la segunda mujer de mi abuelo, ahí tendría unos sesenta años y llevaba un vestido de flores. Yo me crie con ellos dos. Detrás de estos abuelos iba mi abuela paterna con el aspecto que tenía a los setenta o setenta y cinco años, ella murió con noventa y uno.

—Y faltaba tu abuelo paterno, el resto estaban todos. ¡Hasta tu abuelastra!

—Sí, cada uno de una edad y con una ropa. Luego pensé que era la edad con la que habían vivido con más plenitud, en la mejor época de su vida. Que no tiene por qué ser la juventud. Tu mejor época puede ser a los sesenta, ¿por qué no? —asentí pensando que asimilamos la juventud a la plenitud de la vida, cuando esa plenitud se puede alcanzar a cualquier edad. Eso lo sabremos una vez finalizada nuestra encarnación—, y la ropa que llevaban también tenía su significado en sus vidas.

—Y ¿viste a más gente?

— A más familia, sí. Después iban mis tíos, mucho más jóvenes. Recuerdo que vi a mi tío con patillas largas, sus gafas, su traje y corbata a rayas azul y blanco años setenta, y mi tía estaba joven y muy guapa con el pelo recogido y un traje blanco con hombreras. Por último, iban mis dos primas a las que yo quería mucho. La primera que vi era a una prima que no es prima de sangre, porque era familia de mi abuelastra, pero la quería mucho de todas formas; iba con un traje rojo de fiesta muy ceñido, el pelo recogido con un moño, superguapa, como con treinta años. Tengo que decir que a esta prima le gustaba muchísimo salir de fiesta. Y, por último, vi a mi otra prima vestida de novia muy muy guapa, como era ella, y me extrañó que fuese vestida de novia.

—Y ¿eso por qué?

—Pues porque tuvo un matrimonio muy desgraciado. No pensé que el traje de novia fuese el escogido para mostrarse en la plenitud de su vida.

—Ellos se mostraban para que los reconocieses en momentos significativos de sus vidas. Estaban allí sonriendo, te estaban acompañando. ¿Te decían algo?

—Sí, Lola, todos me sonreían con cara de paz, pero no me hablaban. ¡Con el mosqueo que llevaba yo para arriba! No dijeron nada. Pero sí, allí estaban.

—Todos en su mejor momento. Quizás tu desconocías que esas edades en las que los veías fueran su mejor momento.

—Totalmente, era algo que no sabía. Pero que supe cuando me di cuenta de que eran ellos. Supe que se me estaban presentando en su mejor momento o plenitud en cada una de sus vidas, ¿curioso no? Bueno, el caso es que, de pronto, dejo de subir porque he llegado a la luz y la traspaso. Lo que vi tras atravesar la luz fue maravilloso. Se me quitó el mosqueo, ya no pensaba en nada ni en nadie. Ni en mi familia. Solo disfrutaba del maravilloso paisaje que se me mostraba, todo inundado por esa luz blanca. Pienso que es como si la luz blanca tomase la forma de un paisaje: el suelo eran nubes blancas, las montañas eran blancas, los árboles y la vegetación eran blancos. Todo era blanco y extraordinario. Por primera vez sentí una paz interior inmensa, indescriptible, inefable, como nunca antes. Ahora no pienso en nada —dijo mirando hacia un punto, estaba reviviendo la experiencia—. Nada me inquieta, y es cuando me olvido de todo, de la familia, de mis hijas, ya no tengo preocupaciones. —Movió ligeramente la cabeza y regresó al presente—. Estaba feliz de estar allí y allí me hubiera quedado, Lola. Cuando de repente, sin saber cómo y otra vez en contra de mi voluntad, siento como que me «agarra» una fuerza desde la espalda y comienza el viaje de vuelta. Si antes subía por esas escaleras hacia la luz, ahora la fuerza me llevaba de regreso, hacia abajo; estaba haciendo el recorrido contrario al de ida, me llevaba de nuevo hacia mi cuerpo. Esa fuerza que me absorbía era igualmente potente e involuntaria. No estaba bajo mi control, simplemente descendía.

—Y ¿sentiste cómo entrabas a tu cuerpo?

—Cuando salí de ese maravilloso sitio blanco, con esa fuerza que me agarraba de la espalda y que me hacía recorrer el camino inverso hasta mi cuerpo, justo ahí escuché un latido cardiaco. Todo estaba oscuro, solo sentía el latido del corazón. No sé si ese latido era el mío o el de quién, pero recuerdo que pensé mientras descendía en la oscuridad: «¿Acaso estoy de nuevo en el vientre de mi madre?». Me lo pregunté porque solo escuchaba un latido y me dije a mí mismo: «Quizás es que voy a nacer de nuevo».

—¿Creíste estar de nuevo en el vientre de tu madre? ¿Como un recuerdo prenatal y que ibas a nacer de nuevo?, o ¿qué? —Me resultó muy interesante la experiencia de que le agarraban y tiraban hacia abajo, luego estar en la oscuridad y escuchar un latido cardiaco, y que todo eso le hiciese pensar que estaba en el vientre de su madre. Muy curioso ¿no?

—No, no pensé en mi madre. Pensé en que iba a nacer de nuevo, de otra mujer, con otra familia.

—Entonces, ¿me hablas de reencarnación o de otras vidas?

—Pues sí. Es curioso que lo que pensara. En ese primer momento en el que todo era oscuridad y solo escuchaba un latido cardiaco, lo primero que pensé es que el latido era el de una nueva madre, que volvía a reencarnar. Creo que este salir del cuerpo hacia la luz sucedió en mi momento más crítico en la UCI. Porque, aunque no tuve una parada cardiaca, sí tuve esa bajada de la frecuencia cardiaca tan brutal que hizo que estuviera entre la vida y la muerte. Luego me estabilizaron y la experiencia fue terminando y acabé como te digo, volviendo ahora a escuchar un latido cardiaco normal. El peligro de muerte había acabado.

—Me estás contando una experiencia realmente extraordinaria. Todo esto lo viviste en estado de inconsciencia, en coma —exclamé asombrada.

Pero esta bella experiencia no había hecho más que empezar.

—Te voy a seguir contando, Lola, porque queda mucha tela todavía.

—Pues cuenta, cuenta —dije con interés.

—Seguía en la UCI, después de lo que te acabo de contar, ya estabilizado de ese episodio de bajada de pulsaciones, pero me mantenían en coma. No sé en qué momento, pero pude estar sentado en la camilla y «ver» lo que pasaba en la UCI, quien entraba o salía, lo que hacía el personal sanitario y todo lo que ocurría a mi alrededor, vaya.

—Pero ¿tú eras consciente de que estabas en coma?

— Al principio, no —dijo pausadamente, quizás tratando de encontrar las palabras—. Sentí que estaba sentado en la camilla y veía alrededor. Pero luego me entró sed y cuando vi pasar a un enfermero, le dije: «¡Hola! ¡Tengo mucha sed!, ¿me puedes traer un vaso de agua?». El enfermero ni me miró y pasó de largo. Yo me pregunté por qué había pasado de mí y le insistí, pero nada. Cuando ya estaba como a un metro de mí, volteó la cabeza, me miró y siguió su camino. Eso me extrañó. Pedí agua en varias ocasiones, pero siempre ocurrió lo mismo. Pasaban por mi lado y no me oían ni me miraban y al cabo de un momento, justo después de pasar, se daban la vuelta para mirarme, pero era una mirada de inspección, no una mirada de reconocer que yo estaba hablando con ellos. Era como si supieran o sintiesen que algo había pasado. Entonces me fui dando cuenta de que no me veían, pero era como si notasen que algo ocurría y por eso se giraban.

—Entonces, ¿crees que hay algo en nosotros que puede captar energías? Porque tú estabas consciente en todo momento hasta el punto de que te diste cuenta de que ellos no podían verte, aunque tú sí podías verlos a ellos. Tu cuerpo, no sé cómo llamarlo, ¿energético?, estaba consciente y despierto. Ese cuerpo no estaba enfermo, aunque sentía sed. Qué curioso —dije pensando en voz alta.

—Correcto, Lola, así es y me fui dando cuenta de más cosas. De otras cosas.

—¿Seguías estando en coma? —asintió—. Continúa por favor.

— Sí. Como te he dicho, estando en coma yo veía a todo el que entraba y salía de la UCI. Al personal sanitario lo llegué a conocer y los turnos que tenían cada uno. No sé con qué ojos los veía, pero llegué a saber quiénes eran. Y no solo podía ver sus movimientos y lo que hacían, sino que podía sentir sus emociones y sentimientos. Sabía, por ejemplo, quiénes mantenían una relación sentimental, aunque en el trabajo no lo mostraran, supe que salían y que lo ocultaban, o sabía que una de las enfermeras era una apasionada del canto y cantaba muy bien. Todo esto no es que lo escuchara de labios de nadie, solo lo sabía.

—Te conectaste emocionalmente con las personas, o con algunas personas del equipo de la UCI —afirmó con la cabeza—. ¿Y todo eran emociones positivas, como lazos sentimentales o pasión por el canto, o también percibiste emociones de las que llamamos negativas como celos, envidia y odio?

—Sí, sentí que había un amor roto, no correspondido de un enfermero hacia una enfermera. Me conecté emocionalmente con ellos y yo sabía lo que les pasaba. El caso es que quise corroborar esta experiencia una vez que salí de la UCI y pregunté posteriormente al personal que me había atendido. Se quedaron extrañados preguntándose cómo sabía circunstancias que ni siquiera habían comentado en el trabajo.

—Finalmente estamos conectados y podemos sentir lo que sienten otros —dije sonriendo. Me gustaba mucho esa idea—. Quizás sea una habilidad psíquica que tenemos, pero no somos conscientes de ello y tú, al tener el cerebro como órgano, desconectado, por decirlo así, liberaste la parte invisible que puede captar los mundos sutiles de los demás. Se me ocurre como hipótesis.

Seguía reflexionando en voz alta cuando Paco J. volvió a sorprenderme con la siguiente situación.

—Otra cosa extraordinaria que me ocurrió en la UCI fue que, en un momento determinado, al lado izquierdo de mi cama, vi a dos monjas rezando. Entonces pensé «Ya me voy para el otro barrio porque hay monjas que están rezando por mí. Debo de estar en las últimas». El caso es que acudían casi todos los días. Se situaban en el mismo lugar, permanecían de pie y en actitud de rezo. Tuve la oportunidad de mirarlas bien. Vestían un hábito antiguo. Yo no sé mucho de hábitos, pero el que ellas llevaban me resultó anacrónico. Llevaban un velo negro,[4] con la toca blanca[5] y el hábito era marrón.

—Y ¿no te decían nada? ¿Tú preguntaste quiénes eran?

—No, yo no pregunté. Las veía rezando. Recuerdo que pensé que no las conocía.

—Lo que sabías era que estaban orando por ti.

—Sí, eso sí. Luego otro día percibí a mucha gente, a monjas y a seglares, a hombres y a mujeres, en posición típica de oración. Era como si estuviese viendo una película de diferentes lugares, yo podía ver como estaban rezando en otros sitios fuera de allí y los observaba, pero ellos no me veían a mí. En la UCI solo vi rezando a estas dos monjas.

—Es como si conectaras con las personas que rezaban por ti.

4. Velo: pieza de tela que cubre el cabello y va por encima de la toca.
5. Toca: pieza que cubre el cabello y la cabeza y va por debajo del velo.

Una vez conectado a esa energía de la oración, puedes percibir quienes también lo están, o sea, a los que están rezando —dije como para mí misma.

— Bueno, eso puede ser, porque luego me enteré de que había mucha gente rezando por mí. Me lo dijeron una vez recuperado, cuando me los cruzaba por la calle. Me decían «Paco, que sepas que estuvimos rezando por ti».

—Entonces, ¿quizás por eso pudiste verlos? —pregunté.

—Yo veía a gente, a personas, no llegaba a saber si eran conocidos o desconocidos. Solo sé que pude ver a personas rezando. Tal vez estuvieran rezando por otros que estaban en la UCI, o estaban rezando por otras personas o por otras circunstancias. No lo sé, Lola. El caso es que, el día en que me despertaron en la UCI porque ya estaba mejor, cuando me fueron a lavar, mi mujer entró y me puso algo debajo de la almohada. Levanté la almohada para ver qué me había puesto. La reconocí de inmediato, no me lo podía creer: era una de las monjas que estaban rezando al lado de mi cama. Mi mujer me dijo que era una estampita de santa Ángela de la Cruz.[6]

—Reconociste a esa monja y ¿era la de la estampita? Qué sorpresa te tuviste que llevar. ¿Cómo era posible que la vieras y que luego la reconocieras?

—Sí, Lola, me resultó sorprendente. Porque yo no conocía a esa monja de la que mi mujer era devota, pero cuando ya me puse bueno, quise ir a Sevilla al convento de Santa Angela de la Cruz. Estaba andando por el lugar, que es una belleza, cuando de repente reconocí a la segunda monja que rezaba por mí y que acompañaba a santa Angela en un retrato que se encuentra en el

6. Santa Ángela de la Cruz fue una monja católica española, fundadora de la congregación religiosa llamada Compañía de la Cruz, dedicada a ayudar a los pobres y a los enfermos. Su nombre secular fue María de los Ángeles Guerrero González. Fue canonizada por san Juan Pablo II el 4 de mayo de 2003.

convento. Era santa María de la Purísima de la Cruz. No me lo podía creer y quise saber algo acerca de esta segunda monja. Curiosamente eran de la misma congregación, pero no fueron coetáneas en el convento ni llegaron a conocerse en vida. Y yo, sin conocer a ninguna de ellas, las veía rezando juntas al lado de mi cama de la UCI.

—Es maravilloso el poder de la oración en la curación de los enfermos —no atinaba a comentar nada más. La sorpresa me agarró desde el inicio de la experiencia de Paco J. y ya no me soltó—. Se debería estudiar este fenómeno porque hay personas que se han curado por intermediación de algún santo. De hecho, a los santos se les canoniza en la mayoría de las ocasiones por un milagro médico.[7]

—No sé, Lola, pero yo pude ver a las monjas y a personas que estaban rezando en distintos lugares. Tengo mi opinión sobre la oración y lo poderosa que es. Lo he vivido.

—Y después de esto, ¿te recuperaste del todo?

—Me queda por contarte lo más fuerte. Dicen que todo te pasa por una razón. Yo creo que cogí el COVID por la razón que te voy a contar.

—¿Hay más? —exclamé—. Me parece que tu enfermedad te abrió a un mundo prodigioso, te conectó directamente con el mundo espiritual.

—Cuando estaba en coma, me fue revelada una valiosa información. Tuve la visión, o el sueño o ensoñación, en la que se me avisó de que tenía un cáncer en el centro del pecho.

—¿Cómo? —casi grité un poco—. Y ¿tenías un cáncer?

—Espera que te cuente. —Paco me sonrió pidiéndome paciencia—. En esa ensoñación, más bien creo que tuve una visión o un

7. A santa Angela de la Cruz se la canonizó en 2003, por su vida de entrega y por un milagro médico. Un niño con obstrucción de la arteria central de la retina, que le provocaba ceguera, recuperó la visión de forma repentina y científicamente inexplicable.

sueño muy especial, no sé cómo describirlo porque yo estaba en coma, pero cuando desperté, recordaba todo lo que te he contado y lo que te voy a relatar. Pues en ese estado vi a un médico desconocido que me introducía una especie de hilo por la boca y que al ser retirado de la misma manera que lo había introducido, de manera manual, me extirpaban el cáncer. Cuando me desperté y pude hablar, se lo comenté al intensivista de la UCI: tenían que investigarme un cáncer que tenía en el centro del pecho. No me hizo mucho caso y me explicó que eran cosas que pasaban cuando se estaba en coma. Pero yo no estaba tranquilo. Estaba seguro de lo que tenía, ese tumor canceroso, porque me lo habían dicho cuando estaba en coma. Yo lo sabía. Cuando me pasaron a planta, lo volví a preguntar y me volvieron a decir que eran pesadillas que se tienen a veces estando en coma. Luego me dieron el alta y me fui a casa.

—Bueno, y ¿qué pasó?

—Pues que tardé en recuperarme, había perdido veinte kilos. Pero yo seguía con lo del cáncer en el centro del pecho. Total, que a los tres meses me hacen un TAC torácico para comprobar que mis pulmones estaban bien tras el COVID y ¡hombre! allí, en mitad del pecho, como yo dije, apreció un tumor, en una glándula que se llama timo[8].

—Son tumores muy raros —indiqué extrañada— solo he visto una paciente que padeció uno y tuvo un fatal desenlace.

—Eso me dijeron, que era un tumor[9] muy raro. Aunque vieron que el timo estaba aumentado de tamaño, me propusieron esperar y ver la evolución porque una cirugía en esa zona era algo delicada. Me negué a esperar e insistí mucho, no sabes cómo, en que me

8. El timo es una glándula linfoide, ubicada detrás del esternón, crucial para el desarrollo de la inmunidad celular, especialmente durante la infancia. El cáncer de timo es raro y potencialmente agresivo porque se suele diagnosticar tarde al no dar síntomas claros en sus inicios.
9. Timoma tipo B1.

debían operar. Hasta mi mujer me decía que esperara, que estaba débil para una cirugía recién pasado el COVID. Había salido de la UCI poco tiempo atrás y es verdad que estaba algo débil todavía. Pero es que me tenía que operar para quitarme ese cáncer. El médico no estaba seguro que hubiera que operar, pero yo sí lo estaba.

—Y te operaron.

—Sí, me operaron pronto. Es que no sabes la tabarra que yo di insistiendo en la operación.

—Y ¿qué sucedió?

— Me sometí a la cirugía que en verdad fue complicada, pero bueno el caso es que me quitaron un tumor del timo algo menor del tamaño de un huevo, lo he visto en el informe, tenía 4 centímetros. Y bueno aquí estoy.

—Fascinante —fue todo lo que pude decir.

Me encontraba asombrada de todas las experiencias que había tenido durante las tres semanas que estuvo en coma. Incluido el aviso de que tenía un cáncer. Según Paco J., ese fue uno de los principales motivos de que tuviese COVID, ya que si no le hubiesen hecho un TAC torácico (como parte de la revisión por haber tenido neumonía COVID), no le hubiesen detectado precozmente el tumor en el timo.

—Todas las experiencias que me has contado me parecen extraordinarias. ¿Has llegado a alguna conclusión con todo lo que te ha pasado?

—Pues, en primer lugar, le he perdido el miedo a la muerte. Yo estaba en coma, pero seguía vivo. Sé que estamos vivos independientemente del cuerpo. Es más, te das cuenta de que suceden cosas sutiles, invisibles, como una realidad paralela y unida a esta tan potente que cura o te avisa de los peligros.

—Lo dices por la oración de las monjas que viste y por los demás orantes.

—Sí, claro. Estoy convencido de que esas personas rezando, con sus oraciones, ayudaban en realidad a la recuperación de los enfermos. ¡Claro! Para mí es evidente.

—¿Más conclusiones? —seguí insistiendo. Por experiencia me consta que las personas que han vivido situaciones espirituales transformadoras destilan una sabiduría extraída de esas vivencias.

—Hemos venido a aprender lecciones y si no las aprendes, vuelves de nuevo, como cuando yo pensé que me estaba reencarnando, creyendo que había vuelto al vientre de mi madre.

—¿Adónde vuelves? ¿Aquí de nuevo? ¿A la Tierra? —lo pregunté porque había escuchado que se puede elegir reencarnar en otros planetas o planos o dimensiones de existencia, pero nadie me lo había confirmado de primera mano. Paco tampoco lo hizo.

—A otro sitio, con otra familia, otra vida diferente, otros momentos.

—Vaya, todo un misterio el dónde lo hacemos, pero el porqué es hasta aprender lo que sea que hayamos venido a aprender.

—Sí, así es como lo percibí. Y también me trasformó mi manera de ver las cosas. En el sentido de no mosquearme[10] por tonterías ni hacer dramas por cosas que no merecen la pena.

—Estoy de acuerdo contigo. Es al ego al que le gusta hacer dramas de las pequeñas cosas.

—También me di cuenta de que tenía que apreciar cada momento que se vive, con atención plena a todos los detalles, porque cada uno de ellos es un pequeño milagro que muchas veces no percibimos por no prestarle un poco de atención a lo cotidiano. Ese cotidiano encierra una grandeza asombrosa. Lo diminuto puede ser grandioso y lo invisible visible —dijo como colofón.

Me contagió el entusiasmo que desprendía. Era como estar al lado de alguien que ha regresado de la enfermedad, desde la frontera de la muerte, y desprendía vida por todos lados.

Lo que Paco J. había tenido se denomina una «experiencia espiritual transformadora». Una experiencia que provoca un cambio

10. Mosquear verbo que coloquialmente significa sentir recelo, enojarse.

profundo y duradero en la vida de una persona, alterando su forma de ver el mundo y las relaciones.

Es un despertar de la conciencia en el sentido de saber que somos algo más que un cuerpo físico y esto trasforma la vida de la persona. Porque comprobó que todo era vida. El cuerpo puede estar en coma, pero el espíritu, que no necesita de las atenciones físicas del cuerpo, se empieza a mover por los mundos invisibles en donde puedes encontrarte desde a tus seres queridos ya fallecidos hasta a un médico desconocido que te advierte de un peligro. Desde sentir las emociones de los que le rodeaban en la UCI, a pesar de no conocer a nadie, a percibir que estaba conectado con ellos emocionalmente. ¿Qué clase de red nos une? Eso no lo sé, pero que estamos unidos por lazos invisibles, esto le quedó claro a Paco J. Y también a mí, a través de su experiencia, aunque es algo que he sabido desde siempre en el fondo de mi ser.

El poder de la oración con la visión de las dos monjas, desconocidas para Paco J., y que más tarde corroboraba su existencia. ¿Dónde estaban estas monjas? ¿En un plano cercano al nuestro cuando Paco J. pudo verlas? Pero ¿cuántos planos componen esta realidad? ¿Están en esta realidad en diferentes planos o son realidades paralelas? Y si así fuese, ¿podríamos «saltar» de unas a otras? Porque parece que unos planos están influyendo en los otros. Entonces, cuando vivo mi vida cotidiana, ¿en cuántos planos vivo? Y, a veces, ¿me suceden cosas porque recibo influencias de planos invisibles? ¿Quiénes son los habitantes de esos planos? Desde monjas que han fallecido, pero siguen rezando y ayudando a la curación, hasta médicos que te detectan y alertan de tumores malignos. Ahora que lo pienso, los seres que vio Paco J. estaban ayudando, con sus rezos y las alertas de cáncer, también acompañando, como sus familiares ya fallecidos que le sonreían. Todos estaban de parte de Paco J., prestando un servicio para su curación ¿No es maravilloso?

Pero si todos tenemos una conciencia que sobrevive al cuerpo, ¿dónde está la conciencia cuando estamos muy enfermos y en coma?

¡Cuántas historias se podrían recoger en la UCI! Algunas serán alucinaciones o delirios por la medicación y la enfermedad, pero ¿habrá otras que sean vivencias de la conciencia en un estado no ordinario de la misma?

Si se empezaran a registrar estas vivencias —los médicos podemos saber cuándo es un estado delirante y cuándo es una experiencia espiritual transformadora—, creo que daría como resultado una investigación fascinante acerca de la naturaleza de nuestra conciencia.

Por el contrario, si no se investiga o se explora ni se expone, el conocimiento que tenemos sobre esas experiencias seguirá siendo exiguo. Aunque hay que reconocer que cada vez más profesionales se interesan por estas líneas nuevas y fascinantes de investigación.

Creo que la conciencia sigue estando viva, aunque nuestro cuerpo esté en coma, porque sigue teniendo experiencias que son intensas, que se viven con total claridad, incluso con más claridad que cuando el cerebro se enciende en la vigilia cotidiana, en lo que llamamos el estado ordinario de conciencia.

A Paco J., en estado de coma, se le reveló que tenía un tumor y no lo dudó nunca. Lo tenía superclaro porque esa revelación era más verdad que cualquier otra argumentación lógica. Y probablemente, como él dice, el COVID le salvó la vida.

4
MIS QUERIDOS NIÑOS

La redacción de este capítulo y el siguiente ha sido un gran desafío. Me han provocado intensas emociones que han oscilado entre el desasosiego y el dolor, pasando por la impotencia, y me he preguntado el porqué de estas trágicas y difíciles experiencias.

También me he planteado cómo, enfrentándonos a tales adversidades, podemos cultivar la confianza en los procesos de la vida y poder aprender a aceptar aquello que nos acontezca.

La enorme complejidad que supone la aceptación en los casos en donde se pierde a un hijo, en donde el protagonista del proceso de morir es un niño, o un adolescente, y tener que vivir esta situación, se me antoja demasiado duro.

Entender el «para qué» de estas experiencias me llevó a la dimensión espiritual en la que existe una misión o propósito de vida, para la que mi alma decidió vivir esta experiencia humana. Qué aprendizajes y lecciones de vida en clave de amor vinimos a enseñar y aprender, porque este propósito del alma es lo que trasciende a la propia experiencia.

Entendiendo que la vida es algo más que un paseo por la Tierra, se convierte en una suerte de vivencias, experiencias en donde podemos descubrir lo efímero y lo mutante que es la realidad, los ciclos y los ritmos, un camino por la experiencia de la fragmentación (nos vemos fragmentados unos de los otros) y de la dualidad, en busca de la unidad que un día fuimos y que es el objetivo que en el fondo anhelamos.

Escribir este capítulo ha sido todo un torbellino emotivo, donde he compartido, de manera indirecta, el sufrimiento de nuestros queridos niños y adolescentes, así como el dolor extremo que sus padres no hubieran querido sentir nunca.

Son todas ellas experiencias espirituales transformadoras (o al menos dan la oportunidad de serlo) porque no permiten ser vividas de soslayo, y proponen una transformación profunda de la persona a través de una dura vivencia.

Aparecen reflexiones y preguntas que te despiertan al mundo espiritual, el sentido de la vida y la trascendencia: si existe algo más después de la vida, entonces, ¿mi hijo sigue vivo?, o, ¿por qué me ha tocado a mí vivir esta situación tan dura? O bien, ¿cuál es el sentido de tanto dolor?

Este es un sentido homenaje para todos estos niños, adolescentes, familiares y amigos, así como para el personal sanitario que sufren a diario situaciones como las que os voy a relatar, vividas en la más absoluta intimidad y que pueden hacer que nos paremos a reflexionar sobre la profundidad de algunas emociones, sobre las vidas de los demás y cómo nos hacen sentir a nosotros: ¿con miedo a que nos suceda lo mismo?, ¿con agradecimiento de que no lo han hecho?, ¿con admiración y compasión hacia aquellos que las han vivido? Y si las has vivido, quizás te preguntes el porqué te tuvo que pasar a ti y las respuestas te lleven a una profundidad personal y espiritual que, aún sin haberla elegido conscientemente, añadirá un calado inmenso a tu vida a través del dolor. En este capítulo, tal vez más que en ningún otro, que las historias no contadas os lleguen al corazón como me llegaron a mí y desde allí puedan alcanzar nuestra alma, tanto individual como colectiva, pudiendo servir de apoyo, con reconocimiento y compasión a todos aquellos que se encuentran viviendo una de las tragedias más dolorosas, la pérdida de la vida de los más inocentes, de nuestros queridos niños.

TESTIMONIOS DE PATRICIA, ENFERMERA DE ONCOLOGIA DE NIÑOS Y ADOLESCENTES

Un médico amigo y seguidor de mi investigación, me había dado el teléfono de Patricia, enfermera de oncología en un hospital pediátrico de una ciudad andaluza. A ambas nos interesaban los temas relacionados con la perimuerte. Su experiencia profesional es extensa, tanto en conocimientos como en vivencias, gracias a su trabajo con pacientes oncológicos durante más de treinta años. Su testimonio puede servir para ayudar a muchas personas que se puedan reconocer en estos casos.

La conocí en persona un domingo de marzo cuando me invitó a su casa. Me preparó un té que nos tomamos en su cálido comedor donde me abrió su corazón.

Patricia tenía 60 años y prefería hablar en un espacio tranquilo, reservado, y por eso me invitó a su casa. Durante las entrevistas que mantuvimos, compartió conmigo parte de las dolorosas vivencias que habían sufrido sus pacientes, los familiares y que, por la fuerza que tenían, habían quedado unidas a su propia vida. Cada paciente, cada familiar, llega a importar tanto que a la par que se intenta dar consuelo y alivio, se comparte su dolor.

Enseguida percibí lo que ya sabía por propia experiencia, que es imposible separar a pacientes, a familiares y a personal sanitario; las vidas de unos y otros están intrincadamente unidas, pero en los momentos duros, esa unión se hace especialmente valiosa y necesaria.

—Hace treinta años que murió mi padre —comenzó yendo al grano directamente—. Fue un episodio tan doloroso que me marcó la vida y me impulsó a investigar ciertos temas tabúes para esta sociedad, como la muerte, la pérdida y el dolor que eso conlleva. No encontraba consuelo. Empecé a leer a Kubler-Ross[1] y a escuchar conferencias sobre el tema. La frase «la muerte no existe» me

1. Elisabeth Kübler Ross fue una psiquiatra y escritora suizo-estadouni-

impactó. —Me miró con un brillo especial y asentí con una leve sonrisa. Ambas estábamos de acuerdo en este punto—. Luego he trabajado en oncología y he visto trascender a muchas personas. Primero trabajé en oncología con adultos y ahora ya llevo muchos años en oncología pediátrica.

—Emocionalmente tu trabajo debe ser muy intenso, exigente y de gran desgaste emocional —dije poniéndome en su lugar, pensando que la respuesta era obvia, pero Patricia me sorprendió. Esa fue la primera vez de las muchas que lo hizo.

—Lola, entiende que a mí me apasiona poder estar con una persona en sus últimos días. Poder acompañar, tanto a ella como a sus familiares. Mira, cuando un niño fallece, lo hacen tres personas. —En su rostro apareció una mueca triste—. Fallece el niño, pero también en parte lo hacen el padre y la madre. Algo en ellos muere y nunca vuelven a ser los mismos.

—No había pensado en la muerte psíquica de los progenitores. La muerte de un hijo es una de las pruebas más exigentes y difíciles que se te pueden presentar.

Enseguida pensé en mi hija y noté que el corazón se me disparaba.

—¿Sabes lo que más me sorprende? —Me sonrió de repente. No alcanzaba a entender el motivo de esa sonrisa—. Pues aquellos padres que, tras perder a un hijo y hacer su duelo, toman la decisión de seguir viviendo con plenitud e intensidad. Deciden disfrutar de la vida después de haber gestionado el dolor de su tragedia. Los que toman la decisión de vivir —hizo una pequeña pausa—, casi sin permiso de la sociedad.

—¿Sin permiso?

Me pareció algo muy drástico e intenso, pero como me di cuenta a lo largo de la tarde, las vivencias, las emociones y las lecciones

dense, una de las mayores expertas mundiales en la muerte, las personas moribundas y los cuidados paliativos.

de vida inherentes al tránsito de los pequeños y adolescentes eran experiencias más potentes de lo que en principio podía imaginar.

—Pues, sí, Lola. Verás, la sociedad en general, cuando pierdes a un hijo, espera que te hundas, te deprimas, estés triste. La experiencia es muy dura y se espera que quedes, en cierta manera, marcada por el intenso dolor. Y si bien todo eso es cierto, también la sociedad asume o se imagina que ya no vas a levantar cabeza nunca. Es lo que esperan de forma más o menos inconsciente. Sin embargo, cuando una madre o un padre o ambos, tras el dolor de una enfermedad y de la muerte de su hijo, entienden que se tienen que despedir del mismo, que no se tienen que despedir de la propia vida, sino que, pasado su tiempo de duelo, de elaboración de la pérdida, haciendo un gran trabajo interno psicológico, toman la decisión de seguir viviendo con la intensidad que les aporta el ser conscientes, ahora ya lo saben por experiencia, que la vida es finita y que antes de que te des cuenta, ya se está acabando. Que al igual que hay momentos duros, también hay momentos dulces. Hay quienes toman la decisión de permitirse vivir lo bueno que ofrezca la vida después de haber experimentado lo malo, la tragedia. Porque es una elección, ¿sabes? —asentí. La actitud con la que vas a vivir tu vida a veces es una decisión dura y exigente, pero decisión, al fin y al cabo—. Y esto, muchas veces, el entorno familiar y social, no lo espera, porque no lo entienden, y no lo hacen porque tampoco están preparados para ello. No lo han reflexionado, no lo han vivido, tienen estereotipos y tópicos de lo que debe o no debe que ocurrir. Esos padres, los que se deciden a vivir, son los que me sorprenden y de los que más aprendo. Al enfrentarse con la muerte más dolorosa, han puesto en perspectiva sus propias vidas y logran gestionar el dolor de tal manera que toman la decisión de vivir con mayúsculas, como digo yo, a lo grande, porque han aprendido a apreciar lo precioso que es cada momento que viven.

—No parece fácil. No desearía tener nunca esa experiencia —negué con la cabeza.

—Yo tampoco —me dijo Patricia con voz serena—. ¿Quieres

que pase a contarte los casos de mis pequeños que más me han impresionado?[2]

—Claro, por favor, cuéntame desde tu experiencia. Además, gracias por tu serenidad, porque me ayuda a escuchar algo que sé que va a ser muy duro.

—Lo primero que quiero que entiendas es que voy a abordar el tema desde un punto de vista distinto. Creo en la reencarnación y las veces que volvemos a esta vida lo hacemos para aprender y enseñar lecciones. Es por este motivo por lo que pienso que los niños que fallecen antes de los diez u once añitos vienen a ofrecer una lección a sus progenitores y al entorno. Una lección de cómo aprender a gestionar la pérdida. Si lo piensas, desde que nacemos estamos en pérdida[3] y vivir plenamente se consigue cuando has gestionado tus pérdidas, esa es mi opinión. Pero luego, están los preadolescentes y adolescentes, para estos las lecciones de vida están destinadas en primer lugar a ellos mismos. Obvio que también ofrecen lecciones al entorno, pero los destinatarios principales son ellos. Esto es una conclusión mía, entiéndeme bien, Lola.

—Sí, entiendo lo que quieres decir —dije pensando en las numerosas ocasiones en las que había leído que los más pequeños que se marchaban prematuramente eran almas con un alto grado de evolución espiritual, que venían a la Tierra a enseñar una lección a sus padres, en clave de intensas enseñanzas sobre el amor y cómo gestionar una pérdida desde el mismo. Se tiene que depositar una gran

2. Los testimonios relatados tienen en común la enfermedad de un niño o adolescente y el dolor de unos padres. La gestión de la situación y la elaboración del dolor puede variar de unos a otros. Estos pacientes pueden ser considerados como ejemplos de otros muchos.

3. Nada más nacer empieza una cuenta atrás. Cada día es un día menos. Luego pierdes amigos, juventud, salud, y todo aquello que reflexiones, porque todo está en continuo cambio y mutando a cada instante. No es algo depresivo, es una realidad que, de ser conscientes, nos hará asentarnos en el presente para vivirlo con intensidad.

confianza en lo que son los procesos de la vida y en las circunstancias que no podemos controlar. Reflexionar sobre lo que nos sucede y si tiene un sentido desde la experiencia y el aprendizaje oculto que conlleva. Descubrir la clave espiritual que puede dar sentido a la tragedia.

¿Se puede explorar el amor a través de las pérdidas? Y si es así, entonces, ¿son las pérdidas una experiencia espiritual?

4.1. EL ALMA EN LOS OJOS DE UN NIÑO

—Te voy a hablar al hilo de lo que te estaba contando, el caso de Carlos de cinco añitos. Padecía un neuroblastoma.[4]

Sus padres ya habían perdido previamente a tres hijos: uno justo al nacer y los otros dos intrauterinos[5]. Esos padres habían sufrido muchísimo, pero mantuvieron la ilusión cuando nació Carlos. Pero al cumplir cuatro años, desarrolló un cáncer. Este niño era especial, parecía que no fuera un niño. No sé cómo explicarlo. Era su mirada, Lola. —Patricia me miró—. Tenía una mirada, profunda, intensa, que te traspasaba. Parecía que estuviera viéndote por dentro. Notabas en ella una gran madurez. No era la mirada de un niño. Y tampoco se comportaba como alguien de su edad. No quería jugar ni estar con otros niños. Aunque era muy pequeño, prefería la compañía de los adultos. Según me dijo su madre, siempre había sido así.

—Carlos era un niño y se comportaba como si fuera mayor —quería comprender mejor.

4. El neuroblastoma es una neoplasia derivada de la cresta neural. Representa el tumor sólido extracraneal más frecuente de la edad pediátrica, siendo responsable de hasta el 15 por ciento de la mortalidad por cáncer en los menores de 15 años.
5. Se refiere a la muerte del feto después de la semana 20 de gestación y antes de que ocurra el nacimiento.

—Era como si su alma o su conciencia tuviese una sabiduría avanzada e impropia de un niño tan pequeño. Mira te voy a contar. Una noche tuvo fiebre y le dije a los padres, que no se despegaban nunca de él, que descansaran que yo me quedaba con el niño. Esos padres sufrían un grado de agotamiento físico y mental tremendo. Me quedé hablando con Carlos, le contaba cosas, y hubo un momento en el que el niño me miró con tal serena profundidad, que se me pusieron los pelos de punta. Como ahora al recordarlo —dijo mostrándome el brazo—. Siento escalofríos por todo el cuerpo solo por el mero hecho de recordar aquellos ojos mirándome. —Se detuvo frotándose con las manos ambos antebrazos. Le costaba encontrar las palabras.

—¿Cómo era esa mirada? —le pregunté, pues también deseaba verla.

—Era una mirada extremadamente profunda y elocuente, tanto que me dio un mensaje. No sé cómo explicarlo con palabras. Un niño que en ese momento ya tenía cinco años, que estaba caquéctico[6] por la gravísima enfermedad, tenía una fuerza interna que, cuando me miró de esa forma tan intensa, llegué a recibir un mensaje: «Todo lo que crees del más allá, es así. Es como tú piensas». Como si el niño supiera cuáles eran mis creencias más íntimas acerca del otro lado, como si él fuese un ser que hubiera estado allí y lo supiera, como si tratara de calmar mis angustias y dudas, esas que muchas veces me atenazan frente a la enfermedad terminal. Fue algo muy fuerte. ¡Esa mirada! La recuerdo y compruebo que no ha perdido su fuerza con el tiempo. Me sigue impresionando.

Entendí que hay experiencias que no se pueden explicar con palabras, porque son más profundas que el mero lenguaje. Tam-

6. La caquexia es un estado de extrema desnutrición, atrofia muscular, fatiga y debilidad asociado a una enfermedad subyacente como cáncer. La pérdida muscular no se revierte por completo con alimentación ni suplementos nutricionales.

bién me pregunté si hubo algún mecanismo telepático en esta experiencia que provocó que con una mirada se enviase un mensaje.

—¿Que le pasó a Carlos? — dije pasándome un pañuelo por los ojos. Esta fue la primera vez de muchas.

—Se puso algo mejor y le dimos el alta, pero a los pocos días recayó y volvió a ingresar.

—¿Pudiste volver a estar con él?

—Sí, claro, se fue deteriorando poco a poco. Pero aquella mirada se me quedó grabada, como si en ese fugaz momento me hubiese mostrado quién era en realidad, un alma muy elevada, muy conectada con el mundo espiritual. Tanto, que pudo conectarse conmigo a través de sus ojos. Recuerdo una conversación con su madre y me dijo que algunas veces Carlos la miraba de manera tan especial que le llegaba a causar desasosiego.

—¿Por qué las miradas de Carlos le causaban desasosiego? —le pregunté.

—Tal vez la madre intuía también, a través de su mirada, que era un alma muy pura, elevada, que venía a mostrar una lección de vida y que estaba destinada a irse pronto. Como si se lo estuviera advirtiendo, por eso le causaba desasosiego la mirada profunda de su hijo. En este caso, la experiencia era para los padres. Era la cuarta vez que perdían a un hijo.

—Los padres estaban experimentando en esta vida el dolor causado por la pérdida a un nivel muy extremo.

—Sin embargo, hubo otra cosa que provocó que aumentara mi respeto hacia Carlos —continuó concentrada— y fue el hecho de que estuvo varios días agonizando. El pequeño no terminaba de irse. Luego me di cuenta del porqué. Esperó a sus abuelos. Hasta que no llegaron los abuelos que vivían muy lejos, y se pudieron despedir de él, Carlos no se marchó. Los esperó, Lola, yo sé que los esperó —asentía con firmeza.

Se hizo un silencio lleno de interrogantes. Reflexionaba sobre Carlos y su familia.

Sus padres habían sufrido muchísimo, eso quedaba bien claro, pero sus abuelos también tuvieron que enfrentarse a las pérdidas de sus nietos. Creo que no se piensa mucho en el dolor de los abuelos. Carlos, no obstante, parece que sí lo hizo porque esperó su llegada para despedirse.

Patricia, tras una pausa donde tomamos un poco de té, comenzó a hablarme de Rafael, quizás se lo recordó Carlos ya que ambos padecían el mismo tipo de cáncer.

4.2. MIS PADRES SE ODIAN A MUERTE

—Rafael era un niño de unos seis años que había nacido y vivido en un barrio marginal. Le detectaron un neuroblastoma, el mismo tipo de cáncer que padeció Carlos. El chiquillo estuvo nada más y nada menos que cuatro meses con una bomba de morfina.[7] Esto no lo había visto en mi vida y no lo he vuelto a ver. Según mi experiencia, nadie aguanta cuatro meses con morfina de manera constante mediante una bomba que le iba suministrando el fármaco. Es uno de los tránsitos más lentos y largos que he visto.

—Pobre niño. —Me conmovió—. ¿Por qué crees que estuvo así tanto tiempo en esa pura agonía?

En los tránsitos lentos, suele existir un motivo, una causa que se suele situar en el mundo emocional. Algo que frena, retrasa o alarga el tránsito dando un tiempo para que pueda resolverse el asunto, o bien determinar que ya no hay soluciones viables y es entonces cuando termina el proceso.

—Te voy a decir lo que yo creo. Mira, los padres de Rafael se llevaban muy mal —me dijo, echándose hacia atrás y negando con la

7. La bomba de morfina es un dispositivo médico diseñado para la administración controlada de morfina, utilizado en el tratamiento del dolor severo. Este sistema es especialmente relevante en contextos de dolor crónico y del dolor oncológico.

cabeza—. No podían verse el uno al otro. Se odiaban. Cuando coincidían para visitarlo en el hospital, montaban unas discusiones tremendas. En una ocasión mantuvieron una pelea tan violenta, que tuvieron que separarlos. Bueno, algo terrible. Y en medio de todo este huracán de odio, ira, enfados y gritos estaba Rafael, un niño pequeño agonizando en el hospital. Tratando de sobrevivir un día más, con altas dosis de morfina para paliar su dolor. Pero el dolor de ver a sus padres discutiendo a ese nivel, ese dolor ¿quién lo mitiga?

—¿Y al final que pasó? —pregunté con mucha tristeza.

—Pues, Lola, no sé cómo explicarlo, pero esos padres, de alguna manera, tal vez por acudir a visitar al pequeño día tras día, tal vez porque a los dos les pudo el dolor por la enfermedad de su pequeño, no sé qué pasó, pero algo ocurrió en esos padres y acabaron haciendo las paces. Yo creo que fue la intervención del pequeño, de su situación lamentable, de ver día tras día su carita doliente, el caso es que comenzaron a entrar juntos a la habitación de Rafael y empezaron a hablarle juntos, le tomaban de sus pequeñas manitas y le acariciaban. El ambiente familiar mejoró muchísimo y entonces el pequeño Rafael se marchó. Creo, bueno estoy convencida, que aguantó cuatro meses con la morfina para dar la oportunidad a que sus padres hicieran las paces. Y lo hicieron. No podía irse tranquilo el chiquillo hasta que sus padres volviesen, si no a estar juntos, por lo menos a no odiarse como lo estaban haciendo. Recuerdo que los padres estaban juntos en el tránsito de Rafael y pudieron despedirlo. Fue un milagro al que asistí. Esto fue lo que ocurrió y nadie lo podía creer.

Patricia asentía con fuerza, su mirada algo perdida y sus ojos brillantes cuando una leve sonrisa apareció en su rostro y le relajó la boca. La presencia de unos padres amorosos y compenetrados es muy importante para los niños.

Estar presente, no es simplemente estar en la habitación, sino estar de verdad, y a muchos padres les cuesta, porque el deseo de eludir el dolor que causa ver al hijo enfermo hace que, como mecanismo de defensa, se quiera estar alejado de la situación. Porque la situación duele. «Les cuesta estar presentes más a los padres que a las madres, según mi experiencia y no sé decirte por qué», me confesó Patricia, y tras esta reflexión personal, pasó a recordar a otro de los queridos niños.

4.3. LEÓN, NO DIGAS TONTERÍAS

—Me acabo de acordar de un niño al que asistí en su tránsito. En este caso, estuvo marcado por el miedo que sentía. Era especialmente doloroso ver tanto al padre como al niño.

—¿Qué quieres decir?

—Pues mira —dijo con la voz quebrada—, te voy a hablar de León, un niño de seis años que reflejaba en su mirada mucho miedo. Tenía miedo a estar solo, tanto miedo que se tapaba la cabeza con la sábana. Como hacen los niños pequeños. Bueno, es que León era un niño pequeño y, además, estaba muy asustado. El padre lo acompañaba en la habitación. Yo observaba, quería averiguar por qué el niño tenía esa conducta que reflejaba temor. Creo que, si un niño se siente desprotegido por sus padres, puede tener comportamientos que reflejan el miedo. El padre era hiperactivo, un no parar de hacer cosas, mirar la *tablet*, dirigirse a la ventana, hablar y escribir en el teléfono, otra vez a la *tablet*, vamos, hacía de todo menos mirar al niño. El niño se encontraba muy asustado y entonces se solía tapar la cabeza con la sábana mientras le decía a su padre «¡Papá, papá!, ¡tengo mucho miedo!», en plan súplica, a lo que el padre le contestaba: «¡León ya está bien, no digas tonterías!». Parecía que el niño manifestase algo no acorde a la realidad del pequeño. Ese caso me hizo reflexionar mucho, Lola. El niño estaba tan malito que falleció a los pocos días. Hoy sé qué era lo que necesitaba León, ni más ni menos lo que necesita un niño en general, necesitaba el contacto físico del padre, un abrazo, que se acostase con él y que lo envolviese en sus brazos, fundir su pequeño cuerpo con el de su padre. No necesitaba palabras porque en esas edades el lenguaje se está formando y la comunicación que mejor se entiende es la basada en el contacto físico, de besos, de caricias y abrazos. León se hubiese calmado mucho con esa atención a nivel físico. Lo que buscaba en el fondo era sentir que no lo abandonaban. Que no lo rechazaban. Que estaría acogido y acompañado. Que no estaba solo.

Para entonces yo ya estaba llorando de nuevo. Cuántas historias de vida ocurren en las paredes cerradas de un hospital ¡Cuántas lecciones para poder aprender compasión y que quedaban desconocidas! Tanto camino aún por recorrer en clave de amor para entender las necesidades y los miedos del otro. Para entenderlos y aprender a calmarlos.

Me pareció que tanto el padre como el niño se sentían solos y que ambos tenían miedo. Uno se evadía con la *tablet* y el no parar quieto mientras que su hijo se tapaba la cabeza con la sábana, un recurso infantil para aplacar el miedo. Padre e hijo utilizaban el mismo mecanismo de defensa, el de la evitación del problema, el no querer ver, el hacer como que no existe, tal vez así el problema desaparezca solo, al menos por un espacio de tiempo. Aunque los adultos ya no nos tapemos la cabeza con la sábana, nos la tapamos con miles de cosas que entretienen la mente: vídeos, canciones, *tablets*, videojuegos y cualquier tipo de actividad que haga que no nos paremos a pensar.

Las distracciones y el miedo son mecanismos utilizados para eludir el dolor.

—Aprender esa valiosa lección —Patricia me sonrió— hizo que, cuando Roberto, un niño amputado de una pierna por un osteosarcoma[8] ingresó en planta muy enfermo, observara a los padres inmediatamente. La madre gestionaba mejor el sufrimiento, pero el padre, por el puro dolor que tenía en su corazón al ver a su hijo sufrir, obviaba el contacto físico con el niño y ni se le acercaba, en un intento de evitar la situación. Pero de alguna manera, cuando el dolor se evita, tiende a

8. El osteosarcoma es un tipo de cáncer que empieza en las células que forman los huesos. Suele aparecer con más frecuencia en niños, adolescentes y jóvenes adultos.

aumentar, se hace más presente para que se le atienda como es debido. Había aprendido la importancia de abrazar a los niños, tocarlos, cogerles las manos, besarlos, acariciarlos, en general, cuando están enfermos es una prioridad. Pero cuanto más se acerque el momento de marchar, más necesidad tienen de ese contacto físico amoroso, se lo hice notar a su padre y que, además, no era solo importante para su hijo, sino que era importante también para él. Hablamos y tomó conciencia de que él también necesitaba abrazar a su hijo.

—Entonces, Patricia —le dije con la boca reseca—, lo que a un niño le alivia el miedo, es el contacto físico de los suyos. Que un abrazo sirve tanto a los padres como a los niños para no sentirse abandonados. Necesitan saber que los padres siguen estando con ellos con todo el amor, aunque estén causándoles dolor y tristeza por estar enfermos. Necesitan la aprobación de ellos, incluso la aprobación de estar enfermos para sentir que son queridos incluso estando malitos, que no son rechazados por estar enfermos y poder hacer un tránsito pacífico. Creo que para que los padres le den permiso a su pequeño para hacer su viaje, deben ellos mismos haber aceptado la difícil situación.

—Son niños, Lola, buscan la aprobación del adulto. Y el adulto tiene que realizar un trabajo emocional muy duro.

Pensé que esas aprobaciones no quedaban solo en la infancia, sino que quedaban muchas rémoras en la edad adulta. Nunca nos acabamos de ir por completo de la infancia y llevamos dentro de nosotros todas las edades que hemos vivido.

4.4. RELIGIÓN MÁGICA

—Ahora tenemos en planta a Fermín, un niño con neuroblastoma[9] —comenzó a decir Patricia, hablándome de otro pequeño pacien-

9. Ya se han visto en este capítulo dos casos de este tipo de tumor canceroso que se desarrolla a partir de tejido nervioso.

te—. Quizás se vaya hoy o mañana,[10] no mucho más tarde porque está muy grave. Su madre se ha aferrado a la religión, aunque esa religión mágica la ha llevado a convertir la habitación del niño en una capilla, con un montón de estampitas de santos, con figuras de vírgenes y velas. En mi opinión personal, no tiene recursos internos suficientes para ver marchar a su hijo y darse cuenta de ello. Por lo que he podido hablar con ella, sus creencias religiosas se quedan a nivel de la imaginería sin ir mucho más allá. Sin traspasar el mundo espiritual y de la trascendencia. Y eso también tenemos que aceptarlo, cada uno tiene los recursos y la madurez interna que tiene. Lo único que podemos hacer es apoyarla. Y entender que es una madre que se agarra a lo que sea. Nos toca acompañar a las personas desde las creencias que tengan, las expresiones de las mismas y con sus recursos internos.

—Entiendo que quieres decir que todas las estampitas e imágenes de santos y vírgenes para ella son expresiones de amor y de la protección que pueda ofrecerle. Esa es su manera de apoyarle. De envolverle con las energías o creencias que ella tiene.

—Seguro que lo hace movida por el amor que le tiene a su hijo, que, por cierto, ha pasado por fases —dijo Patricia apoyando los antebrazos en la mesa, mientras cerraba sus manos sobre la taza de té—. Al inicio estaba muy enfadado, y se dedicaba a insultar a todo el mundo. Se mostraba agresivo, muy irritable, nada le caía ni le venía bien. Pero ahora lleva varias semanas en que ha comenzado a decir a todo el mundo que entra en la habitación: «Te amo». Se lo dice a las enfermeras, a las limpiadoras, a las *tcaes*.[11]

—¿Por qué crees que ha tenido ese cambio de actitud más tranquila y amorosa? ¿Te parece que es una aceptación de la situación? ¿Crees que se está despidiendo? Aunque es tan pequeño, ¿crees que se da cuenta de lo que le está pasando? Que es consciente, quiero decir.

10. El pequeño Fermín nos dejó dos días después.
11. Técnico de cuidados de enfermería. Antigua auxiliar de clínica.

—Es difícil contestar a eso, es muy pequeño, no lo sé, Lola, lo que te puedo decir es que su final se acerca porque la enfermedad sigue avanzando y paralelamente ha comenzado a suavizar su conducta. —Se detuvo y desvió la mirada hacia arriba—. Ayer fue muy duro para el niño. Se estuvo asfixiando todo el día y apenas podía hablar. Entré un rato en su habitación y de manera entrecortada y con gran dificultad por la falta de aire, escuché que le dijo a su madre: «...Te... amo...». Tratando inútilmente de llenar sus pequeños pulmones de aire. Viendo la gran asfixia del niño, le pregunté a su madre si le aplicábamos un poco de morfina para que la respiración se hiciese más fluida y fácil, aún a costa de que estuviese sedado.

—Es el tratamiento para la disnea agónica —dije pensando en la sensación de asfixia del niño y que con un poco de morfina se obtiene una mejora en ese tipo de respiración.[12]

—Por eso se lo comenté a la madre. —Hizo una pausa y respiró profundo—. Pero me dijo que su hijo ya había dormido mucho y que ahora que estaba despierto y le había dicho «te amo» no lo iban a sedar para que se durmiera de nuevo y no poder disfrutar todo lo que pudiese de él.

Esto no era de ninguna manera una crítica a la actitud o el comportamiento de una madre que, viéndose en la tesitura de perder de manera inminente a un hijo, no deseaba que se durmiera, sino que quería disfrutar de su compañía todo el tiempo posible.

Pero ¿qué se puede hacer? ¿Poner morfina o no ponerla? Es una decisión muy delicada. Ojalá no tenga nunca que encontrarme en esa situación. Parecía que Patricia me leía el pensamiento porque me dijo:

—Lo que debes ver, Lola, es que Fermín le estaba dando a su madre la oportunidad de que abriera su corazón y que finalmente

12. La morfina actúa sobre el centro respiratorio bulbar, generando así un cambio del patrón respiratorio a respiraciones lentas y profundas sin alteración importante del intercambio gaseoso.

le pudiera decir «Te amo tanto que respeto tu destino, si quieres puedes descansar, que mamá (y papá) te estarán sonriendo. Todo va a estar bien».

Si bien eso puede ser lo deseable, esa aceptación total y entregada, también lo es el trabajo interno que hay que realizar por parte de una madre invadida por el dolor y las emociones intensas, pero ¿quién está preparado para esto?

Lo que ocurre en las habitaciones de oncología de un hospital es una de las lecciones más intensas que un ser humano puede dar y recibir. Cuando de niños se trata, las decisiones son profundas y dolorosas más que el hecho de poner una sedación o no.

Hablan de abrir el corazón, de decir te amo, de atreverse a sentir el dolor más profundo, de pensar no solo en nuestro bienestar, sino también en el del otro.

Los últimos días ¿deberían ser del que está partiendo y su bienestar debería estar por delante del nuestro? Pero ¿y si se trata de un hijo que está a punto de marchar?

Creo que tal vez nunca se acepte del todo que un hijo muera antes que sus padres, aunque se puede vivir con ello y con diferentes grados de paz interior.

Patricia continuaba contándome sus experiencias, tan intensas que a día de hoy sigo integrando y reflexionando sobre ellas.

El dolor tiene el poder de trasformar tanto a las personas como las situaciones, tiene el poder de provocar cambios muy profundos, tanto positivos como negativos, en nuestra psique y en nuestra actitud a la hora de enfrentarnos al mundo. ¿Quién decide cuál va a ser el sentido que tomarán esos cambios? ¿Somos dueños totalmente de nuestra actitud?

Una de las caras con la que se expresa el dolor, es la rabia, el enfado o la ira.

4.5. EL DOLOR COMO UNA EXPERIENCIA ESPIRITUAL TRANSFORMADORA

—Recuerdo a Javier —dijo Patricia dejando escapar un leve suspiro—, un niño de seis años que tuvo una agonía muy dura. En este caso, los padres estaban muy enfadados, no con el niño, sino con lo que les estaba ocurriendo. Mostraban su dolor a través de la ira y el desprecio, con una actitud muy hostil en el trato con todo el mundo. Fue tremendo para todos. Este niño hizo una ascitis[13] que había que evacuar sacándole líquido del abdomen. Aunque la paracentesis[14] era muy dolorosa, ese niño no decía nada, no se quejaba, lo aceptaba todo. Solo dejaba escapar una lágrima por su ojo derecho, que la madre acudía enseguida a secar. Fue, como te digo, muy doloroso para el equipo gestionar el gran dolor que nos causaba ver a este pequeño sufrir sin una queja y manejar la hostilidad de los padres, en donde todo eran problemas y exigencias con enfados. El día que el niño se marchó le dije a la madre «Te deseo paz». Pensé en darle un abrazo, pero me contuve, sentí que tocarla hubiera supuesto una invasión para ella, tan enfadada estaba con la marcha de su pequeño que quizás hubiese sentido mi abrazo como condescendiente, no sé, el caso es que no me atreví a abrazarla por si acaso no lo hubiese tomado de buen agrado. Esa fue mi impresión.

—Cuánto sufrimiento para todos. —Se me había enfriado el cuerpo por dentro, me arrebujé con las sayas de la mesa agradeciendo que hubiese una estufa debajo de la misma—. ¿Esto es una lección para los padres? No sé cómo se sobrevive después ¿y qué

13. La ascitis es la acumulación de líquido en el abdomen (tripa), concretamente dentro de la cavidad peritoneal.
14. Paracentesis: es la extracción de líquido del abdomen para aliviar síntomas como dolor, dificultad para respirar o para comer. Se usa una aguja y un catéter para drenar el líquido.

aprendes de todo este dolor? —reflexionaba en voz alta cuando Patricia continuó, la historia no había acabado.

—Habían pasado unos cinco o seis años de la marcha del pequeño, cuando navegando por internet doy con un blog de una madre hablando del duelo por un hijo. Me interesó porque lo que decía era muy sensato y compasivo y continué leyendo. Poco a poco, y no sin sorpresa, me fui dando cuenta de que esa mujer era la madre de aquel niño. Y le escribí. Sí, sí, después de tantos años, me comuniqué con ella.

—¿No te dio miedo de que pudiera volver a recordar todo el dolor a través de una testigo como tú y que continuase enfadada? ¿Y si el blog fuese una pose? A veces, personas a las que hemos conocido en un mal momento, después de pasado, no quieren saber nada de nosotros precisamente porque no desean que se les reconozcan como aquellos que fueron y recuerden cómo se portaron en una fase muy oscura de su vida.

—No hubiera pasado nada. —Se encogió de hombros—. Si me hubiese contestado de manera hostil, la hubiese dejado seguir su camino, sin más. Pero no encontré nada de ira, reproche o queja. La madre me contestó. Sabía que era yo, me reconoció después de tantos años y tuvo palabras muy amorosas para conmigo. No era la misma persona, Lola —negó con la cabeza—. Ya no era la misma. Y ese blog que escribe, no es una pose para quedar bien. Ha sufrido una transformación radical y ha pasado de la ira más hostil a la aceptación más compasiva. Pero es que ha ido incluso más allá. Ahora se dedica a ayudar a otras personas que están pasando por un duelo. Y no te imaginas de la manera tan amorosa y compasiva que lo hace. Tanto era el cambio experimentado en ella, que me costó trabajo reconocerla.

Este tipo de transformación surgida del dolor, cuando ocurre, es una bendición ya que, realmente, puede ayudar a otras personas. El haber pasado uno mismo por esa experiencia, sentir la huella profunda que deja el dolor y transmutarlo en compasión acerca, de manera singular y profunda, al que está sufriendo. Acompañando al que ahora sufre desde una perspectiva emocionalmente madura, por haberla vivido, por haberla sobrevivido. Dando ejemplo de que sí se pueden superar las difíciles adversidades que te plantea la vida. Esta persona superó la faceta puramente individual y, dando un paso más allá en la gestión de su dolor, pudo acompañar a otros padres. Se ha volcado en el colectivo que está pasando por donde ella nunca hubiese querido pasar. Y, aunque cada madre o cada padre que atiende o escucha le está recordando su dolor, este, trasformado en gran parte en compasión, es una herramienta poderosa de acompañamiento.

—Al igual que hay padres que necesitan un tiempo para aceptar la situación —me dijo Patricia continuando con sus reflexiones— incluso varios años para elaborar su duelo, otros padres hacen ese recorrido de manera más rápida. Quizás por sus recursos internos o por su forma de ser, o por los palos que ya les había dado la vida, tienen más experiencia en la gestión del dolor. Eso no lo sé.

—¿Quieres decir que hay experiencias dolorosas que te han pasado que en la actualidad te ayudan a llevar el duelo? Como si ya tuvieras herramientas para gestionarlo.

O tal vez ¿existan personalidades que afrontan mejor las situaciones?, y si es así ¿cómo se puede saber eso antes de iniciar todo el proceso? ¿Se podría conocer quién va a gestionar el duelo mejor o peor para poder brindarle la ayuda adecuada y que obtengan herramientas psicológicas de manera preventiva?

—Pues eso habría que verlo de manera individual. Cada caso, cada persona es única.

4.6. VOY A SONREÍR MIENTRAS MI HIJO AÚN ESTÁ VIVO

Ahora me estoy acordando —continuó Patricia— de Andrés, un pequeño de cinco añitos cuya madre lo visitaba todos los días y pasaba horas a solas con él. De vez en cuando acudía el padre que apenas lo miraba y casi ni le hablaba. Recuerdo a ese padre que nunca estaba y cuando estaba, era como si no estuviese. Por fortuna no es lo habitual. Un día le dije a la madre, viéndola tan sola: «Llora si lo necesitas, date permiso para mostrar tu dolor» y todavía recuerdo lo que me respondió mirándome a los ojos y con una fortaleza que me traspasó, me dijo: «Ahora mi hijo está vivo. Yo quiero que me vea sonreír. Luego, voy a tener toda una vida para llorar».

—¿La madre ya sabía y había aceptado que iba a perder a su niño? —pregunté a Patricia que asintió—. ¿Crees que el hecho de estar sola hace que no tengas más remedio que seguir adelante y no derrumbarte? —me surgió esa duda

—En ese momento no quería flaquear para que su hijo tuviese un bastión al que agarrarse. La fortaleza que hace falta en momentos difíciles.

—Un adulto que mantuviese la calma y la seguridad y no cayese en el pánico o el miedo ¿es eso? —dije reconociendo la dificultad de la situación.

—A esa madre no le quedaba más remedio, Lola. Ella estaba básicamente sola. Le tocó hacerlo y lo hizo. La sociedad actual mira hacia otro lado cuando de la muerte se trata. En mi servicio he escuchado a madres, a padres o a familiares decir: «¡Que injusta es la vida! ¿Por qué un niño tiene que morir y un anciano de noventa años sigue vivo?». He pensado sobre esto y creo que la justicia, tal como la entendemos los hombres, no tiene nada que ver. De hecho, vivir o morir no tiene que ver con la justicia. No se decide quién nace o quién muere, ni tampoco cuándo. Pero los niños sufren enfermedades igual que los adultos. En la actualidad hemos querido creer que la «ley natural» dice que se muere por orden de edad y que, por lo tanto, es más «natural» que un anciano muera antes que un niño. En la Edad Media, donde el desarrollo de la medicina era muy limitado, era frecuente que los niños murieran, y se tenían muchos hijos, pero hoy en día, con los avances de las vacunas y el control de las infecciones, hay muchísima menos mortalidad infantil. Fallecen de enfermedades sobre las que no se tiene mucho control, como es el cáncer. Pero no hay que olvidar, que la muerte es lo más natural del mundo. Entonces, la muerte de un niño entra dentro de lo natural. Y lo natural, no tiene nada que ver con la justicia.

—Es así, sí —le dije pensando en voz alta. Patricia me hacía reflexionar—, es un pensamiento muy asentado, considerar injusta una muerte y totalmente justificada otra. ¿El haber vivido una vida es suficiente para que morir sea lo natural? Lo que es natural es morir una vez que se ha nacido. No es el tiempo de vida lo que dicta lo que es natural, sino el hecho de haber nacido. ¿Si tuviéramos una educación para la muerte, crees que eso seguiría siendo así? Pero al esconderla tanto en adultos como en niños, y acercarnos a ella solo cuando nos toca, o cuando le toca a un ser querido, hace que no hayamos tenido una reflexión sobre la misma y nos parece que unas muertes van antes que otras. Aunque sí es cierto que haber disfrutado de la vida, haberla aprovechado, saboreado y sufrido es marcharse habiendo vivido, y un niño se va casi sin haber probado lo que es vivir. Y eso creo que es lo que nos entristece, perder algo antes de haberlo saboreado.

—Sí, entiendo lo que quieres decir. Aunque la vida es mucho más que eso.

Mantuvimos un silencio. Llevábamos un largo e intenso tiempo hablando cuando me surgió otra pregunta.

—¿Y los niños? ¿Cómo viven ellos su propio tránsito?

4.7. ES POSIBLE MORIR SANO

—Pues también depende, Lola. Ahora mismo me estoy acordando de Soraya —me dijo Patricia, levantando algo la voz e incluso irguiéndose en su asiento—. Era una niña de doce años, abandonada por su madre, que llevaba una vida muy conflictiva y marginal. La crio su tía. Soraya padecía un cáncer de huesos y estuvo dos años con nosotros en oncología. Lo que te puedo decir es que nunca le vi un mal gesto, ni una palabra de queja. Tenía sonrisas para todos. En esta niña podría estar justificado que tuviera un resentimiento grande porque su existencia había sido muy dura y breve, pero ella era todo lo contrario. Un alma de alto nivel que había aceptado lo que la vida le había traído con una sonrisa y sin desagrado. Su ejemplo no lo puedo olvidar. Recuerdo su último día. Eran las siete de la mañana. Yo salía de la guardia a las ocho y estaba viendo cómo estaban todos mis enfermos cuando entré en su habitación. Soraya ya estaba despierta, no percibí nada preocupante dentro de su estado y le pregunté si quería algo. La pequeña me respondió que quería agua. Se la llevé, me sonrió y comenzó a beber. Seguí con mi trabajo cuando quince minutos después, me avisan de que había fallecido. Entré en la habitación casi sin creérmelo. «¡Pero si estaba bien cuando la dejé hace un cuarto de hora!» Me acerqué a ella y pude contemplar su carita, reflejaba una gran paz. No tenía rictus alguno de dolor. Se fue sin hacer ruido, sin quejas, con paz. Una de las muertes más plácidas que he visto. Cuando le di el agua y me sonrió, yo no podía saber que era la última sonrisa que me dedicaba. ¿Cómo puede ser? ¡Estaba sonriendo pocos minutos antes de marcharse! En mi recuerdo siempre estará esa pequeña valiente con la vida, con la enfermedad y con su partida inundada por la paz, con un corazón limpio de resentimientos, sin quejas ni reclamos, con esa última sonrisa, Lola. —Se llevó ambas manos al pecho—. Se marchó, en estado de gracia y de paz total. Mi admiración y un ejemplo de cómo abandonar este mundo por el que todos, al fin y al cabo, estamos de paso.

Creo que hay tránsitos como este que te llenan de esperanza. Una niña que había sufrido abandono, marginalidad, y a la que, seguramente, todo esto la había hecho sufrir y tener un gran dolor emocional. Padece una enfermedad de las más dolorosas como lo es un cáncer de huesos, y finalmente, cuando le toca marcharse, lo hace serena, dejando esa impronta en el recuerdo de Patricia que pudo apreciar la paz de un alma a través de una sonrisa. Definitivamente, alguien al que no se puede olvidar, por todo lo anterior, es alguien cuya alma sanó completamente antes de partir.

No sabemos si Soraya intuía o sabía que se marchaba, pero su tránsito profundamente sereno, en medio del dolor físico, nos da esperanza de que sí se puede acceder a marcharse en ese estado de gracia y de paz, pero, para que ocurra, hemos de sanar las heridas que tengamos en el corazón.

Los tránsitos bellos reconfortan porque nos hacen estar cerca del ideal de marcharse consciente, habiendo sanado las heridas de la vida, porque tal vez tienen un sentido y es nuestra ignorancia la que nos impide saber cuál es.

El que podamos ser conscientes de esta ignorancia es el primer paso para comprender que la realidad que vivimos es muy misteriosa. El sentido y el propósito de nuestra vida ¿puede ser buscar la felicidad mediante la serenidad que podamos encontrar en todas y en cada una de las situaciones? Se me antoja una tarea difícil y complicada, pero nadie dijo que vivir fuese fácil. Aunque no tiene que ser insufrible.

Soraya estaba entre la niñez y la adolescencia.

Según la experiencia de Patricia el tránsito en los adolescentes era distinto y más complejo que el de los niños.

5
MIS QUERIDOS ADOLESCENTES

Si en los niños prima mucho la personalidad de los padres que son los que manejan la situación, en los adolescentes es distinto porque ya la tienen formada o están en vías de hacerlo. El niño suele adoptar una posición pasiva frente a todo lo que los padres organicen. En los adolescentes es diferente, aparece la propia personalidad que ya se está perfilando con fuerza para acceder a la vida adulta.

La adolescencia es una etapa donde el ser humano, recién salido de la infancia, empieza a abrirse al mundo adulto. Además, se afronta desde una posición diferente a la del niño, porque aunque su personalidad e individualidad sean incipientes, están decididas a desarrollarse con fuerza, y a seguir una determinada dirección. En caso de enfermedad grave, cuando empiezan a ser ellos mismos, lo que encuentran es el final de su recién iniciado proyecto de vida.

Los adolescentes representan un mar de posibilidades, en donde aparecen «las primeras veces»: el primer amor, el primer viaje con los amigos, los primeros amigos, los primeros engaños, las primeras diversiones fuera del hogar, los primeros conciertos, los días de sol y playa o de montaña, las primeras conversaciones que se parecen a las de los adultos, los proyectos de vida laboral, todo esto se ve truncado cuando un adolescente tiene una enfermedad grave. Entonces sabes que puede que se te haya cancelado el futuro, pero también que, aunque el cuerpo esté maltrecho, la vida puede tener una gran dosis de experimentación, de demostrar amor, de compasión por los que dejamos aquí. De transformación.

—No sé por qué, pero tengo una especial debilidad por los adolescentes —comenzó a decir Patricia con una sonrisa en sus ojos—. Son más complicados. A lo mejor también influye que me suponen un reto, un desafío. No sé bien por qué, me gustan mucho. Cada uno es diferente. Los niños te hablan, sobre todo cuando ya cogen confianza, sin embargo, el adolescente suele ser más retraído. Cuántas veces no he visto la típica imagen de estar con los cascos puestos, escuchando su música, metidos en su mundo y hablando poco o nada. —Me miró haciendo una pausa.

—Y ¿qué es lo que te resulta más difícil con los adolescentes? —pregunté.

—Lo más difícil es hacer justo lo que ellos hacen, mantener el silencio. Simplemente estando presentes, sin necesidad de decir nada. Cuando somos sanitarios y tenemos que estar allí, con el paciente, en muchas ocasiones el miedo o la ansiedad (en el fondo son la misma cosa) nos impulsa a hablar, a intentar mantener una conversación a toda costa. Con los adolescentes, es mejor mantenerse en silencio y esto créeme, puede resultar difícil.

Esta frase me pareció de una profundidad extraordinaria. Se podría aplicar a cualquier ámbito. De los sanitarios se espera que actuemos de alguna manera. Que iniciemos alguna acción. Que seamos la parte activa, sobre todo con pacientes que se muestren algo renuentes en el trato. Lo que intentamos, al darle conversación, es que salgan de su aislamiento y se conecten con lo que les rodea, con nosotros, por ejemplo. Al conectarse con nosotros lo hacen con el mundo; intentamos que se conecten con la vida a través de nosotros. Pero mantener el silencio con quien lo requiera es gestionar nuestra propia ansiedad ante la enfermedad.

—Qué reflexión tan interesante, Patricia, me ha hecho pensar —le dije asintiendo.

—Es que los adolescentes se retraen, no hablan o te contestan con monosílabos. Créeme, soportar, sus silencios es una forma de acompañarlos.

—Hay que respetar sus silencios manteniendo el nuestro. Te he entendido. Me suele pasar cuando un adolescente acude a la consulta. Muchas veces viene acompañado de un adulto que es el que suele hablar.

Se hizo una pausa en donde ambas estábamos en nuestras propias reflexiones, cuando de pronto me habló de otro chico que le había tocado el corazón.

Aunque el adolescente no se comunique mucho con la palabra, sin duda realiza un viaje interno y profundo a través de su enfermedad.

5.1. NO QUIERO MORIR EN EL CUMPLEAÑOS DE MI HERMANA

—Te voy a hablar de Ricardo, de diecisiete años. Le diagnosticaron un osteosarcoma.[1] Vivía en un pueblo y estaba tan enfermo que nos llegamos a plantear, el equipo sanitario junto con los padres, si fallecía en casa o en el hospital. Podía haberlo hecho en casa ya que no necesitaba cuidados hospitalarios para su marcha.

Escuchar a Patricia hablar de un chico de 17 años en donde lo que se estaba planteando el equipo sanitario, junto con el adolescente y la familia, era en qué lugar fallecería, hizo que mis ojos se nublaran de lágrimas, cogiera una servilleta de papel y me hundiera un poco en el sillón.

— ¡Qué historias más duras! —fue lo único que supe decir.

—Sí, Lola, mucho. El chico estaba muy enfermo y se había ido a casa, pero dos o tres días después, una noche en la que estaba de guardia, recuerdo que todo estaba tranquilo. Pero sobre las dos de la mañana recibimos una llamada desde Urgencias avisando de que había llegado un chico con asfixia y solicitaban subirlo a planta. Estaba muy enfermo. Cuando me dijeron el nombre, supe que era

1. El osteosarcoma es un tipo de cáncer que empieza en las células que forman los huesos.

Ricardo. Pensé que quizás podría ser su último ingreso Las habitaciones vacías se suelen revisar y las luces permanecen apagadas, es algo rutinario. Le asigné una habitación y le dije a la TCAE que, mientras yo preparaba la medicación, fuese ella a comprobar que en la habitación todo estuviera a punto.[2] Al minuto acudió donde yo estaba muy nerviosa y asustada. Me dijo que al abrir la habitación la luz estaba encendida. La misma luz que no hacía ni media hora ella misma había comprobado que estaba apagada. Patricia pensó que esa luz encendida en la habitación asignada a Ricardo reforzaba lo que acababa de pensar. ¿Era una señal de que iba a trascender?

— Ocurren cosas extrañas en los hospitales con las luces —le dije recordando otro caso—. No es la primera historia que me cuentan de una la luz encendida de una habitación de hospital y que estaba señalando alguna situación[3] parecida.

—Cuando llegó Ricardo —asintió Patricia—, lo pasamos a la habitación. Ricardo no quería tumbarse en la cama y recuerdo que pensé, «si se deja caer en la cama, se marcha, seguro que es por eso por lo que no se quiere tumbar en la cama». Así que me senté junto a él. Aunque estaba muy débil, sin yo esperarlo me agarró del brazo tan fuerte como su asfixia le permitía. Los padres quedaron consternados por ese gesto, agarrarse a mí trasmitía la tremenda lucha de su hijo para no marcharse. Era el cumpleaños de su hermana y los padres no querían que trascendiese ese día. Ricardo tenía dieciocho años y su hermana cumplía diecisiete. Creo que él tampoco quería morirse en el cumpleaños de su hermana. Una situación difícil, dolorosa, desgarradora. Ricardo iba perdiendo sus escasas fuerzas hasta apoyar su cabeza en mi hombro, entonces supe que ya no había ninguna posibilidad para él. Lo sostuve con toda mi alma. No te puedo explicar la intensidad de la

2. Se revisa la toma de oxígeno, el aspirador de secreciones, el medidor de la saturación de oxígeno...

3. En el capítulo de Las experiencias de una enfermera: «¿Un aviso del más allá?».

situación, solo decirte que entraron dos compañeras para ver si podían hacer algo y cuando vieron la estampa, Ricardo asfixiándose, aferrándose a mí, tan enfermo, totalmente exhausto y frágil, no lo pudieron soportar y tuvieron que salir para llorar. Tras cuarenta interminables minutos, todas las fuerzas de ese chico, que medía dos metros, uno de los chicos más grandes y altos que han pasado por el servicio, fallaron casi de golpe. De repente, se soltó de mí y su cabeza cayó en la almohada para respirar por última vez. No consiguió llegar al día siguiente. Yo sé todo lo que había luchado y que había invertido sus escasas fuerzas para no irse el día del cumpleaños de su hermana. —Me miró con ojos brillantes—. Pero no pudo ser, Lola. No pudo más.

—Me parece una historia de lo más desgarradora. Ese chicarrón no quería dar un disgusto a su hermana ni a sus padres, ¿por qué crees ocurrieron así las cosas? —le pregunté a Patricia.

A las dos nos brillaban los ojos. Tragué saliva en un intento de evitar las lágrimas. No esperaba obtener respuesta, aunque tampoco me esperaba lo que pasó a relatarme y que, en esta ocasión, tenía que ver con ella misma.

—Lola, fue tanto mi dolor en esta experiencia con Ricardo, que a las dos semanas tuve la necesidad de hacer un retiro en donde pude vaciarme de ese dolor. En el retiro pensaba en Ricardo y lo llamaba desde el fondo de mi alma. Tan honda huella me había dejado ese chicarrón, mi querido Ricardo, y entonces, en medio de todo ese dolor, me hizo un regalo. Tuve claro que quería ser psicooncóloga. Mientras recordaba al Ricardo que se ponía sus auriculares y que parecía que nos dijese a todos «dejadme en paz» hasta llegar al que me agarró fuerte para que lo sustentase, el que reposó su cabeza en mi hombro, el Ricardo que no pudo más y se desplomó en la almohada con su último aliento, me di cuenta de que todas mis vivencias con él me habían ayudado a encontrar mi vocación. En el silencio del retiro, volví a recordarlo y como en su última hora me permitió abrazarle, sostenerle, recostarle. Y bueno, estar con él en su final fue el otro gran regalo que me hizo.

El dolor de las experiencias que se viven en una planta de oncología nos puede inducir a reflexionar y a plantearnos aspectos importantes de la vida que no se piensan en circunstancias más relajadas.

¿De qué manera una dolorosa situación con un enfermo puede dejarnos el regalo de ver claro cuál es nuestra vocación? Así pues, una situación trágica y dolorosa te abre la conciencia y te señala cuál es tu misión en la vida. Cómo ocurren estos milagros dentro de la gran trama sagrada de las relaciones con los demás y cómo las relaciones que más dolor nos han causado despiertan en nosotros, y en igual medida, nuestra compasión. Esto es otra experiencia espiritual transformadora. A Patricia la transformó por dentro la experiencia con Ricardo, apuntando con firmeza cuál sería su vocación y su manera de prestar su servicio. Averiguó, por la vía del dolor, cuál era su misión de vida y descubrió tras una tragedia, que el camino de la compasión es el que nunca te desvía, ni es errado ni te equivoca.

Patricia me saco de mis reflexiones. Tenía muchas ganas de compartir conmigo las vidas y experiencias de todos los que ella consideraba referentes porque sus vidas representaban a las de muchos. Y ella es tan generosa que no se quería olvidar de ninguno.

5.2. TENGO MIEDO. «¿QUÉ CREES QUE TE VA A PASAR?»

—Ahora me estoy acordando de Martín. Un hombrecito de casi trece años con unos padres muy protectores, tal vez demasiado. A veces no se puede hablar con los padres porque no quieren saber. Pero si los tratamientos que se le están dando a su hijo no funcionan pues Lola, imagínate como dar esa información. Observaba un día tras otro a Martín. Su habitación estaba siempre llena de familiares, amigos de los padres, en fin —dijo Patricia entornando algo los ojos—. Pensé que quizás podría querer hablar de su enfermedad sin tanta gente alrededor. Así que un día al entrar en la habitación y verla llena de gente, como siempre, me armé de valor y le pregunté a Martín si necesitaba hablar a solas conmigo. Todos fijaron la mirada en mí y luego en Martín. Se hizo un silencio en el que me mantuve firme, esperando su respuesta. Finalmente, la familia volvió a mirar a Martín que dio su consentimiento y todos salieron de la habitación.

—¡Uf! Patricia qué momentos más tensos —le dije ahora, yo también estaba en esa habitación con Martín—. ¿Cómo te fue la conversación con él?

— Pues, más o menos —me dijo cambiando de posición en el sillón—. Tras unas breves e intrascendentes palabras para que se sintiera cómodo le pregunté: «Martín, ¿tienes miedo?». Y me contestó con un breve «Sí», y entonces pregunté: «¿Qué crees que te va a pasar?». Y él me respondió: «No lo sé».

—Patricia, ¿el niño sabía que se iba a morir o que había una gran posibilidad de que eso sucediera? —Patricia asintió—. Ya entiendo, aunque la familia lo había querido proteger de esa información, él sabía que algo grave pasaba y le causaba miedo.

—Eso es, Lola. Entonces yo le hablé con claridad y le dije que yo no sabía lo que iba a pasar porque hay muchos casos en los que el pronóstico es muy malo y finalmente se curan. Que he visto demasiado y comprobado cómo nos equivocamos muchas veces y los enfermos salen adelante. Pero sí que le aseguré, porque es la pura verdad, que por nuestra parte íbamos a hacer, y yo la primera, todo lo posible para que en todo momento, pasase lo que pasase, estuviera bien atendido y que siempre siempre estaría acompañado. Los niños llevan muy mal la soledad, la viven como un abandono y se dispara en ellos la angustia de separación. Ya no es la enfermedad, es la soledad lo que a muchos de ellos les provoca pánico. Estar enfermos y solos. Aunque Martín no quería, o no podía, verbalizar que se podía morir, yo creo que sí que lo pensaba y el hablar con él, decirle que siempre estaría acompañado y que haríamos todo lo posible para que se encontrara lo mejor posible le hizo sentirse más tranquilo y con más confianza.

—Entiendo. Le aseguraste que ibas a estar pendiente de su bienestar y que estaría acompañado en todo momento, fuese cual fuese su futuro. No le distes esperanzas con frases hechas. Le diste calor humano y le aseguraste que no lo ibas a abandonar ni ibas a rechazarlo.

—Sí, eso es importante —asintió

Al igual que los adultos, pensé asintiendo. En eso nos igualamos grandes y pequeños.

—Y los niños que tienen otro origen cultural o religioso, ¿cómo afronta la familia su pérdida, o la enfermedad grave?

—Pues en algunas culturas, la muerte se lleva muy hacia afuera. —La miré con asombro—. Es como que todo se demuestra mucho. Así el dolor se pone en escena: se llora en público, se dramatiza, pero todo se vive más hacia afuera, sin tanta discreción como hacemos aquí. Sin embargo, en los países nórdicos se retraen aún más que nosotros. Sobrellevan el dolor con muchísima discreción, no suelen hacer grandes demostraciones de aflicción. Aunque sabemos que les está doliendo como a cualquier ser humano, pero se retraen.

—Y ¿qué particularidades dirías tú que tiene dar un diagnóstico de cáncer en un niño a diferencia de un adulto?

—Una diferencia muy peculiar y que ocurre, yo diría que en casi el cien por cien de los casos, es el sentimiento intenso, profundo e inevitable de la culpa que surge en los padres. Según mi experiencia ocurre siempre. Y surgen las típicas preguntas de «¿cómo es que no lo vi venir?», «¿por qué no lo llevé al médico cuando aquel día me dijo...?, lo que sea que fuese el síntoma». Siempre es igual, un patrón que se repite. Los padres se preguntan si hubieran podido evitar lo que, yo creo que es inevitable, el cáncer infantil. Fíjate que en el adulto entran en juego los factores de riesgo para tener un cáncer en muchos casos, en otros no está claro, pero es que en un niño no existen esos factores de riesgo.

—Y ¿qué suele suceder con las emociones de los padres? ¿Cómo suele evolucionar la culpa? —pregunté.

—Pues mira, unos pocos se quedan atrapados en el enfado, en la ira. Porque la ira no es otra cosa que una mala gestión de la culpa. Es algo así como decir «yo no soy culpable, el culpable es el otro, el sanitario que no diagnosticó, o el que sea». La ira es una fase que suele elaborarse y gestionarse, luego también aparece la pregunta: «¿Por qué me ha pasado a mí y no le ha pasado a otro?».

—Creo —respondí asintiendo— que es habitual preguntarse por qué me ha pasado esto a mí. Cuando te cruzas por la calle con otros padres acompañados de sus niños, puede que los veas felices o no, pero van con sus hijos, y te haces preguntas, sus hijos están sanos y el mío está malito.

—Sí, ese sentimiento que dices también existe, el compararse con los demás —dijo Patricia echándose hacia atrás—. En principio, el sentimiento de culpabilidad hace que te preguntes si eres un buen padre o no. También me he dado cuenta de que, al inicio, como apuntaba Kubler-Ross[4] hay una fase de negación. No te acabas de creer, ni por asomo, que tu hijo tenga un cáncer. Y esa fase de negación —siguió Patricia— no hay que desmantelarla en el inicio. Son los mecanismos de defensa que tiene nuestra psique para afrontar la adversidad y hay que ponerse de parte de lo que es natural. Cada uno irá a un ritmo y soportará en cada momento lo que pueda soportar. Hay que respetar el ritmo del proceso, Lola, ¿entiendes lo que quiero decir?

—Creo que sí. Muchas veces ante la negación inicial de unos padres emocionalmente desbordados por el impacto de la noticia, no podemos forzar a que actúen de otra forma porque ya se irán dando cuenta. La muerte, al igual que la vida, la vive cada uno a su manera, a su compás.

—Se han dado pasos para ir naturalizando el tránsito y el proceso de morir —dijo cruzando los brazos—. Durante un tiempo

4. Elisabeth Kübler Ross fue una psiquiatra y escritora suizo-estadounidense, una de las mayores expertas mundiales en la muerte, las personas moribundas y los cuidados paliativos.

todos los niños fallecían en el hospital, hoy en día lo hacen cada vez más en el domicilio. Tratamos, hablando con los padres, que abracen la vida del hijo, no solo cuando nace, si no también cuando se marcha. El que nosotros pensemos que alguien se está marchando antes de tiempo, es una opinión del humano que no tiene en cuenta la profundidad del espíritu, que ha venido al mundo para tener y ofrecer una experiencia, más allá del mundo puramente físico.

—Y ¿qué me dirías a modo de resumen?

Patricia me miró con una sonrisa. Lo de vivir la muerte era algo cotidiano desde hacía más de treinta años para ella.

—Pues algo que puede servir para todos, en muchos momentos y no solo en el final de los días, es el permitirse ser vulnerable, acoger el miedo y permitir tenerlo. Cuando surge el miedo, hay que acompañarlo, ponerse al lado, mirarlo y no tratar de acabar con él a toda costa. Porque cuanto más te resistas, más vendrá a acompañarte. Al miedo se le atraviesa, más allá de combatirlo. Pensar que la vida es una lucha constante nos agota. Y nos hace muy arrogantes, ¿sabes?

—Pues si sabía de la arrogancia del ser humano, esa que pretende tenerlo todo bajo control. Pero mira, nadie es más que nadie. Tan cierto como que un día nos marcharemos. Aunque la actitud con la que vivamos la vida marcará nuestro tránsito.

6
REFLEXIONES Y CONCLUSIONES DEL TRÁNSITO DE NIÑOS Y ADOLESCENTES

Estas conclusiones son unas pequeñas pinceladas acerca de este profundo y extenso tema.

No quería dejar de lado el tránsito de los niños y adolescentes, aun siendo consciente de que solo lo haría de manera sucinta. Estas vivencias son el reflejo de muchas otras y deseaba dejar constancia de ellas, reconocer estos dolorosos tránsitos.

Si para la sociedad, en general la muerte es un tema tabú, la muerte de los niños y los adolescentes lo es mucho más.

Se entiende menos, se califica de injusta y se evita porque produce emociones de desasosiego y tristeza muy profundas. Los más pequeños y los adolescentes deben tener un espacio en este libro, porque lo tienen en mi corazón. Y debo admitir que me producen tristeza, misericordia y compasión.

Al igual que ocurre en el tránsito de los adultos:

- ◊ Cada tránsito es distinto, cada niño o adolescente tiene un tránsito diferente lo mismo que tienen vidas, caracteres y personalidades diferentes. Ningún tránsito es igual a otro.
- ◊ Los tiempos en los tránsitos siguen un ritmo. Hay tránsitos rápidos y los hay lentos, en donde la agonía se alarga. Aunque pienso que dependen de varios factores (tema que abordé en los tránsitos lentos) uno de ellos podría ser la sincronización familiar. Creo que todos los involucrados en un

tránsito, y que pueden o no estar presentes en el mismo, acaban sincronizándose en el tiempo. De tal manera que aquellos que tienen que llegar, son esperados y aquellos que no deben estarlo, por el motivo que sea y que desconocemos, salen un momento de la habitación y es justo el momento en el que trasciende el enfermo. Creo que tanto la familia como el personal sanitario que atiende a los enfermos terminales (sean niños, adolescentes o adultos) se sincronizan. No sé quién o desde qué plano se decide esta sincronía, pero se puede observar y es una línea muy interesante de investigación.

◊ Podemos pensar que todo es adecuado y que pasan las cosas como tienen que pasar, aunque no lleguemos a entenderlas porque no sepamos interpretar o descifrar correctamente la realidad. Y porque ni siquiera sabemos qué es exactamente la realidad.

6.1. ELEMENTOS PROPIOS DEL TRÁNSITO DE LOS NIÑOS

Enumero aquellos que me parecen más relevantes y que pueden ayudar a entender el tránsito de nuestros queridos niños, en clave de acompañarlos y de estar junto a ellos:

◊ En edades tempranas se va a necesitar del contacto físico (tocarlos, acariciarlos, abrazarlos) como demostración de cariño y amor, ya que están muy apegados[1] a los padres o a los cuidadores principales. Se pueden calmar sus miedos a través del contacto físico porque los sostiene y ayuda emo-

1. El apego se refiere al vínculo emocional fuerte y duradero que se forma con sus cuidadores principales, generalmente los padres. Este vínculo proporciona seguridad y confianza al niño.

cionalmente para no sentirse abandonados. Podrán ser calmados así mejor que con palabras de consuelo. Esta necesidad se acentúa mucho cuanto más se acerca su momento.

◊ No solo el niño necesita del contacto físico, los padres también necesitan sentir a sus hijos de manera física, tocarlos, abrazarlos, besarlos. Existen adultos que eluden el dolor evitando el contacto físico. Incluso pueden asociar dar un abrazo al niño a una despedida. El contacto físico de tocar, abrazarse y besarse es un elemento importante tanto para los niños como para los adultos: a padres, a familia y a cuidadores les ayudará más tarde en la elaboración del duelo.

◊ El miedo que los pequeños pueden manifestar tiene mucho que ver con el miedo a ser abandonados. Asegurarles que permaneceremos siempre a su lado, que deseamos su compañía y estaremos allí para aportarles bienestar, calma esa angustia y disminuye su miedo.

◊ El comportamiento de los adultos influirá en los más pequeños y repercutirá en el estado de ánimo del menor, de manera que si el adulto, sobrepasado por el dolor, no gestiona las emociones de una manera adecuada, los pequeños también lo sufrirán. Por eso es interesante pedir ayuda para gestionar el dolor que podamos sentir si nos encontramos desbordados por el mismo. La obtención de herramientas psicológicas para sobreponernos repercutirá en el ambiente familiar y del menor.

◊ No se debe mentirles cuando interroguen acerca de su proceso, pero tampoco ir más allá de sus preguntas. Los niños serán los que marquen el ritmo de lo que pueden entender y de lo que no. Y lo harán a través de las preguntas que nos hagan. Conforme las vayan realizando, habrá que contestarlas con honestidad, con palabras que puedan comprender.

◊ Los niños no dejan de ser niños por el hecho de estar muy enfermos. No adquieren cualidades de adulto por el hecho de estar viviendo una situación difícil.

◊ Buscarán la aprobación del adulto y harán lo que el adulto considere oportuno. Son pasivos con respecto al adulto.
◊ Nuestra delicadeza, compasión, amor y dedicación serán siempre muy apreciadas por los pequeños. Toda la ternura que ellos desprenden será la gran ayuda que ellos nos brindan.

6.2. ELEMENTOS PROPIOS DEL TRÁNSITO DE LOS ADOLESCENTES

◊ La adolescencia es la etapa de la vida donde se comienza a expresar la personalidad propia de cada uno, y por esto tienen mayor expresión y necesidad de hacerlo.
◊ Pueden sentir que su vida está truncada, o al menos paralizada, por la enfermedad grave, y la manera de mostrar su desacuerdo es mediante la ira o el enfado. Esta fase se debe tener muy en cuenta para estar prevenidos. Así pues, se podrá contener esa ira o enfado cuando aparezcan, sabiendo que es parte del proceso que deberán atravesar para llegar a la aceptación.
◊ Tienen bastante tendencia a aislarse. Suelen contestar con monosílabos a las preguntas que les realizamos. Se comunican mejor con sus amigos, con sus iguales, con la pandilla. Será muy importante en su proceso permitirle, en la medida de lo posible, que sus amigos vayan a visitarlo, lo vean y se pueda comunicar con ellos. La comunicación con los amigos les beneficiarán por ser un apoyo muy importante para el adolescente que está tratando de salir del ámbito familiar para enfrentarse al mucho adulto mediante la fase intermedia de la pandilla, su grupo de amigos con los que conecta y en los que confía con esa inocencia arrastrada desde la infancia, y que les va a dotar de la fuerza que tiene el adolescente para enfrentar, de una manera idealista, el futuro.

◊ Como muchas veces no hablan demasiado con los adultos, habrá que respetar esos silencios. Las preguntas insistentes para que salgan de su aislamiento pueden ser vividas como una invasión a su intimidad, así que, si se muestran renuentes a contestar o lo hacen con monosílabos, mejor considerar otra estrategia para comunicarse con ellos. A través de juegos o de conversaciones cortas, por ejemplo.

Y por último solo unos apuntes para acompañar a unos padres que están perdiendo a un hijo.

Son recomendaciones generales para familiares, amigos, allegados que están al lado de los padres, o para todo aquel que se encuentre con tan delicada circunstancia:

◊ No juzgar es el concepto más importante de todos. Nadie debe juzgar lo que unos padres hacen o no hacen. Acompañarlos desde el no juicio, observar y detectar los focos que están surgiendo debido al dolor y que les puedan hacer sufrir. Por ejemplo, si está apareciendo una fase de hiperactividad en un progenitor y puede derivar en una falta de atención o alejamiento del menor, habrá que reconducirlo sin juzgarlo. La disminución del sufrimiento desde el no juicio es ya una disminución del dolor. El juicio acarrea una dosis de dolor extra que, en estos casos, resulta totalmente innecesario e injustificado.
◊ No es el momento de desmontar creencias ya que los progenitores y los seres queridos se aferran a ellas para sobrellevar el dolor del día a día. Normalmente no te piden opinión alguna sobre estas por lo que no intervenir con nuestras propias opiniones, será de ayuda ya que, de esta manera, no se abren más focos de inseguridad de los que ya hay abiertos. No adelantarse con opiniones propias, sobre todo si no lo solicitan.
◊ Acercarse al paciente, a los progenitores y a los familiares con compasión, entendiendo esta como la pasión por com-

prender al otro. La compasión no es una emoción pasiva, sino que implica acción, movimiento hacia el otro: estar al lado de una forma activa, observando y detectando aquello que pueda ser necesario para el mayor bienestar físico y emocional. Proporcionar lo que esté en nuestra mano, desde una almohada para el confort de unos padres que se quedan velando a su hijo, hasta una comida caliente —porque pueden olvidarse de comer—, o una palabra de aliento, una sonrisa que calme y asegure que estaremos cerca, que no nos vamos a ir a ni a desentender de la situación y que los apoyaremos siempre con nuestra presencia.

◊ Sobreponerse al dolor, confiando en nuestros recursos internos, en nuestra capacidad de adaptación y en los procesos de la vida que, aunque tienen un sentido oculto para nuestro nivel de conciencia, están marcando todo un recorrido vital, un antes y un después, en nuestras vidas.

◊ Reflexionar sobre las experiencias tan dolorosas puede ser una oportunidad para profundizar en nuestra espiritualidad y trascendencia e incluso puede ser clave para la aceptación de la tragedia.

◊ Puede llegar un momento en el que las potencialidades de nuestra alma puedan hacer que nuestra experiencia sea puesta al servicio de otros. Porque sí se puede vivir tras atravesar el camino del dolor.

◊ Porque nuestros pequeños y adolescentes no se marchan del todo. Existe una vida espiritual en donde la conciencia continúa y no muere. Cuando llegue nuestro momento, podremos reencontrarnos con los que se han marchado, en nuestro verdadero hogar, al que volvemos una y otra vez y al que quizás nunca hemos abandonado del todo porque nuestro yo superior, o espíritu, sigue existiendo en otros planos, y que lo que llamamos muerte es solo su retirada del mundo material cuando llega el momento adecuado para hacerlo.

7
LAS EXPERIENCIAS DE LOS SANITARIOS

Hoy en día se trasciende masivamente en el ámbito hospitalario, por lo que la muerte y el proceso de morir ha quedado en manos de los médicos, del personal sanitario e, incluso, del personal no sanitario que atiende a los enfermos. Todos forman un gran equipo de acompañamiento.

La muerte sincronizada.

Es conocido en hospitales y residencias que existen personas que cuando realizan su turno y sus guardias, los enfermos trascienden con más facilidad, se mueren más cuando ellos están presentes, es como si el tránsito les fuese facilitado.

Me comentaba una colega que cuando trabajaba en Urgencias y acudía al domicilio de un enfermo que estaba en coma, le tomaba de las manos o se sentaba a su lado y la persona trascendía. «Todos se morían conmigo, Lola, lo veo como una ayuda que presto. La última ayuda que puede un ser humano prestar a otro, facilitarle su tránsito.» Su jefe le llegó a decir: «¿Te has dado cuenta de que eres la única que firmas en el libro de defunciones?». Y es que hay personas que con su presencia (¿su energía?) ayudan facilitando el tránsito de otras personas.

En ocasiones, la persona que está en tránsito se ha despedido de quienes quería, también lo han hecho sus familiares, y parece que no le queda ningún asunto pendiente; incluso ha aceptado que es su hora, pero, aun así, no acaba de irse y puede que ese médico, enfermera o cualquiera del equipo sanitario o no sanitario, facilite con su presencia el momento de trascender.

7.1. EXPERIENCIAS DE UNA ENFERMERA

Conocí a Rosa a través de su esposo que me hizo una entrevista sobre el tránsito para su canal de YouTube. Al finalizar la misma y a micrófono cerrado, me habló de su mujer. Me dijo que era enfermera y que estaba muy interesada en los temas que yo trataba: experiencias entre la vida y la muerte.

Su experiencia profesional se había desarrollado en el ámbito hospitalario, sobre todo en el servicio de medicina interna y cuidados paliativos. En este último es donde sentía que podía desempeñar mejor su vocación, la de ayudar a las personas en tránsito. Su interés le fue surgiendo poco a poco, conforme iba teniendo experiencia en los cuidados de los últimos días.

Quedamos para hablar por teléfono una tarde:

—Lola, pues es que no puedo hablar de ciertos temas con mis compañeros, sobre todo cuando atiendo a un moribundo —hubo un silencio.

—¿Y eso? ¿A qué te refieres exactamente?

—Pues porque yo hablo con el paciente, aunque esté inconsciente, le comunico su situación, le digo los tratamientos que le estoy poniendo, en fin, que le hago partícipe en todo momento, independientemente de que esté o no consciente.

—Rosa, yo también pienso como tú y creo que la conciencia de la persona sigue estando presente en su cuerpo físico, además de que el nervio auditivo sigue estando intacto, a no ser que esa persona tuviese una discapacidad auditiva previa, pero, aun así, le hablaría de todo lo que se le está haciendo en relación con su salud, tratamientos que se le administran, pruebas que se le hacen y, sobre todo, si se le va a administrar una sedación.

Hablar con el enfermo, aunque esté inconsciente,[1] es un acto de respeto y de amor porque muchos piensan que en el estado de inconsciencia terminal la persona está ausente y solo queda un cuerpo físico incapaz de captar información alguna del entorno y, por lo tanto, cualquier acción de acercamiento al paciente es inútil ya que este no la va ni a percibir ni a sentir. Los estudios demuestran que las personas inconscientes muestran actividad cerebral, en mayor o menor grado, en áreas asociadas con el procesamiento del lenguaje y la comprensión, incluso cuando no hay respuesta motora evidente (cuando no pueden hablar o moverse o expresar de alguna manera que nos están escuchando). Entonces, ¿cómo sabemos que la persona que está en coma o inconsciente no percibe de alguna manera lo que le decimos? Y si es así, ¿por qué no le comunicamos verbalmente los tratamientos que le administramos y lo que le está sucediendo físicamente, si se le están haciendo pruebas y todo lo concerniente a su estado de salud? ¿Por qué no tratarla como a un ser humano completo: cuerpo, mente y espíritu hasta el final? El que no reaccione visiblemente a nuestros ojos ¿es la prueba fehaciente de que no se está enterando de nada? ¿No es posible que pueda tener una reacción emocional interna? ¿Por qué estamos tan seguros de que no podemos comunicarnos con alguien que está en coma o inconsciente? ¿Solo por el hecho de que no haya una reacción visible por parte del enfermo?

Nos podemos decir a nosotros mismos algo así como «si está inconsciente tal vez no puede escucharme» o «resulta muy raro hablar con alguien inconsciente a sabiendas que no te va a responder», pero ¿estamos seguros de esto? Según los estudios antes mencionados, existe variabilidad entre las personas, pueden escuchar y su cerebro puede procesar la información.

Entonces, si supieras que te escuchan, ¿tú qué harías?

1. Los estudios científicos (electroencefalograma) sugieren que las personas en coma o estado vegetativo pueden ser capaces de escuchar y procesar información, aunque no puedan responder de manera observable.

Por el momento lo que hace Rosa es hablarle al paciente comatoso o inconsciente en confidencialidad, cuando está segura de que va a estar ajena a las observaciones más escépticas que puedan venir desde su mismo ámbito, el sanitario. Muchas veces, los familiares lo hacen en privado, pero en el ámbito sanitario pueden parecer tonterías o sin sentidos.

En la facultad de medicina o enfermería no se considera la perimuerte desde una visión integral de los diferentes cuerpos del ser humano: cuerpo físico, cuerpo emocional y cuerpo espiritual, conciencia o esencia de lo que somos, por lo que se pueden cuestionar actitudes que están enfocadas al mundo espiritual o de la conciencia de las personas.

Si tomamos la mano a un moribundo, puede estar dentro de lo admitido, aunque hablarle de que le vamos a dar este tratamiento o el otro ya resulta raro, si le decimos, por ejemplo, que va a hacer un viaje, que confíe en el proceso o que la muerte no duele, tal vez nos miren como a un bicho raro. Y sin el «tal vez».

Aparte de su particular forma de atender la perimuerte de los pacientes, Rosa tenía vivencias extraordinarias que le habían sucedido en el hospital y estaba dispuesta a contarlas.

7.1.1. La sombra de la muerte

Tras un rato hablando, Rosa me dijo:

—Lola, hay cosas que me han pasado en el hospital. Quisiera compartir contigo algunas porque, a pesar de que ocurren, nadie las cuenta.

Escuché su respiración. Se tomó un momento antes de relatar la primera de sus extraordinarias vivencias.

—Una noche, no sé por qué razón estas cosas suelen pasar de noche, estaba con la TCAE cuando suena el timbre de la habitación 4. Acudimos las dos, la TCAE y yo. Esa habitación solo la ocupaba esa noche un paciente. Cuando llegamos estaba muy nervioso y agitado. Nos dijo que alguien acaba de entrar a robar y que avisáramos a la seguridad del hospital. Tratamos de calmarlo lo que pudimos, pero el hombre insistía en lo del robo. Llamamos a seguridad.

—Nunca había escuchado que alguien entrara a robar en un hospital de noche. A ver, ¿quién roba algo a un enfermo? Se me ocurre que otro enfermo ingresado, pero es muy raro ¿no?

—Sí, Lola, yo tampoco he tenido casos de robo en habitaciones de pacientes. Sin embargo, este hombre insistió tanto que subieron dos guardas de seguridad. Le preguntaron e inspeccionaron la habitación buscando objetos que hubieran podido ser sustraídos. No faltaba nada. El paciente finalmente admitió que no había robo. Pero seguía insistiendo en que alguien había entrado.

—Entonces si no había robo, ¿por qué pensó que habían entrado a robar?

— No sé. Quizás hay gente muy suspicaz y algo paranoica que se pone siempre en lo peor y quizás por tener ese tipo de personalidad, el paciente primero pidió que fuera la seguridad del hospital y luego no quedó conforme. Eso es lo que yo pensé. Seguía erre que erre con que alguien había entrado en la habitación. Cuando se fue calmando y se marcharon los de seguridad, nos dijo que estaba durmiendo y se despertó al sentir algo frío en la cara, abrió los ojos y vio a una persona en la oscuridad, no pudo apreciar sus facciones porque todo estaba oscuro, pero que le estaba tocando la cara con una mano muy fría, tan fría, que eso fue lo que le despertó. Entonces fue cuando vio que era un hombre, pudo ver su silueta dibujada en la oscuridad de la habitación. Al estar todo oscuro, lo percibió como una sombra que salió del cuarto cuando se despertó. Pero el frío de esa mano, según nos dijo, se le había quedado dentro del cuerpo. Tenía claro que era un hombre, lo vio durante unos segundos antes de que desapareciera por la puerta.

—Y el paciente ¿por qué estaba ingresado?

—Se hallaba hospitalizado porque al día siguiente tenía programada una sencilla operación de otorrinolaringología. Algo simple y sin importancia. Aunque ahora no me acuerdo exactamente qué era, no era un cáncer ni nada grave. Salí de mi turno y todo estaba normal, no obstante, cuando volví al siguiente turno y pregunté por el paciente, me informaron que había fallecido.

—¿Cómo? —le pregunté—. ¿Que se había muerto así sin más? ¿De un infarto o algo? —Pensaba en una muerte repentina y en sus causas más comunes.

—No, es que hizo una reacción adversa en el quirófano y no salió vivo del mismo. Como comprenderás quedé atónita y asocié la experiencia de la noche previa a la cirugía con la muerte de esa persona. Busqué a la TCAE que había vivido la experiencia de esa noche conmigo y estaba tan consternada como yo. Me dieron escalofríos.

—¡Que experiencia! —dije, sintiendo yo misma un escalofrío—. Y ¿por qué crees que el paciente pensó que le iban a robar? —insistí. No acababa de entender lo del robo—. Recapitulé en mi mente: el paciente estaba acostado y dormido, alguien le tocó la cara con mano fría y se despierta, no apreció bien los detalles ya que está muy oscuro, lo ve como una sombra que sale del cuarto y se asusta, pero pensar en que le iban a robar es ya algo demasiado preciso y le dije—: Si yo estoy en un hospital y alguien me toca la cara, aunque la mano esté muy fría, lo primero que pienso es que es algún sanitario de manos frías, ¿no?

—Sí, yo también lo pensé y lo hablé con la compañera —suspiró—. Te parecerá una tontería, pero la compañera y yo pensamos que ese hombre misterioso, que se movía en la sombra, había entrado a robarle la vida, por eso creo que sintió que era un ladrón y, además, esa frialdad al ser tocado... —hizo una pausa—. Yo le puse de nombre «el ladrón de vida» y te puede parecer muy dramático, pero fue lo que se me ocurrió. Aunque también pienso que era un aviso de que iba a trascender porque nadie hubiera pensado que se iba a morir por una intervención tan sencilla.

¿Qué vio realmente este paciente? ¿Por qué pensó que era un ladrón? Si estás en la habitación de un hospital esperando para someterte al día siguiente a una cirugía sencilla, no tienes medicación,[2] y estás sana, entonces, ¿qué fue lo que le hizo asustarse tanto? ¿Por qué el tacto en su cara fue tan inquietante que hubo que llamar a seguridad? ¿Quién era ese hombre que acudió a la habitación en la oscuridad despertando al paciente con una mano fría? ¿Por qué al paciente se le quedó esa frialdad en el cuerpo? ¿Por el susto? ¿Por qué nadie en la planta vio a ese hombre ni supo decir quién había entrado en la habitación del paciente? De noche no hay tanto tráfico de personas, luego ¿podría ser una fase de aviso?

Estaba reflexionando sobre las connotaciones de este caso cuando Rosa siguió hablando.

7.1.2. Dile que se vaya, que no me voy a ir con ella

—Te voy a contar los que nos pasó otra noche y que tampoco le encuentro ninguna explicación—. Rosa tenía razón, ¡la cantidad de sucesos que ocurren por la noche! Otro ítem que hay que investigar—. Pues me ocurrió con una paciente de cierta edad. Muchas veces las personas están pasivas durante el día, sin apenas moverse, y cuando llega la noche, se activan y comienzan a querer bajarse de la cama. Sin solicitar ayuda se levantan y van al cuarto de baño solas. En fin, que hay que estar muy pendiente. El caso es que esa noche una señora mayor que teníamos en planta, se levantó sola para ir al baño, sin avisarnos. Mi compañera y yo escuchamos un golpe y salimos corriendo. Nos encontramos a la pobre mujer tirada en el suelo. Se había levantado y se había caído. En ese momento no lo sabíamos, pero se había fracturado la cadera. Cuando fuimos a socorrerla y nos acercamos a ella, comenzó a darnos manotazos y a decirnos que nos apartáramos. Le hicimos caso y nos alejamos para ver qué era lo que sucedía y por qué quería que nos apartáramos. Entonces observamos que la paciente estaba con la mira-

2. Se descarta la alucinación por efecto secundario farmacológico.

da fija en una esquina del techo y repetía: «Dile que se vaya, que se vaya».

—¿Que se vaya? —le pregunté a Rosa—. Que se vaya ¿quién? ¿Había alguien más en la habitación?

—No, Lola, no había nadie más. Estábamos mi compañera y yo solas con ella. La observé. La paciente estaba temblando, mirando a ese punto del techo. Volvimos a intentar levantarla del suelo, pero no nos dejaba. Entonces levantó un brazo y señaló la esquina del techo diciendo: «Dile que se vaya, que no me voy a ir con ella». No se dirigía a nosotras en ningún momento. Los manotazos que nos daba eran para apartarnos y poder ver mejor lo que fuera que estuviera viendo. Miramos varias veces a la esquina que señalaba de una manera automática y allí, como era natural, no había nada.

La paciente estaba ingresada, por un problema leve. No tenía demencia ni ninguna enfermedad en la que pudieran aparecer alucinaciones. Acabé mi turno, la señora estaba en su habitación y ya le habían diagnosticado la fractura de cadera. Al siguiente turno, al llegar al trabajo me informaron que esa señora había muerto. ¿Otra vez casualidad?

—No creo en las casualidades. Pero tú ¿qué crees que le estaba ocurriendo? ¿Estaba desorientada o con medicación?

—No, Lola, esa paciente no tenía demencia ni medicación alguna que provocase alucinaciones. Yo creo que cuando decía «que no me voy a ir con ella», es porque veía a un ser femenino, que era con quien no quería irse. Y lo estaba viendo como una visión en la esquina del baño. Estábamos muy preocupadas por levantarla y ver qué había sucedido. Luego la bajaron a rayos y le diagnosticaron la fractura de cadera. No volví a verla más, por lo que no tuve la oportunidad de preguntarle a quién estaba viendo. Pero esto es un ejemplo de lo que antes te comentaba. Si pregunto a la paciente «¿a quién o quiénes estás viendo?», corro el peligro de que la compañera que esté conmigo me mire como a un bicho raro, porque si el enfermo verbaliza algo que solo ve él, se considera una alucinación. Que sea una visión no es una posibilidad para la mayoría de los compañeros.

Por eso, en muchas ocasiones, cuando voy a preguntar por algo de este tipo, lo hago a solas con el paciente, aprovechando, por ejemplo, que me paso a cambiar un suero y sé que no voy a estar acompañada por nadie. ¡Ah! Y cuando no esté la familia, que tampoco suelen ver con buenos ojos que le pregunte por el contenido de la visión que esté teniendo. Vaya, algo totalmente confidencial para que el paciente pueda hablar y contarme.

—Es curioso que os apartase, como si vosotras le tapaseis esa visión que estaba teniendo, como si lo que viese estuviera ocupando un lugar físico en el techo y vuestros cuerpos fueran capaces de ocultarlo —dije pensando en voz alta.

—Ya entiendo lo que dices, pero no sabría qué decir —contestó Rosa e hizo una pausa.

Si no sabes que estas cosas ocurren, o lo sabes, pero no te atreves a preguntar, te quedas sin una información que podría ser de interés al dar una pista sobre lo que le pueda estar ocurriendo a esa persona. Espero que acaben los prejuicios acerca de las visiones y sus mensajes para que la persona que las tiene sienta más libertad a la hora de hablar de ellas, y los que la escuchan lleguen a entender su significado sin pensar que el enfermo sufre alucinaciones en vez de que puede ser que esté en una fase del tránsito.

Estos fenómenos, tipo visiones tienen un carácter pronóstico. O sea que cuando aparecen, el tránsito está avanzado y el paso al otro lado puede estar cerca.

7.1.3. ¿Un aviso del más allá?

—Te paso a contar lo que me sucedió una noche de guardia que me impactó mucho y mi compañera fue testigo. Serían las once u once y media de la noche. Estábamos las dos, en la sala de estar[3]

3. En estas salas, el personal puede tomar descansos, comer, relajarse entre turnos o reunirse para discutir casos o temas relacionados con el

donde la puerta siempre se mantiene abierta. Esa noche esperábamos un ingreso para la habitación 11. En un momento determinado escuchamos abrirse la puerta del ascensor y los típicos ruidos de la camilla saliendo del mismo. «Es el celador que viene con el ingreso», pensé y escuché los pasos del celador y el rodamiento de la camilla sobre el suelo y que se acercaban al puesto de enfermería. Escuchamos el sonido que hacen los papeles de la historia clínica cuando los dejó encima del mostrador. Una voz masculina, dijo en voz alta: «¡El ingreso de la 9!». Tras esta frase, escuchamos alejarse la camilla rumbo a la habitación para dejar ingresado en ella al paciente. De repente, me doy cuenta de que en la habitación 9 hay otra persona y que el ingreso es para la habitación 11. Se lo comunico rápidamente a mi compañera que me da la razón. Nos levantamos para detener al celador y que no molestase al paciente que estaba ingresado en la habitación 9 y llevase al enfermo que traía en la camilla a la habitación correcta, a la 11. Cuando salimos de la sala estar, nos quedamos paralizadas. El silencio inundaba la planta. Allí no había nadie a la vista. Ya no se escuchaba al celador empujando la camilla por el pasillo. Miré el mostrador del puesto de enfermería y no había ninguna historia clínica encima. Todo estaba tranquilo, desierto. Decidimos hacer un turno por la planta, porque sabíamos lo que habíamos oído. La luz de la habitación 9 estaba encendida. Cosa que no es normal puesto que por la noche nos encargamos de dejar las luces apagadas. Pero si estaba encendida, tal vez fuera porque el celador estuviera allí. Corrimos hacia la puerta y nos encontramos que la paciente de la habitación 9 estaba acostada en la cama y no había nadie. Nos acercamos para preguntarle por qué tenía la luz encendida y si por allí había pasado el celador, pero no nos respondió. Entonces comprobamos con sorpresa y espanto que la paciente había fallecido.

—¿Cómo? ¿La paciente estaba muerta?

---

trabajo. A menudo, estas salas están equipadas con sillas, mesas, sofás, microondas, neveras y otras comodidades para el personal.

—Pues sí, Lola, había fallecido y contra todo pronóstico. Si se hubiese sentido mal, hubiese llamado al timbre, nos hubiese avisado de alguna manera. Es lo normal. Pero no avisó. No estaba en ninguna posición que hiciese pensar que hubiera intentado llamar. Estaba en la cama con la postura típica de dormir, pero muerta y con la luz encendida.

—¿Estaba muy grave? Si murió de repente...

—Me extrañó muchísimo que falleciera. Esa mujer estaba ingresada por el servicio de ginecología. Dos días antes la habían operado de algo sin mayor importancia. La paciente tenía cuatro hijos, pero era una hija la que se había quedado con ella todas las noches. El médico pasó por la tarde y le dijo que al día siguiente le daban el alta por la buena evolución. Entonces hablé con la hija y le dije que no hacía falta que se quedara esa noche, que su madre estaba muy bien y que al día siguiente le daban el alta y ya para casa. La hija se marchó, con lo que la paciente estaba sola cuando falleció.

Entonces, ¿dónde estaba el celador con el paciente y la cama del ingreso?

—No lo entiendes, Lola —me dijo haciendo una pausa. Quedé expectante—. No había celador, nunca hubo ningún celador ni camilla ni paciente para ingresar ni nada.

—¿Qué? ¿Cómo es eso? Pero vosotras lo habíais escuchado, ¿no?

—Sí, claramente. Mi compañera de esa noche, Carmen, y yo lo habíamos escuchado. ¡Vaya que si lo escuchamos!

—Ya me queda claro que lo habíais escuchado las dos.

—Y todos los ruidos típicos del ascensor, las ruedas de la camilla y lo más chocante es esa voz masculina que dijo: «El ingreso de la 9». Todo era normal hasta que oímos decir el número de la habitación.

—Se me ponen los pelos de punta, Rosa. Miles de preguntas se amontonan en mi cabeza. ¿Qué es todo esto?

—Mira, Lola, es algo que no me quito de la cabeza. La hija que se había quedado las anteriores noches tenía cuatro niños pequeños porque me lo había comentado. Como se encontraba bien y le daban el alta al día siguiente, le dije a la hija «si quieres te puedes ir esta noche. Tu madre está bien, estaré al tanto de ella y ya mañana vienes y la recoges de alta». Y por eso se marchó. Lo que yo nunca pude imaginar es que la mujer falleciera.

—Toda la historia me parece tremenda. Que fallezca de imprevisto con el alta médica, puede ocurrir, claro, para muestra un botón, aunque no es lo usual. Pero la historia del celador que dice que va a llevar la camilla a una habitación en donde no se espera ingreso alguno y que esa habitación sea la de la mujer que acaba de fallecer ¿qué sentido tiene todo esto? Un celador, al que no visteis, que al parecer salió de la nada y volvió a la nada, haciendo ruidos típicos, que tampoco se saben de dónde salieron, para atraer vuestra atención hacia la habitación de esa mujer, cuando ya no se podía hacer nada por ella. ¿Tienes idea de por qué sucedió todo eso?

—No, Lola, ni idea porque nadie podía hacer nada. Cuando llegamos, llevaría muerta un buen rato. No sé qué sentido tiene ni por qué ocurrió, pero así fue.

—Pero esa noche esperabais un ingreso ¿no? Y ¿qué pasó con el ingreso?

—Sí, ese era verdad. Lo cierto es que lo esperábamos sobre las dos o las tres de la mañana, porque era un ingreso desde quirófano y nos habían dicho, más o menos, a la hora que llegarían. Lo que te cuento ocurrió sobre las once o las once y media de la noche. Recuerdo que pensé que el ingreso que esperábamos se había adelantado, pero no le di mayor importancia. A veces ocurre. El ingreso que esperábamos llegó a la hora que nos habían dicho y se ingresó sin incidencias en la habitación 11, como estaba previsto.

Este caso deja muchas preguntas sin contestar. Es un suceso extraordinario, de eso no hay duda. Una mujer muere y aparecen una serie de señales alrededor que llaman y atraen la atención de las dos sanitarias que estaban de turno. Además, esperaban un ingreso y esta información fue utilizada para llamar la atención hacia la habitación donde acaba de fallecer la paciente, por la que ya no se podía hacer nada. Entonces, ¿a quién escucharon? ¿Y con qué finalidad? El cuerpo inerte hubiese sido encontrado antes o después, ¿para qué ocurrió toda esa fenomenología extraordinaria? Y ¿quién la provocó?

Me pregunto cuántos casos de este tipo ocurren todos los días en los hospitales. Casos como los que acaba de compartir la enfermera Rosa y que quedan en la intimidad de unos pocos, entre las paredes del hospital, donde existen y coexisten energías de diversa índole: alegría y tristeza, dolor y esperanza, y otras muchas emociones encontradas. El hospital como portal por donde están entrando y saliendo de este plano continuamente las almas, las conciencias o los espíritus. ¿Estarán algunos de ellos atrapados? ¿Permanecerán voluntariamente realizando algún tipo de servicio o trabajo para los que aún estamos aquí?

7.2. EL DOCTOR MARCO, MÉDICO DE PALIATIVOS

Si existe un servicio en donde la vida y la muerte se tocan y se abrazan concluyendo ciclos, ese es el servicio de cuidados paliativos.

Los pacientes llegan a paliativos derivados por parte de otros servicios como oncología o medicina interna, entre otros, en donde se le ha evaluado y se ha considerado que ya se han agotado todas las estrategias terapéuticas disponibles para su curación.

En paliativos, por lo tanto, no se pretende curar a nadie, pero se atienden con preferencia otras facetas que emergen con fuerza, como su situación emocional y mental. La conciencia, en cuanto al plano espiritual, debería ser tenida en cuenta para una aproximación integral del ser humano que está en tránsito, pero ¿quién se ocupa particularmente de ella? Existen los indispensables psicooncólogos que prestan su ayuda para aliviar el sufrimiento emocional, cerrando ciclos, ayudando con los asuntos pendientes, reconociendo errores y carencias, trasmutando emociones negativas de odio, rencor, venganza o vergüenza en perdón, entre otros muchos cometidos, es decir, ayudando al enfermo.

Con la escucha activa y la presencia consciente, ya se ayuda emocionalmente al enfermo. Pero en numerosas ocasiones no se tiene en cuenta lo referente al mundo espiritual.

El bienestar físico de los pacientes en paliativos es primordial, pero también hay que tener en cuenta el sufrimiento emocional causado por conflictos que quedaron sin resolver y que pueden resurgir en la etapa final de la vida, junto con preocupaciones que habrá que calmar y solucionar en la medida de lo posible.

La cercanía del tránsito puede causar incertidumbres, miedos o ansiedad por sí misma, porque no estamos acostumbrados a abordar el plano espiritual o de conciencia. Es desde este plano desde donde nos hacemos preguntas como: ¿qué he hecho con mi vida? ¿Para qué la he vivido? ¿Qué me llevo al otro lado? ¿Qué dejo en la memoria de los que aún se quedan aquí? Entre otras preguntas que llamamos existenciales o pertenecientes a la existencia.

Marco es un médico de origen argentino que tenía 35 años cuando lo conocí tras asistir a una conferencia que impartí en Ayamonte, Huelva.

Me comentó que era médico de cuidados paliativos y que lo que yo refería acerca de la perimuerte era lo que él vivía a diario. Quedamos en una cafetería en pleno centro de Málaga, cerca de la calle Larios. Cuando llegué, ya me estaba esperando. Me comentó que llevaba en España muchos años y que eligió trabajar en cuidados paliativos por vocación.

Era un apasionado de su trabajo ayudando en los últimos momentos, antes de dejar esta vida. En su labor profesional había vivido experiencias que le habían marcado, que seguían vivas en su memoria y que le habían dejado una huella tan profunda que continuaba reflexionando y meditando sobre las mismas.

La primera que recordó era de su época de estudiante y fue la que le hizo tomar contacto, por primera vez, con una realidad que no enseñan en la facultad de medicina. La práctica diaria y el contacto con los pacientes es la que te enseña una realidad más profunda, más humana.

—Los pacientes no son enfermedades que hay que curar, Lola —asentí pensando en la frase «no hay enfermedades sino enfermos»[4] que nos recordaban en la facultad cuando éramos estudiantes—. Las personas sufren por la enfermedad que padecen y las hay que tratar en todas sus facetas. Podría parecer obvio, pero muchas veces solo nos ocupamos de tratar la enfermedad y no vemos a la persona.

—Pero no ocurre siempre así —le dije a Marco que me sonrió asintiendo—. Escuchar y acompañar al paciente en su proceso de enfermedad, es prioritario.

Cuando los médicos decimos que los pacientes nos han enseñado mucho, este podría ser un triste ejemplo de dicha frase, que lejos de ser un tópico, es una gran realidad.

7.2.1. Me voy a morir

—Totalmente de acuerdo, Lola. Mira, cuando tenía veintiún años y aún era estudiante de medicina en Argentina —dijo removiéndose en su asiento—, me sucedió algo que me impactó tanto que cambió mi forma de ver al paciente. Pude apreciar el ser humano que hay detrás de la enfermedad y darme cuenta de las necesidades que van más allá de la curación porque implican al ser humano que cada persona es.

—Este es un tema muy interesante —pensé en voz alta.

—Sí que lo es. Estaba haciendo una historia clínica a una paciente como parte de mi examen —continuó mirándome rápidamente por encima de sus gafas—. Era de origen boliviano y había

4. La frase «no hay enfermedades, sino enfermos» es atribuida al médico español Gregorio Marañón.

ingresado para someterse a una cirugía programada[5] por una suboclusión por bridas.[6] Por lo demás parecía encontrarse en perfecto estado de salud. Pero al hablar con ella, empezó a llorar y no paraba.

—¿Por qué lloraba?

Descarté el dolor como motivo del llanto ya que Marco me había dicho que estaba en perfecto estado de salud. Tal vez estaba asustada, pensé.

—Lola, la recuerdo perfectamente, lloraba desconsoladamente y repetía una y otra vez: «Me voy a morir, me voy a morir y no voy a poder despedirme de mi familia». Me dediqué a estudiar su historia clínica y a explorarla. Todo iba bien, no revestía gravedad, y yo no le di a su llanto importancia —negó con la cabeza como con desaprobación—. Quería que llamasen desde el hospital a su familia para poder despedirse de ellos. Los que la atendían, yo era un estudiante, le decían que estuviera tranquila, que la operación no revestía gravedad, pero la paciente lloraba y lloraba cada vez con más impotencia. La mujer quería que se llamase desde el hospital para poder hablar con su familia. La tranquilizaban diciendo que su estado de salud estaba bien y que estuviera tranquila.

—Su cuadro no era grave, nadie le dio importancia ni accedió a su petición. Eso ya es triste.

—Sí, muy triste. Bueno pasaron unos tres días cuando volví a rotar por ese servicio y pregunté por ella. Me dijeron que tuvo una complicación desconocida durante el acto quirúrgico. Nunca se supo qué pasó, falleció pocos días después en la UCI. Nunca despertó de la cirugía.

5. Una cirugía programada es aquella operación que se programa con antelación al no ser de urgencia. También se la conoce como cirugía electiva.
6. La suboclusión por bridas, o suboclusión intestinal secundaria a adherencias, es una condición donde hay una obstrucción parcial del intestino delgado causada por bandas de tejido cicatricial (bridas o adherencias).

—¡No me digas! ¡Pobre mujer! —dije bajando la cabeza, preguntándome cuántas veces no damos importancia a cosas que finalmente sí la tienen. A veces es muy difícil valorar una situación.

—Desde entonces, cuando alguien me dice que siente que se va a morir, lo mínimo que hago es explorarlo detenidamente antes de descartarlo —dijo Marco, respirando profundo e irguiéndose en su asiento.

—Y, aun así —respondí lentamente—, puede tener lo que llamamos los médicos una exploración perfecta y más tarde una complicación inesperada o desconocida, como el caso que me comentas, en el quirófano. Pero entiendo lo que dices, si alguien piensa que se va a morir y desea llamar a su familia, habría que darle esa oportunidad de hablar con ellos, porque nunca se sabe...

¿Tuvo esta paciente boliviana una fase de aviso? Lloraba sin consuelo, ¿tuvo la intuición de que se iba a morir? ¿Cómo supo que se iba a morir? ¿Por un sueño? ¿Una visión? Todos la tranquilizaban de que su cuadro no era grave y trataban de calmarla.

Marco ahora era consciente de que, dentro de la exploración exhaustiva, si se le presenta un caso similar, debe incluir preguntas enfocadas a lo que la paciente refiere: «¿Por qué piensas que te vas a morir?», o, «¿qué te hace pensar que te vas a morir?» que puedan darnos pistas para estar al tanto por si estamos ante una fase de aviso.

Así pues, cuando alguien nos cuenta que cree que se va a morir, puede ser importante incluir en la exploración las anteriores preguntas o similares, enfocadas a averiguar el porqué de esa sensación de muerte inminente.

Si no es una fase de aviso, puede que sea por un cuadro de ansiedad o miedo, y el paciente nos daría respuestas como, por ejemplo, que le dan miedo las agujas o la anestesia, o que está tan nerviosa o nervioso que cree que se va a morir.

Y aunque fuese desde el miedo el que hiciese la petición de llamar a la familia, creo que si desean hablar con los suyos antes de someterse a una cirugía, deberíamos darles la oportunidad de hacerlo.

Estaba en estas reflexiones cuando Marco pasó a contarme el caso de un hombre al que le sucedieron fenómenos inexplicables.

7.2.2. Experiencias fuera del cuerpo

—Ahora recuerdo que en una ocasión —comenzó poniendo los brazos en la mesa para acercarse a mí—, acudió un paciente que padecía un edema agudo de pulmón.[7] El hombre presentaba una gran agitación,[8] su cara de sufrimiento es muy difícil de olvidar. Recuerdo que pensé: «Está ahogándose, literalmente, por el agua que tiene en sus pulmones». Ver a una persona así, luchando, asfixiada —negó con la cabeza varias veces—, con tanta inquietud y ese rictus de dolor en su cara, Lola, no quisiera volver a tener esa experiencia.

—Sé lo que quieres decir. Se sufre al ver sufrir a alguien.

—Sí, eso es. Éramos varias personas del equipo, enfermeras, otro colega médico, en fin no recuerdo a todos, poniendo tratamiento, y sujetándolo para que no se hiciese daño por la gran agitación que tenía cuando, de pronto, el paciente paró, se detuvo en seco así, de un instante a otro. Todos permanecimos en suspenso. Observé que miraba a un punto detrás de mi hombro izquierdo mientras que cesaba todo movimiento. Me giré para ver qué había detrás de mi hombro. No había nada. La pared blanca de una habitación de hospital. Pero es que el gesto de su rostro cambió, relajó las facciones mientras que cesaba de luchar y, a partir de ese momento, no parecía el mismo. Lo pasamos a la UCI en donde estuvo sedado más de un mes.

—¿Por qué estuvo en la UCI tanto tiempo?

7. Un edema pulmonar es una acumulación anormal de líquido en los pulmones.

8. En medicina, la agitación es un estado de hiperactividad motora y mental excesiva, acompañado de un estado emocional desagradable de tensión, excitación, confusión o irritabilidad.

—Porque el edema de pulmón lo había causado la rotura de una válvula cardiaca.

—Eso sí que es grave.

—Sí que lo es. El caso es que cuando volví a visitarlo, le pregunté por aquel día y que qué era lo que había visto por encima de mi hombro que le había transformado.

—¿Y qué te dijo?

—Para mi frustración me dijo que no recordaba nada. No recordaba cuál fue esa visión que le hizo calmarse al instante, pero mi pregunta le dio pie a contarme otras experiencias que sí que recordaba como, por ejemplo, haberse visto desde fuera de su cuerpo en varias ocasiones en el hospital.

—¿Había tenido una parada cardiaca? —pregunté porque la autoscopia[9] es uno de los fenómenos típicos de las ECM y puede desencadenarse tras una parada cardiorespiratoria.

—No tuvo ningún paro cardiaco, Lola. Estaba en estado crítico, eso sí, sedado. Me dijo que estando en ese estado de sedación pudo observar a su padre, ya fallecido, que se encontraba en el lado izquierdo de los pies de la cama y cuando le pregunté qué hacía allí su padre, me respondió: «Mi padre estaba allí para cuidarme».

—¿Para cuidarlo? —pregunté—. ¿Cómo un espíritu puede cuidar a un ser querido que está en este plano? Me han contado muchísimas veces visiones de seres queridos fallecidos a los pies de la cama, uno de los sitios preferidos, pero es la primera vez que me comentan que el ser querido dice estar allí para cuidar al enfermo.

—Pues parece que el padre hizo lo que le dijo porque el paciente se recuperó totalmente y la verdad es que el pronóstico era muy muy malo.

—Cada vez estoy más convencida de que encontrarse en los aledaños de la muerte abre un portal que conecta las dos dimen-

9. Autoscopia es la capacidad de ver el propio cuerpo desde la perspectiva de un observador externo.

siones, el aquí y el más allá. Porque este paciente tuvo una visión de su padre fallecido como una visión en el lecho de muerte. Cuando nos recuperamos, el portal se cierra y ya no se puede atisbar el otro lado. ¿Podremos algún día atisbar el otro lado sin necesidad de estar al límite de la muerte? Sería algo fabuloso, ¿no?

— Hubo algo más —hizo una pequeña pausa—. El paciente tuvo la experiencia de verse fuera de su cuerpo estando inconsciente, pero ya no estaba en la UCI sino que lo habían pasado a su habitación.

—¿Cómo es eso? —le pregunté con curiosidad.

Los fenómenos extracorpóreos suelen estar asociados a las ECM y además puede ser difícil demostrar que la conciencia del paciente realmente está fuera de su cuerpo a no ser que existan datos objetivos, como sí ocurrió en este caso.

—Pues me comentó que estando inconsciente en su habitación pudo salir de su cuerpo y «ver» a la paciente de la habitación de al lado. En medio de ambas habitaciones había una pared. Muchos días después, ya estaba consciente y lo llevaron a hacerse un TAC. En ese momento, desde el pasillo, ve a la paciente de la habitación de al lado porque había ventanas de cristal como separación y la reconoce. Eso le demostró que lo que le había sucedido era real y no eran imaginaciones suyas.

—Es muy interesante lo que me cuentas, las personas tienen experiencias que realmente desconocemos y si no las cuentan, quedan sepultadas, olvidadas, sin explorar. Y las que ahora me estás contando ocurren cuando el cuerpo está inconsciente, pero la conciencia no lo está y parece que puede salir del cuerpo, aunque no se desplaza mucho. En una ECM, con parada cardiaca, hay experiencias en las que la conciencia ha salido del cuerpo y se ha desplazado kilómetros, a veces miles de kilómetros, pero en estado de inconsciencia por sedación o coma ¿pueden desplazarse a mucha distancia? En este caso, se desplazó a la habitación de al lado.

Este paciente es interesante porque tuvo una visión típica del lecho de muerte, en donde ve a su padre, pero el mensaje que recibe del mismo es distinto a los mensajes que dan las visitas cuando la persona va a trascender[10] y le informa de que está cuidando de él. No sabemos cómo realizaba ese cuidado ni en qué consistía. Entonces, ¿el padre cuidaba en todo momento de él o solo cuando el hijo pudo verlo al estar en una situación crítica? ¿Todos tenemos a seres queridos del otro lado que nos cuidan cuando nuestro cuerpo enferma? ¿O nos están cuidando siempre, aunque no los veamos? Y si es así, ¿cómo lo hacen? ¿Se implican en nuestra curación? ¿Desde dónde y cómo nos curan?

Es interesante que estas experiencias las contase el enfermo cuando su médico le preguntó por curiosidad por la primera de todas ellas, cuando cesó su agitación y fijó la mirada en un punto tras el hombro. Pero, aunque no se acordase de aquel episodio, sí se acordaba de otros, que los relató al hilo de la pregunta primera. Y si Marco no hubiese preguntado, el paciente ¿lo hubiese contado? Entonces, ¿cuántas historias y experiencias hay que no sabemos simplemente porque no preguntamos?

7.2.3. ¡Vete!, que me quiero despedir

—No solo a los pacientes les suceden cosas —me dijo Marco sacándome de mis reflexiones.

—¿Qué quieres decir?

—En una ocasión —dijo bajando un poco la voz—, estaba en la habitación de un paciente inconsciente y muy grave. Yo me encontraba de pie, hablando con la familia acerca del delicado estado del enfermo. Sus constantes vitales seguían siendo aceptables, aunque la gravedad era significativa. De pronto pude ver el cuerpo espiritual del paciente a los pies de la cama. Allí parado, observán-

10. Los mensajes en el lecho de muerte suelen ser informativos de que le ha llegado la hora, de haber venido a buscar al paciente o de estar esperándolo, como los más habituales.

dose a sí mismo, estaba en su estado sutil. Fue increíble. Podía ver a la vez tanto al paciente en la cama como a su cuerpo espiritual que se presentaba rejuvenecido, más joven de la edad que realmente tenía y con un halo blanco alrededor. Me quedé petrificado, no daba crédito a lo que mis ojos estaban viendo. De pronto, el espíritu que estaba mirando su cuerpo me miró enfocando su atención en mí. En ningún momento dejé de hablar con los familiares mientras esto ocurría. Todo fue muy rápido. Es muy difícil de explicar, pero sucedía todo simultáneamente. Cuando se enfocó en mí, sentí que se comunicaba conmigo. No lo hacía con palabras, sino a través del pensamiento. No sé cómo decirte, pero pude sentir sus emociones que eran de alegría, amor y entusiasmo. Yo sentí sus emociones, las pude sentir por telepatía[11] —dijo, llevando la mano abierta a su pecho.

—¿Es que tú tienes capacidades de médium? —pregunté

—No, Lola —negó con la cabeza—. Voy a tratar de explicártelo. Era como si ese espíritu, que acababa de salir del cuerpo aún vivo del paciente, estuviese a la vez dentro de mí, como si se fundiera conmigo a la altura de mi pecho. Sentí una especie de fusión con su alma, o su esencia, de manera que me podía comunicar con él sin necesidad de mediar palabra alguna.

—¿Perdona? —dije tocándole el brazo—. Quieres decir que pudiste ver el alma o la esencia del paciente que estaba en la cama inconsciente y que, además, sentiste sus emociones.

—Sí, así es —dijo asintiendo varias veces—, eso es Lola. La sentía naturalmente dentro de mí. Sus emociones. Pero a la vez, sabía que no eran mías. Se comunicó conmigo sin mediar palabra, eran solo proyecciones mentales y sensaciones. Y través de esas sensaciones entendí al instante lo que deseaba. Te lo voy a decir en palabras para que me puedas entender, pero te repito, no había palabras. Solo pude sentirlo.

11. Transmisión de pensamientos, contenidos psíquicos o sentimientos entre personas, sin intervención de los sentidos o de agentes físicos conocidos.

—Sentiste sus emociones que eran de amor, alegría y entusiasmo —asintió—. ¿Se estaba muriendo y tenía esas emociones positivas?

—Sí. Correcto, así es. Me pareció dispuesto o preparado a marcharse. Creo que aceptó que le había llegado su hora y que por eso aparecieron esas emociones —afirmó con cierta firmeza—. Sí, «entusiasmo», esa es la palabra.

—Me parece muy reconfortante que nos podamos marchar con esa actitud de amor e incluso de entusiasmo. —Casi no podía hablar, era una bella experiencia y asentí con una sonrisa.

— Sí, para mí también lo fue. Era una fusión de almas porque en este especial estado en el que yo sentía esa fusión con el paciente, percibí lo que quería y era algo parecido a «¡Vete ya, que tengo que despedirme de mi familia!».

—¿Sentiste que el paciente quería que te marchases? —volvió a asentir—. Entonces recibiste ese mensaje sin palabras en el que el paciente te pidió que te fueras de la habitación.

—Exacto. Sí, sentí telepáticamente que me estaba pidiendo que me fuera. Recuerdo que me pregunté: «¿Cómo va a despedirse de la familia si está inconsciente?». Sea como fuere, yo estaba asombrado por lo que me acababa de suceder y finalicé la conversación de manera suave. Salí de la habitación tal y como me había pedido el paciente, bueno su cuerpo esencial o espiritual. No sé cómo llamarlo.

—Es verdad. —Me encogí de hombros.

Estamos en un momento en el que aún no hemos encontrado un nombre acorde para estos tiempos, pero, seguramente, nos pondremos de acuerdo en darle alguno que unifique conceptos como alma, espíritu, conciencia y supraconciencia.

Queda mucho por averiguar e investigar acerca de esta esencia de lo que en realidad somos, y estoy segura de que nos quedan grandes cosas por descubrir.

—Esa energía que todos tenemos y somos pudo comunicarse conmigo. El caso es que el paciente se encontraba estable cuando salí de la habitación, pero al cabo de unos escasos veinte minutos, me avisaron de que acababa de fallecer. Esto me corroboró, de alguna manera, lo que yo había experimentado, que me pidiese que me marchara, que quería despedirse de su familia, indica que esperaba que el desenlace estuviese cerca. Él sabía que no tenía mucho tiempo y por eso me pidió que abandonase la habitación.

—El paciente ya no se despertó para despedirse

—No —negó varias veces—. Falleció estando su cuerpo físico inconsciente.

Me pregunto de qué forma una persona inconsciente puede despedirse de sus familiares. ¿Tal vez susurrándoles palabras que son «escuchadas» telepáticamente? ¿Tal vez con una fusión de energías tal como Marco sintió? ¿Se funden las energías, aunque no seamos conscientes de esa fusión?

El paciente deseó que Marco se marchase para quedarse a solas con su familia y poder despedirse de ella. Si Marco pudo «ver» su cuerpo espiritual, seguramente ese cuerpo fue el que se despidió, ya que el físico nunca despertó. Pero ¿cómo lo hizo?

¿Algún día podremos comunicarnos con los que se están despidiendo de la experiencia humana o sentirlos de alguna manera? ¿Y si lo que cuenta Marco sucediera habitualmente y los seres queridos, con su conciencia, pudieran desplazarse fuera de su cuerpo y despedirse de nosotros a nivel energético o sutil, a un nivel más profundo del que no somos conscientes?

De hecho, hay personas que pueden sentir el espíritu o la conciencia del ser querido a distancia, a través de diversos fenómenos en la «fase de la despedida». Ahora, me pregunto, ¿esa fase de despedida sucede siempre? Y si así fuese, ¿por qué en ocasiones se percibe al que se acaba de marchar y en otras no? Y en esta ocasión, ¿sintió la familia esa «despedida»? Tal vez algún miembro de la familia sintió algo, no lo sabemos porque no preguntamos por esa fase de las despedidas ni por este tipo de vivencias a los familiares y a los seres queridos.

¿Ayudó a su familia en el proceso de duelo? Me lo pregunto porque, en ocasiones, en la fase del duelo suele aparecer, como de la nada, una calma o paz que nos inunda, a pesar de encontrarnos en un momento de pérdida. Esa sensación de paz que nos ayuda y reconforta durante unos instantes, a veces durante horas o incluso días. Tal vez así nos reconfortan los del otro lado. Y tal vez nos ayudan a que el duelo pueda hacerse más llevadero.

Deberíamos darnos permiso a nosotros mismos para poder recibir esa energía de despedida, porque, en ocasiones, estando en duelo podemos percibir paz y notarnos reconfortados y consolados. Pero si interviene la mente que nos alerta de que no es así como deberíamos encontrarnos, sino que deberíamos estar tristes y afligidos, volveremos a estar de nuevo en la pena.

Depende de lo que cada uno considere que debe sentir. Quizás hasta en el duelo puede que estemos mediatizados por nuestras creencias.

7.2.4. Música celestial

Nos quedamos callados unos instantes. Yo estaba inmersa en mis reflexiones cuando Marco me sacó de las mismas, relatándome lo que le sucedió con otro paciente.

—Recuerdo otro caso que me llamó la atención —continuó mi colega—. Esta vez fueron los familiares que acompañaban al paciente quienes me comentaron lo que sucedía.

—En paliativos, los familiares solicitan con asiduidad ayuda sobre qué hacer con su ser querido que está enfermo. Desde las dificultades para una alimentación correcta hasta cómo ayudarle para su bienestar emocional.

—Sí, sí —dijo frunciendo el entrecejo y bajando la cabeza— y nos hacen partícipes de multitud de situaciones que les preocupan. En esta ocasión me comentaron que el paciente había comenzado a ver a seres queridos ya trascendidos. —Levantó la vista hacia mí—. Tú ya sabes lo frecuente que es. Me dijeron que cada día acudían más los del otro lado y que esas visitas se alargaban en el tiempo.

—Es el típico patrón. Conforme el paciente se adentra en el proceso del tránsito, la conciencia se va expandiendo y puede ver más cosas del otro lado, quizás porque va perteneciendo cada vez más al otro lado que a este.

—La familia me comentó que mantenía conversaciones frecuentes con los que lo visitaban desde el otro lado y que lo veían gesticulando, mientras conversaba y miraba a un punto como si allí hubiera alguien que los acompañantes no podían ver. Esas visitas con las que hablaba lo reconfortaban mucho. Hasta aquí nada inusual, lo que suelo ver en mi servicio casi a diario. Pero hubo algo que me sorprendió y es que el paciente refería estar escuchando coros.

—¿Coros? ¿Escuchaba música?

—No, no decía nada de música con instrumentos, decía que escuchaba coros de niños de iglesia.

—Era una escolanía, un coro de niños que canta especialmente en contextos religiosos.

—No había oído nunca hablar de que los moribundos pudiesen percibir música o coros de niños como parte de su conexión con el otro lado—negó con la cabeza—. Por eso me llamó la atención.

—Es cierto que en las experiencias de lecho de muerte no hablan de música, pero sí que hay ECMs en donde refieren escucharla. Recuerdo a una compañera que me contó que, cuando era niña, la sometieron a una cirugía de urgencia y tuvo una parada cardiaca. De esto último se enteró años después. Te estoy hablando de un tiempo, no tan lejano, en donde no se hablaban de ECM, y se las achacaba a los efectos de la anestesia o a otras causas. En la mayoría de los casos, ni se las escuchaba ni se les echaba cuentas porque no se les daba la categoría de experiencia como se le da en la actualidad. Tampoco se llevaba registro alguno de las mismas. Al igual que hoy no se lleva registro de las visiones de los que están en tránsito. Me contó, entre otras cosas, que estando en la mesa de operaciones, abandonó su cuerpo y escuchó unos coros cantar, pero no eran de niños, eran de personas con un estilo de música que nunca ha podido identificar completamente porque nunca ha vuelto a escuchar una música semejante. Decía que eran coros celestiales.

—¡Guau! Entonces eso de escuchar música sí que está reportado en personas que han tenido ECM.

—Sí, aunque no es de lo más frecuente. El caso es que mi amiga me dijo que, durante mucho tiempo y aún hoy, ha estado buscando música que se le pareciera. No ha encontrado nada similar, aunque piensa que el góspel podría tener un parecido lejano a lo que había escuchado. Me confesó que el recuerdo de su ECM era tan vívido, que esa música coral seguía estando en su cabeza tan clara como el día en el que casi muere siendo una niña.

El concepto de coro celestial no es nuevo, por lo que deduzco que esa música coral del otro lado ha sido descrita con anterioridad, y ya existía antes de que las investigaciones sobre ECM y sobre la perimuerte fueran descritas.

¿Quiénes son los que cantan? ¿Están cantando de verdad?, o, ¿es un tipo de vibración armónica que interpretamos como si fuese una melodía? No lo sé, quizás algún día pueda disfrutar de la experiencia. En este plano hay música que puede hacerte sentir mejor, o melancólico o feliz, ¿será igual en el otro lado? ¿Y es una forma de expresarse y de comunicarse?

En el siguiente caso aparece la visión del túnel de luz y el fenómeno aduana durante un sueño.

MI PADRE ME DETIENE EN EL TUNEL DE LUZ

—Otro de los casos que me dejó huella —continuó Marco cambiando de conversación— es el de una paciente de algo más de cuarenta años aquejada de un cáncer de mama. Con dos hijos menores. Siempre te impresiona ver a mujeres jóvenes con niños pequeños que estén tan enfermas. En este caso me llamaba la atención que el acompañante habitual fuera su madre y no su pareja y padre de los niños. En mi experiencia, la pareja suele estar presente, en mayor o menor medida.

—Y ¿no la acompañaba en ninguna ocasión?

—No sé, no llegué a conocerlo. Si alguna vez vino, no coincidí con él.

—Entonces, ¿por qué la pareja no iba con ella?

—Me dijeron que era el que se quedaba al cuidado de los niños y que por eso no acompañaba a su mujer.

Es importante observar quiénes son los acompañantes. Nos puede dar pistas acerca de los apoyos emocionales con los que cuenta el paciente.

—Y ¿qué fue lo que te impresionó de este caso?

—Pues que la paciente me contó que había tenido un sueño con su padre fallecido. Me lo dijo espontáneamente cuando yo le pregunté si tenía miedo a la muerte.

—¿Le hablaste directamente sobre si tenía miedo a la muerte? —pregunté interesada en saber cómo otros compañeros abordaban el tema.

—Fue en el curso de una de las tantas visitas que le realizaba cuando ella estaba en paliativos, que fueron muchas. Y salió el tema. No sabes cómo llegas a hablar sobre la muerte, pero, si aparece, no pierdo la ocasión de preguntar para ver cómo se siente la persona.

—Te entiendo, si aparece en la conversación, no evades el tema, imagino que hasta donde el paciente esté dispuesto a compartir o expresar.

—Sí, claro, sin forzar la situación. Pero en este caso ella estaba muy deseosa de compartir conmigo. Me di cuenta por su actitud, ya que en el momento en que se tocó el tema de su propia muerte, me dijo que había tenido un sueño seis meses antes en un viaje que había hecho ya estando enferma, a Italia. Que ese sueño solo se lo había contado a su pareja y que ahora me lo quería narrar a mí. El sueño había sido superreal. Ella veía como se abría un portal a otra dimensión. Tras este observaba un paisaje bellísimo, un jardín de flores de vivos y vibrantes colores. La paciente en el sueño nunca entraba al portal. Solo lo percibía desde fuera. Pero ve a su padre y cuando quiere acercarse, su progenitor, desde el portal, le dice que se detenga y no avance, con la mano le hizo un gesto para que se detuviera y le dijo de forma telepática: «Por ahora no puedes pasar. Pero estate tranquila que cuando llegue el momento, todo va a estar bien».

—Es un sueño con un mensaje duro, el padre desde en el otro lado le dice que no es su momento, luego quiere decir que ese momento está cerca, porque ella misma se acerca ya a ese portal. También le da esperanza cuando le dice que cuando lo sea, todo estará bien —dije.

Pensé que las experiencias que tienen las personas en la perimuerte, aunque sean parecidas, me siguen asombrando y emocionando.

—Ella tuvo un tránsito muy difícil —continuó Marco, recordándola, y apoyando los antebrazos en la mesa—. Era obvio que no quería morirse. Tenía dos niños pequeños, tal vez esa fuera una de las razones por las que luchó muchísimo contra el progreso inexorable de su enfermedad. Como te he dicho, el sueño lo tuvo en un viaje cuando ella estaba enferma y me comentó que después del sueño algo sutil cambió.

—¿Qué quieres decir? —pregunté pensando que era el inicio de la aceptación del curso de la enfermedad y de su tránsito. El que se abriese un portal, encontrase a su padre y que le diera un mensaje en donde estaba implícito que tenía una hora, un momento, y además esa frase «todo va a estar bien» es como una invitación a la aceptación de lo que finalmente ocurrió.

—Más bien, según me comentó la paciente, la ayudó a disminuir su miedo a la muerte. Falleció seis meses después de haber tenido ese sueño.

Encontrarse en los aledaños de la muerte, abre un portal. En este caso, el portal se abre en un sueño.

Como en tantas ocasiones, un familiar ya fallecido acude a la frontera entre mundos en donde parece existir una aduana y un guardián de la misma que te informa de que no puedes cruzar, que no es tu momento.

También la tranquilizó la información de que todo iba a estar bien. Este mensaje es muy reconfortante si tienes circunstancias dolorosas como lo es dejar a tus hijos huérfanos.

Entonces, si está nuestra hora señalada en nuestro destino, ¿quiénes lo saben? ¿Es algo que cualquiera desde el otro lado puede saber? ¿O solo nuestros seres queridos o almas allegadas que nos están esperando lo saben?

Tal vez, en ese otro lado el tiempo no transcurre como aquí y el pasado, el presente y el futuro sean y estén asequibles en el mismo plano. Quizás por eso tienen acceso al futuro.

Y cuando finalmente traspasemos la barrera del misterio, ¿estará todo bien?

Deseo expresar un emocionado agradecimiento al doctor Marco Trucco, por compartir estas especiales vivencias de los pacientes con testimonios veraces a los que les prestó su sensibilidad y su atención. No tuvo impedimento para que apareciese en el libro su nombre real, dando prueba de su valentía y del paso adelante en la investigación de la conciencia en la perimuerte. Un gran abrazo, amigo, y gracias por tu hermosa labor en paliativos, donde un médico es una mano tendida a la compasión, el acompañamiento a las personas y un eslabón entre mundos.

8
DEL *ARS MORIENDI*[1] DE LA EDAD MEDIA A «MI MUERTE ES MÍA» DEL SIGLO XXI

1. CONOZCAMOS UN POCO A LA MUERTE

Para tener un buen morir, en primer lugar deberíamos reflexionar sobre lo que es y lo que no es la muerte.

Con la muerte se completa el ciclo iniciado en el nacimiento. La naturaleza tiene un carácter cíclico. El día y su noche, la rotación de las esferas celestes o el ciclo del agua entre otros miles de ejemplos. Nuestra vida en la Tierra es un ciclo de nuestra alma. Comienza cuando nacemos y se acaba cuando nos acontece lo que llamamos muerte, que es la desconexión de nuestra conciencia del mundo material: la conciencia abandona el cuerpo y este perece. Así pues, nacer y morir nos ocurrirá de manera cíclica como parte del ciclo de la vida. Entonces, ¿qué es más vida, nacer o morir?

La muerte no es oscura ni tenebrosa. Las personas que han tenido una ECM nos cuentan, en su gran mayoría, que tras abandonar el cuerpo la conciencia queda expandida, pudiendo apreciar

1. *Ars Moriendi*, «El arte de morir» se refiere a un género de textos y manuales escritos en Europa alrededor del siglo XV que ofrecían consejos y pautas para morir bien, según los ideales y preceptos cristianos de la época.

una luz acogedora que brilla sin deslumbrar. Lo que existe detrás de la muerte no es oscuridad ni tinieblas, sino luz.

La muerte es igualitaria y nunca ha discriminado a nadie por edad, sexo, religión, ideología política, dinero, nivel sociocultural, o cualquier otro sesgo que se te ocurra. Todos, sin excepción, tenemos una cita con ella. Independientemente de quienes hayamos sido en la vida, ella nos acoge por igual. Viene a buscarnos sin enorgullecerse o avergonzarse de nadie.

No es hipócrita, sabemos lo que es y lo que quiere, y no utiliza argucias para engañarnos.

Sí existe un juego de autoengaño por nuestra parte: la muerte es algo que les pasa a otros. Queremos saber, porque tenemos curiosidad, y no queremos saber porque nos da miedo, ese es el juego. Pero ella siempre te dirá la verdad: viene a poner fin a una encarnación, a un capítulo de tu vida en la Tierra.

Personalmente creo que venimos a la Tierra más de una vez. De manera que, en ocasiones estamos aquí y otras en el otro lado. Vamos y venimos de manera continua. El título y el contenido de uno de los libros de Brian Weiss *Muchos cuerpos, una sola alma*[2] mantiene la misma teoría. La conciencia es una y se manifiesta en distintos cuerpos para evolucionar. ¿Por qué tiene que evolucionar? Buena pregunta para cuando estemos delante de la conciencia suprema del creador.

La muerte es imprescindible para poder cerrar un capítulo y poder abrir el siguiente. Finalizada una vida terrestre, se tienen experiencias que no se tenían antes de vivirla y, por lo tanto, hay un conocimiento que se adquiere. La muerte da la oportunidad de que la conciencia regrese al mundo espiritual, a ese al que realmente pertenecemos y del cual venimos.

La muerte se ciñe a las reglas y las cumple. ¿Qué reglas? La regla de lo cíclico: todo lo que nace, muere.

2. Weiss, B., *Muchos cuerpos, una sola alma*. Editorial B de Bolsillo, 2018.

No defrauda ni te vende humo. Es de lo poquito legal y verdadero que hay. Quizás lo único. La muerte es una aliada en la evolución de la conciencia, al permitirnos elaborar los conocimientos adquiridos, integrarlos y sacar conclusiones. Este plano material es mutante, nunca es igual en las formas. Es nuestro cuerpo el que pertenece a este plano y está destinado a quedarse en el mismo plano en el que se creó. Los átomos que constituían mi cuerpo darán lugar a otras formas densas del mundo material.

La muerte nos invita a que reflexionemos sobre la esencia de lo que, en realidad, somos. Ya que todo tiene un sentido en la naturaleza, ¿cuál es el sentido de nuestra existencia?

Nos aconseja que no perdamos el tiempo, puesto que venimos con lo puesto y no hay prórroga que sepamos, así que focalicemos e intensifiquemos nuestros días, porque están contados.

La muerte centra, sitúa y focaliza, mientras que, si no la tenemos en cuenta, puede hacer que nos dispersemos, derrochemos nuestro tiempo y nuestra energía en distracciones que se podrían considerar un fin en sí mismas, pero que son meros entretenimientos. La muerte nos hace reflexionar en profundidad.

Una vez que hemos puesto a la muerte en su sitio, ahora podemos poner al enfermo terminal y al que está en su proceso de tránsito en el suyo: el protagonista de su propia muerte.

No lo es la familia doliente, no lo son los hijos que deja, no es el negocio que puede llevar a la quiebra a la familia. El protagonista de la muerte es el que se está marchando.

Esto, una verdad de Perogrullo, tiene más enjundia de lo que podríamos pensar a primera vista. Al moribundo se le ha ido desposeyendo de su autoridad a la hora de decidir lo qué hacer, o no hacer, en su proceso de tránsito. La familia o el personal sanitario suelen decidir por el paciente, cuando debería ser el paciente el que decidiese de antemano o sobre la marcha. En algunas ocasiones, cuando los acontecimientos se precipitan, no podrá ser, por ese motivo deberíamos dejar esbozados los detalles de nuestra propia muerte.

Los cuidados paliativos se centran en la calidad de vida y el confort, no en curar la enfermedad. Pensar en la muerte como una alternativa compasiva hacia el ser humano doliente que se está desconectando de su cuerpo físico, sería empezar a aceptar la finitud de nuestra vida en este plano terrenal. Sería tener en cuenta a la muerte, amigarse con ella, enfrentarse a ella, no como al enemigo a derribar porque, a pesar de la soberbia que puede encerrar este movimiento, existe una verdad a la que deberíamos mirar a la cara, la de que el cuerpo está hecho para morir y con ello darnos la oportunidad de dejarnos ir de manera sencilla y tranquila para volver a casa, al mundo espiritual.

A la enfermedad se la combate, pero ¿no sería mejor que, llegado el momento la muerte nos tome de su mano y despedirnos de este mundo sin dramas ni tragedias? Poder marcharnos desde la esencia de lo que somos: espíritus valientes que decidieron experimentar una vida humana.

Cuando se acepta la condición mortal, se evapora la presión de tener que sobrevivir a toda costa. Nuestro cuerpo nunca va a sobrevivir, pero nuestra conciencia nunca va a morir. Tal vez este cambio de punto de vista sobre la muerte nos ahorraría sufrimiento y dolor.

Cuando somos conscientes de nuestra finitud, podemos acercarnos a la muerte con las preguntas más importantes que se puede hacer el ser humano: ¿para qué estoy aquí? ¿De dónde he venido? ¿Adónde iré después?

Sería maravilloso estar preparados para acompañar a un ser querido en su tránsito tanto como para diseñar el nuestro propio, con los miedos controlados y la serenidad suficiente.

Porque, si bien es cierto que la conciencia sobrevive al cuerpo y la ciencia lo está demostrando a través de las ECM, nos queda una última pregunta: ¿para qué quiero una conciencia que sobreviva al cuerpo?

Probablemente porque todo en el universo tenga una conciencia, aunque con distintos niveles, y quizás esa es nuestra naturaleza, la de tener conciencia, y nuestra evolución sea la de aumentar su nivel.

2. EL MIEDO A LA MUERTE

Para poder ser el centro de nuestro propio proceso de tránsito debemos resolver primero el tema del miedo.

El miedo a la muerte es el miedo primigenio del que surgen todos los demás. Hay muchas personas que no reflexionan sobre la muerte precisamente por el bloqueo emocional, o el freno, que les impone el miedo.

Los orígenes de este miedo son diversos:

◊ El miedo a la muerte puede provenir del propio instinto[3] de supervivencia.

Cuando nuestra integridad física o emocional se ve amenazada, se desencadenan una serie de reacciones físicas para protegernos y poder sobrevivir.[4]

En la infancia tenemos una gran dependencia física y emocional de los adultos, de manera que, si estos nos abandonan, podríamos perecer con gran probabilidad. Sobrevivimos a la infancia porque existieron adultos que nos alimentaron, nos dieron un te-

3. Se entiende como conjunto de pautas de reacción que contribuyen a la conservación de la vida del individuo y de la especie.

4. Cuando un ser vivo se encuentra amenazado, se desencadenan unos mecanismos de supervivencia instintivos, siendo la reacción de lucha o huida la más conocida, en la que el cuerpo se prepara para la acción inmediata, mediante el aumento de la función cardíaca y pulmonar, la movilización de energía y la supresión de funciones no esenciales. Además, puede ocurrir una inmovilización donde el cuerpo se paraliza ante el peligro, lo que puede disminuir el daño físico.

cho para protegernos de la intemperie, nos asearon, nos cuidaron cuando estábamos enfermos.

También tuvieron que atender a nuestro mundo emocional con mejor o peor resultado, dependiendo de multitud de factores que no son el tema de este libro el abordarlos.

Este miedo primigenio a la muerte es el origen de cualquier otro miedo. Por ejemplo, el miedo al ridículo o al rechazo del grupo proviene de que somos seres que necesitamos vivir en sociedad para sobrevivir. En este contexto, el miedo al rechazo se puede asociar a una especie de muerte social. La aceptación de los demás nos proporcionaría la protección del grupo, mientras que el rechazo nos pondría fuera del mismo, nos marginaría y conllevaría graves dificultades para sobrevivir. Pensemos que hoy en día, la cancelación social[5] a la que se somete, a veces, a las personas conlleva su aislamiento y se espera, en cierta manera, que no sobreviva por lo menos socialmente.

La primera aceptación que buscamos es la de la madre, la que nos alimenta. Sin esa aceptación corremos el riesgo de ser rechazados, y si lo somos, nos pueden abandonar y si nos abandonan, podemos perecer. Por lo tanto, una infancia en donde nos encontramos inseguros o rechazados, con miedo a ser abandonados y por lo tanto a no sobrevivir, puede estar influyendo en el actual miedo que se le tenga a la muerte.

◊ El miedo a la muerte también puede tener su origen en el miedo a lo desconocido. No sabemos qué nos va a ocurrir cuando el cuerpo físico muera. Después de esta vida, nuestra conciencia se dirige a otro lugar, pero ¿cuál es ese lugar? Si es que es un lugar físico, porque podría ser un plano o dimensión, el caso es que no sabemos a ciencia cierta adónde nos dirigiremos tras esta vida.

5. Es la práctica de ignorar, excluir a un individuo dentro de un grupo, lo que causa soledad y puede ser perjudicial emocionalmente.

Con la aparición en la sociedad del estudio y difusión de las ECMs, muchos de sus protagonistas hablan acerca de lo que se puede vislumbrar en los primeros tramos cuando se cruza al otro lado. Así pues, suelen ver un túnel en el que aparece una luz al final del mismo y que se va haciendo más evidente y cercana conforme se avanza, hasta quedar dentro de ella.

Coinciden, la gran mayoría de los que han experimentado estas ECM, que esa luz confiere sensación de felicidad, amor incondicional y paz de tal intensidad que ya no quieren volver.

Siempre me he preguntado qué es esa luz. ¿Es algo o es alguien?

Cuando nos toque acercarnos a la muerte, si lo hacemos con la confianza en nuestros propios recursos y si piensas como yo, que no es la primera vez que hemos muerto y que ya hemos vivido otras vidas, en el momento de trascender, ¿recordaremos esas otras ocasiones en la que hemos pasado por el tránsito?

El proceso de morir está diseñado y sigue unas fases hasta completar su desarrollo. Debemos confiar en que seguirán su curso para llevarnos a buen puerto, como confiamos en que mañana saldrá el sol. El camino espiritual nadie puede hacerlo por otro. Es individual, reflexivo e intuitivo. No se basa en creencias que pueden llegar a ser dogmáticas. Tendremos que ahondar en lo que realmente somos, aunque nos cueste mucho experimentar que somos algo más que una mera carcasa material.

◊ El miedo a morir tendría una vertiente asociada al miedo a vivir. La incertidumbre surgida al no saber lo que existe en el otro plano puede asustar, pero también asusta cualquier incertidumbre, como por ejemplo tener que tomar una decisión u otra y no saber cuál va a ser el resultado, por ejemplo, al escoger una profesión, un trabajo, una relación; en definitiva, el dilema que se nos plantea al tener que escoger es la incertidumbre del resultado que conlleva.

A veces, este dilema tiene que ver con las expectativas que otros (familia, sociedad) han puesto en nosotros y nos vemos abocados a escoger entre la mejor opción, según nuestro deseo, o escoger lo que se espera de nosotros.

¿En cuántas ocasiones decidimos según las expectativas que han depositado en nosotros nuestros padres, la familia o la sociedad? ¿Cuántas veces escogemos lo que queremos? ¿En cuántas de ellas tomamos decisiones en función de lo que se espera de nosotros, para evitar el rechazo y obtener la aprobación?

Pero ¿es en realidad lo que nosotros deseamos hacer? La confusión entre lo que deseamos y lo que se espera de nosotros puede llegar al punto de no saber siquiera qué es lo que verdaderamente queremos y, entonces, optamos por hacer lo que se espera de nosotros, así no nos equivocamos en obtener la aprobación de la familia o de la sociedad.

En muchas ocasiones, esta actitud lleva a la insatisfacción. Una insatisfacción que al principio no sabemos a qué es debida, al igual que, a veces, no sabemos en realidad qué es lo que queremos. Hay quien al sentir esa insatisfacción comienza a analizar su vida, sobre todo aquellos que objetivamente y según los criterios de éxito y fracaso de la sociedad disfrutan de una «vida perfecta»

Maribel, una empresaria de 42 años, acudió un día a mi consulta porque no se encontraba bien.

—Tengo una vida perfecta, doctora —comenzó a decir—. Un marido prefecto, dos hijos perfectos, una familia perfecta y un trabajo perfecto que me gusta, y mis empleados me adoran. ¿Por qué no me siento feliz? ¿Por qué estoy siempre tan cansada?

—No lo sé, Maribel, pero sí sé que no existen las vidas perfectas.

—¿Qué quieres decir? —Me miró a los ojos elevando la barbilla—. La mía lo es.

—Lo que quiero decir es que hay ocasiones en las que confundimos lo que deseamos hacer con las expectativas de los demás. Y, aunque todo vaya bien, como dices, en el fondo sabemos que hay algo que no acaba de ser como queremos.

—Yo acabo de salir de una grave enfermedad —me dijo tras mantener un silencio—. Me han detectado un carcinoma *in situ*[6] porque yo insistí en que me lo miraran bien. Sabía que algo iba mal. Y así era. Tenía un cáncer en fase tan temprana que me lo pudieron extirpar y acabar con él en el mismo acto quirúrgico.

—Algo parecido te pasa ahora —le dije hablando despacio—. Sientes que en tu vida algo no va bien, pero no sabes qué es.

Maribel asintió. Tras varias consultas en las que me iba contando las cosas de su vida, me confesó que su empresa, a la que adoraba, estaba bajo la tutela y dirección, en la sombra, de su padre que era quien la aconsejaba en el negocio. Su padre era muy bueno en los negocios y ella había aprendido mucho, por lo que tenía la costumbre de solicitar su consejo. Ahora ella tenía opiniones propias. Veía la empresa con unos ojos más modernos y deseaba aceptar nuevos desafíos, mientras que su padre era más conservador y tradicional. Aun así, para no defraudarle seguía sus consejos, en detrimento de la orientación personal y más vanguardista que ella deseaba imprimir a su negocio. Se encontraba en este conflicto, entre hacer lo que ella deseaba y lo que agradaba a su padre.

A Maribel, el hecho de haber tenido un cáncer en su cuerpo físico le hizo reflexionar si en su vida también tenía algo que no funcionaba bien. Su insatisfacción se lo estaba haciendo saber.

Acabó hablando con su padre y decidió marcharse a otro lugar y empezar de nuevo. Fue una elección consensuada con su marido. Quiso darse la oportunidad de labrarse un futuro por ella misma. Y su marido la acompañó en su nueva aventura.

Ella, tras reflexionar, rectificó a tiempo, pero ¿y si el miedo es más fuerte y no hacemos nada? Quizás un día, al darnos cuenta de que se pasó la ocasión de intentar, al menos, hacer aquello que hubiésemos querido sintamos que se nos ha pasado la vida y ya no lo podemos hacer.

6. Un carcinoma *in situ* es un tipo de cáncer en el que las células anormales permanecen en el lugar donde se originaron, sin haberse propagado a los tejidos circundantes.

Como le pasó a Maribel, hay personas a las que la enfermedad les hace reflexionar acerca de su cobardía en la toma de decisiones y la coherencia con sus deseos.

Antonia es una mujer que ha sufrido años de maltrato llevando una vida triste y sin amor. Piensa que ya es tarde para ella, para emprender una nueva vida y que debe seguir casada con su esposo «porque lo dice un papel que firmó» (acta matrimonial). Cree que el matrimonio es para toda la vida.

Cuando se pone enferma, entra en pánico. Tiene un gran miedo a la muerte, es algo que la atormenta profundamente. Vive resignada a su triste vida, aunque esté llena de sufrimiento.

Cuando una persona se resigna,[7] no va a tomar ninguna determinación ni decisión sobre su situación, sino que va a permanecer en ella con el trasfondo de la insatisfacción. Es como decir «esto no me satisface, pero es lo que me ha tocado».

Otras personas optan por variar su situación, aunque sean mayores. Nunca es tarde.

Pepi, desde la pandemia, prácticamente no sale de casa. No deja entrar a ninguno de sus dos hijos ni tampoco a sus nietos. Solo sale de casa para comprar y lo hace con doble mascarilla. Me lo cuenta pensando que yo, como médico, estaré de acuerdo con esa decisión tan radical. Pero esa precaución también es radical.

Hace tiempo que no acude a la consulta, la atiendo mediante cita telefónica y en una de ellas surgió el tema:

—Hace mucho tiempo que no te veo, Pepi —le dije al otro lado del teléfono—, me gustaría que te pasaras por la consulta y poder echarte un vistazo, tomarte la tensión, auscultarte, no sé, es que no es lo mismo una cita telefónica que una presencial, ¿no te parece?

—Yo no salgo de mi casa, doctora y menos para meterme en un

7. La resignación es la conformidad o aceptación pasiva de una situación adversa, o dolorosa, que se percibe como inalterable y tiende a generar pasividad, desmotivación y un sentimiento de impotencia al creer que no se puede hacer nada para cambiar las circunstancias.

centro de salud, que a saber la de bichos que habrá allí metidos —me contestó algo alarmada.

—Pepi, entonces, ¿qué vas a hacer con tu vida?

—No sé qué quieres decir, doctora.

—Lo que quiero decir es que estás reduciendo tu vida a las cuatro paredes de tu casa. Te lo digo para que reflexiones. Has venido a vivir una vida ¿no?, ¿porque no la vives? —le pregunté al otro lado del teléfono. Hay quien decide vivir en soledad, pero Pepi no salía a la calle, al mundo, por miedo.

—Yo he decidido quedarme en casa, doctora. Aquí nada malo me puede pasar.

Ese «nada malo» está relacionado con la muerte. Piensa que, si no sale de casa, la burlará o la ahuyentará por más tiempo y tal vez no aparezca.

Pero cuando finalmente le acontezca, ¿se arrepentirá de haber vivido los últimos años encerrada voluntariamente en su vivienda, sin contacto con su familia y amigos?

◊ El miedo a la muerte puede estar asociado al dolor físico y emocional que tal vez tenga la última enfermedad, la más grave de todas, la enfermedad terminal.

La enfermedad grave es uno de los distintos instrumentos utilizados para trascender. Esta enfermedad puede ser dolorosa de por sí, por los tratamientos largos o por los efectos secundarios que puedan aparecer como consecuencia de esos tratamientos o por complicaciones en la enfermedad, y todo esto acompañado por el dolor de presenciar, casi sin poder hacer nada, el propio e inexorable declive. Con lo que al dolor físico se le suma el dolor emocional. Pero, en mi experiencia, cuando el dolor físico se controla, el dolor emocional también lo hace. Uno puede estar enfermo, pero si no existe dolor físico, aumenta la calidad de vida y la persona mejora en todos los ámbitos.

Luego el control del dolor, y hoy en día hay muchísimas maneras de conseguirlo, mejorará la vida física y emocional.

Lo que debemos saber es que la muerte en sí misma, no duele. No vamos a ser conscientes del último estertor, porque la conciencia abandona el cuerpo antes del último aliento. Las personas que han tenido ECM cuentan que al abandonar el cuerpo no sufrieron, no sintieron dolor alguno. Es más, aquellos que tenían un dolor físico vivieron la ECM como una liberación ya que dejaron de sentirlo, de padecerlo. El dolor físico se queda en el cuerpo, no nos acompaña al otro lado. Pero cuando vuelven al cuerpo, las personas que tenían dolores físicos viven el reingreso como algo muy traumático y doloroso, ya que vuelven a sentir el dolor, sienten de nuevo todas las afecciones de las que se libraron durante el tiempo que estuvieron fuera del cuerpo, durante el tiempo en el que estuvieron muertas.

Al ser una experiencia similar en todos ellos, por analogía no sería descabellado pensar que debe de ser así cuando la muerte es definitiva.

◊ Los tabúes familiares y sociales asociados también pueden ser el origen de algunos miedos. Hay familias en donde no se puede hablar de la muerte, porque piensan que la atraen. Consideran que lo peor que te puede pasar es que te mueras. Ni siquiera contemplan la idea de que no es lo peor ya que es lo seguro y por lo tanto se tendría que asumir la certeza de esta situación.

No poder hablar de determinados temas, en este caso de la muerte, hace que las fantasías se disparen. Y si la muerte es vista como algo indeseable hasta el punto de ser lo innombrable, lo que se puede pensar acerca de la misma no tendrá que ver con la realidad, sino con la ignorancia y cuando esto sucede, el miedo a la muerte campa por sus respetos.

Si, además, dentro de este círculo familiar hemos visto trascender a alguna persona resistiéndose ferozmente a morir, se refuerza el miedo y la muerte pasa a ser algo terrorífico.

Pero es la resistencia y no la muerte, lo que provoca el sufrimiento. Es la ignorancia, el no poder ni nombrar lo que es intrínseco a nuestra naturaleza lo que se traduce en un miedo a la muerte del que, además, muchas veces ni se es consciente del mismo ya que, al no hablarlo, tampoco se ha pensado y permanece en el mundo subconsciente.

Habiendo visto algunos de los factores que influyen en el miedo a la muerte, cuando este aparece, es conveniente encontrar herramientas que nos ayuden a gestionarlo, averiguando cuál es el origen de los miedos.

Si aparece el miedo, hay que dejarlo que nos acompañe, observarlo, tenerlo al lado y ver qué es lo que nos quiere decir porque es esa parte de nosotros que está insegura y temerosa. El miedo puede hacer que huyamos, peleemos o nos paralicemos. El miedo, como mecanismo de defensa para sobrevivir cuando nos vemos amenazados, es parte de la vida. Pero el resto de las veces nos puede dar una información acerca de nosotros y ayudarnos a descifrarlo si conocemos lo que subyace debajo.

Manteniendo nuestros miedos bajo nuestro control, podemos acercarnos al otro desde una emoción más equilibrada.

3. UN SER QUERIDO ESTÁ MUY ENFERMO, ¿QUÉ PUEDO HACER?

Muchas veces me preguntan cómo se puede acompañar y estar con alguien querido que se encuentra muy enfermo.

Cuando estamos cerca de un ser querido al que le está llegando su última hora, podemos sentir tristeza y dolor si está sufriendo. Pero a la vez puede recordarnos la certeza de nuestra propia muerte.

De este modo tenemos que gestionar por un lado el dolor emocional de la pérdida del ser querido y, por el otro, el miedo a nuestra propia muerte. Y estos dos miedos, a la pérdida y a nuestra propia muerte, van a aparecer siempre.

Antonia era una mujer de unos 55 años que tenía dos hijas y dos nietas. Todas vivían juntas en casa de Antonia. A su hija mayor, y madre de las dos nietas, le detectaron un cáncer muy agresivo que la llevaba a estar ingresada con frecuencia en el hospital. La enfermedad duró ocho meses, durante los cuales Antonia cuidó a su hija tanto en casa cuando le daban unos días de alta, como en el hospital. Poco a poco, la salud de Antonia se resentía, se fue quedando muy delgada, apenas comía, la preocupación le había quitado el apetito.

Un día que vino a verme muy desmejorada, le aconsejé que se cuidara, y le pregunté:

—Antonia, ¿cómo está tu hija?

—Ahora está ingresada, doctora. —Comenzó a sollozar.

Me levanté para poder sentarme a su lado y tomarle las huesudas y resecas manos.

—Bueno, y ¿qué dicen los médicos?

—Pues delante de ella no dicen nada, pero a mí me comentan que está muy mal.

—Habrá que esperar a ver qué va pasando —le dije para traerla al momento presente, porque el futuro llegaría y no hacía falta adelantarlo.

—Doctora —asintió algo más repuesta—. ¿Está bien que me tome un Orfidal[8] cuando voy a ver a mi hija? Es que no puedo entrar a verla sin habérmelo tomado.

—Pues claro, Antonia,[9] imagino lo doloroso que debe ser para ti ver a tu hija enferma.

—Mucho, doctora, el duelo más grande, tanto me duele que cuando llego a mi casa después de dejarla en el hospital, me meto en la cama y ya no quiero levantarme. Tanto me duele verla —pa-

8. El Orfidal es un tranquilizante-ansiolítico utilizado en momentos de nerviosismo y de estrés emocional.
9. Antonia no tenía ninguna contraindicación para tomar benzodiacepinas como el Orfidal.

recía dudar, pero finalmente me confesó—, que no quiero ir al hospital. Te lo digo en confianza. ¡No quiero ir al hospital, no quiero! —negaba con fuerza mientras agachaba la cabeza sin poder contener las lágrimas.

Terminó llorando en mi hombro mientras que yo la abrazaba en silencio en su dolor. El dolor que le causaba ver a su hija enferma y el de la culpa que le arremetía el deseo de no querer verla le provocaba una gran angustia y desasosiego.

—Antonia, te entiendo. Es muy dura tu situación. El Orfidal algo aliviará el dolor emocional. No te sientas culpable por tomártelo cuando vas a verla. No te atormentes con estas cosas ahora. Es normal que no quieras ir al hospital, es la prueba de que tu hija está enferma y tú no quieres que lo esté. Haz lo que mejor te venga para sobrellevar la situación. No te cuestiones. Vive al día y trata de comer algo. Algo caliente te sentará bien.

Ocurre, a veces, que el enfermo piensa que sus seres queridos no lo visitan porque se les ha olvidado su enfermedad y se sienten abandonados. Cuando lo que existe muchas veces por parte de la familia y amigos es una gran incapacidad para gestionar el dolor que les causa contemplar el sufrimiento de aquellos a los que aman.

Entonces, ¿qué podemos hacer?

3.1. ESTAR PRESENTES

A la hora de acompañar o ayudar al que está enfermo y en tránsito, estar presente es de lo más importante. Como en el caso anterior, en el que Antonia, a pesar del dolor que le causaba, iba a ver a su hija. Estaba presente, estaba con ella, la acompañaba. Aunque necesitase un Orfidal, Antonia iba llorando, pero iba. No podía hacer más, y eso ya era muchísimo. Hacer lo máximo que se pueda es una de las premisas que nos podrán guiar. No es hacer lo posible, sino hacer lo máximo. Y Antonia lo cumplía. Hacía lo máximo que esa madre doliente podía.

No hay que hacer nada cuando ya no hay nada que hacer. No hay que optar por lo posible ni por lo perfecto, sino por lo máximo que cada uno pueda.

El ser humano occidental parece que necesita realizar una acción para sentirse útil, sentir que está haciendo algo y así, con la ejecución de una acción, parece que podemos tener cierto control. Pero la muerte viene a decirnos que no tenemos ningún control sobre ella.

Ya pasaron los tiempos en donde se luchó contra la enfermedad, y ahora estamos en el proceso de tránsito. En este momento toca estar al lado de la persona y, en ocasiones, la acción más difícil es justo esa, la de permanecer y acompañar, tanto física como emocionalmente.

El enfermo debe saber que estamos a su lado: estar, ni más ni menos. Sin que nos puedan las distracciones, como por ejemplo estar jugando con el móvil sin parar. Porque eso no es estar. Tu cuerpo permanecerá al lado del paciente, pero tu mente está ocupada en distracciones que te alejan de la persona y del momento presente. Y esto el enfermo lo nota.

Aunque creas que no haces nada, el simple hecho de permanecer al lado de la persona enferma hace que podamos descubrir qué hacer por ella, entonces será el momento de actuar. Y lo descubrimos cuando escuchamos lo que dice. Estar presentes también es escuchar, no para poder contestar inmediatamente, sino para averiguar mediante la escucha, que es lo que quiere y necesita la persona a la que acompañamos.

A veces no dicen nada o hablan poco y es entonces cuando la empatía, maestra fundamental para acompañar, puede entrar en juego. Reconocer en el otro las emociones que hemos detectado en nosotros mismos será mucho más fácil que si no las hemos interiorizado, no por no tenerlas, sino por no haber realizado el trabajo de identificarlas.

Esto quiere decir que un conocimiento previo de ti mismo será de gran ayuda. Ese trabajo interior de autoconocimiento, que cada uno debería hacer, ayuda a reconocer las necesidades del otro. Pero si no has hecho este trabajo interno, no te preocupes, con la observación y la escucha del otro captarás sus necesidades.

Para acercarse al moribundo lo deseable es haber tenido un acercamiento previo a nuestra propia mortalidad, a la finitud de nuestro tiempo, a nuestra propia vulnerabilidad y fragilidad. Pero si tampoco lo has hecho, ten en cuenta que la sola presencia de un ser humano acompañando a otro ser humano ya es un gran apoyo.

Archie Cochrane era un médico escocés conocido por sus reflexiones sobre los servicios de salud y por la promoción de la Medicina Basada en Evidencia (MBE), para la mejor toma de decisiones médicas. En el artículo *The Lancet*[10] titulado «Lo que Archie Cochrane aprendió de un solo caso» podemos leer:

> Los alemanes arrojaron a un joven prisionero soviético en mi pabellón una noche. La sala estaba llena, así que lo puse en mi habitación porque estaba moribundo y gritando, y no quería despertar a los enfermos. Lo examiné. Tenía una cavitación[11] bilateral macroscópica obvia y un roce pleural severo.[12] Pensé que esto último era la causa del dolor y los gritos.
>
> No tenía morfina, solo aspirinas que no surtían efecto. Me sentí desesperado. Yo sabía muy poco ruso entonces y no había nadie en la sala que lo hablara. Finalmente, instintivamente me senté en la cama y lo abracé. Los gritos cesaron casi de inmediato. Murió pacífica-

10. «Lo que Archie Cochrane aprendió de un solo caso», Hurwitz, Brian. *The Lancet*, volumen 389, número 10069, pp.594-595.
11. Una cavitación pulmonar es una zona del pulmón llena de gas en el centro de un nódulo o zona de consolidación.
12. Un roce pleural es la fricción de las dos capas de la pleura cuando están inflamadas produciendo un sonido.

mente en mis brazos unas horas después. No era la pleuresía[13] lo que provocaba sus gritos, sino la soledad. Fue una lección maravillosa sobre el cuidado de los moribundos. Me avergoncé de mi diagnóstico erróneo y mantuve la historia en secreto.

ONE MAN'S MEDICINE
ARCHIE COCHRANE

En este precioso ejemplo se observa cómo sentirse solo puede ser más doloroso que la propia enfermedad, y cómo el estar cerca de alguien puede hacer que lleguemos a saber qué es lo que realmente necesita, aunque sea «solo» un abrazo.

Si nos preocupan los cuidados del cuerpo físico, sobre todo cuando la persona permanece inconsciente y está agonizando, podemos hacernos tres importantes y básicas preguntas, sus respuestas nos guiarán en lo que debamos hacer:

◊ ¿Está limpio? Importante que la ropa de cama y la interior esté limpia y el paciente aseado.
◊ ¿Está seguro? Poner barreras en caso de necesidad por si aparece agitación.
◊ ¿Está confortable? Observar si la cara del paciente o el cuerpo presenta síntomas de que algo le está molestando o doliendo.

3.2. ESTADO EMOCIONAL DE LA PERSONA EN TRÁNSITO

Las fases del duelo: negación, ira, negociación, tristeza y aceptación nos pueden orientar para conocer en qué momento emocional se encuentran y así poder ayudarlos y tranquilizarlos. Para ocuparnos y saber cómo está su mundo emocional podríamos em-

13. Inflamación de la pleura.

pezar preguntando cómo se sienten los enfermos. Os dejo como ejemplo unas frases para que cada uno capte el sentido de las mismas y lo haga a su manera.

◊ ¿Como te sientes hoy? ¿Como van esos ánimos? En numerosas ocasiones obtendremos respuestas de «bien» o «mal». Que esos monosílabos no nos detengan porque así es como muchas veces lo expresan, luego habrá que seguir preguntando o simplemente hablando y escuchando. Estando a su lado sabremos del cansancio y la falta de energía del paciente e intentaremos molestarlo lo menos posible.

Quizás, tras responder «bien» o «mal», al cabo de un ratito comience a hablarnos más en profundidad. Como hemos abierto el camino de la comunicación con una pregunta abierta, interesándonos por la persona, y al no esperar su respuesta demasiado rápido y no interferir ocupando el tiempo en, por ejemplo, comenzar a hablar demasiado de nosotros mismos o interrogarles en exceso, provocamos que la persona se sienta cómoda para contestar. Esto es aplicable a cualquiera de las preguntas que le hagamos. Debemos esperar a que conteste a su ritmo.

◊ ¿Hay algo que te preocupe?
◊ ¿Puedo ayudar a resolver lo que te preocupa?
◊ ¿Hay alguien en especial con quien quieras hablar o comunicarle algo?
◊ ¿Tienes miedo de algo? ¿Hay algo que te asuste?

Estas dos últimas preguntas pueden ser delicadas. No las realices si eres tú el primero que tiene miedo o te asusta lo que estás viendo y presenciando. Por eso insistí al inicio que el trabajo interno realizado en cada uno es importante para apoyar, porque acompañaremos a la persona enferma hasta donde nosotros hayamos reflexionado y nos hayamos trabajado. Y estará bien porque hemos hecho lo que podemos.

Si además hay un tránsito lento, se encuentra en proceso agónico, pero no acaba de dar el salto, nos podemos preguntar y/o preguntarle:

◊ ¿Está/s esperando a que llegue alguien?
◊ ¿Hay alguien que lo está reteniendo con reclamos tipo «quédate con nosotros», «sigue luchando», etc., aunque ya se haya iniciado el proceso de muerte?
◊ ¿Tiene algún asunto pendiente con familiares, amigos, empleados que desea aclarar con esa persona?
◊ ¿Tiene algún secreto que no quiere llevarse al otro lado?

Hace poco, un paciente tuvo que ser ingresado en oncología por un cáncer de páncreas asintomático. Cuando apareció el primer síntoma, ya era demasiado tarde.

Falleció a las dos semanas del ingreso. Yo no volví a ver al paciente. Cada día leía en el ordenador de mi consulta los informes médicos que iban generando los oncólogos que lo trataban.

En uno de estos informes pude leer: «Hablo con el paciente de su estado gravísimo de salud, pero el paciente me dice "no quiero saber" interrumpiendo mi discurso y la conversación».

Esta reacción podríamos enmarcarla dentro de lo que es la Negación o primera fase del duelo. Y tendríamos que esperar a que el paciente vaya integrando a su ritmo la información. El paciente no quería saber y el médico respetó la decisión del paciente. Ahora bien, si te quedaran quince días de vida, ¿querrías saberlo? Es una pregunta para la reflexión.

Quizás en el fondo sí lo sabes, pero no deseas que sea cierto. Sea como fuere, hay que respetar la decisión de la persona. Si, por el contrario, el anterior paciente hubiese tenido un cáncer menos agresivo o fulminante, las consultas sucesivas en oncología, las sesiones de quimioterapia o radioterapia, la vivencia de lo que es el curso de una enfermedad, haría que, antes o después, pensáramos que esa enfermedad pueda ser el instrumento para realizar el tránsito. Nos daría tiempo a pensar y reflexionar mientras que nuestro mundo emocional también se iría adaptando a la circunstancia de una enfermedad grave y terminal.

En tránsitos tan rápidos, si no hemos trabajado y reflexionado sobre nuestra propia muerte con anterioridad, podemos exclamar: «¡No quiero saber!», con lo que todas aquellas cosas que desearíamos haber dicho o hecho podrían quedar pendientes. Porque antes o después nos daremos cuenta de que nos marchamos y entonces, tal vez, sea demasiado tarde.

Aun así, cuando la persona no quiera saber, sí que se puede atender a su mundo emocional y preguntar de manera directa por aquellos temas que le preocupan.

Aunque todos deberíamos estar al día y plantearnos ahora mismo si podemos solucionar lo que nos esté preocupando. No lo dejes para mañana, porque el mañana no existe.

Muchas veces, al preguntar por los temas y cuestiones que preocupan a las personas, descubrí que tenía prejuicios, ya que pensaba que a las personas les preocuparían las mismas cosas que a mí. Pero cada uno es como es. Y es por eso por lo que nos puede llamar la atención la diversidad de temas que pueden llegar a inquietar a la persona en tránsito.

3.3. PREOCUPACIÓN POR LAS RELACIONES PERSONALES

Cuando se está en tránsito, la mayoría de las personas reflexionan sobre su vida y sobre las relaciones personales que han mantenido a lo largo de ella.

Nos podemos preguntar si hemos amado, si nos han amado a nosotros, si nos hemos comportado de manera egoísta o por conveniencia, o si lo hemos hecho de corazón. Probablemente haya un poco de todo. Nadie va a juzgarte más severamente que tú mismo, pero tampoco nadie va a justificar tus acciones tanto como lo puedas hacer tú, por eso deberíamos aprender a ser compasivos y justos a lo largo de nuestra vida. Compasivos para perdonarnos y justos para reconocer nuestros fallos.

Averiguar cuál de estas dos posturas mantenemos en cada reflexión que hagamos, es un punto de avance en nuestro autoconocimiento. Autoconocimiento que debería haber sido trabajado a lo largo de la vida, no solo al final de la misma, y es ese autoentendimiento el que nos lleva al autoperdón. Que no es excusarnos ni justificarnos. Es observar qué fue lo que hicimos y por qué lo hicimos, sin autoengaños. Las respuestas honestas que nos demos pueden ser muy esclarecedoras. Y es ahí de donde surge el autoperdón del autoentendimiento profundo.

Si nuestra postura es siempre excusar nuestros actos o, por el contrario, ser muy críticos con ellos, en ambos casos no estaremos en equilibrio. Pero tengo la impresión, por lo que he podido observar, que, al final, la honestidad hacia uno mismo empieza a imponerse, porque con el tránsito se empieza a desactivar el programa ego y al hacerlo la mentira, tanto la que nos cuentan los de afuera como la que nos decimos a nosotros, comienza a resultar incómoda y hasta inaceptable.

El programa ego se va desactivando durante el tránsito porque la conciencia, o esencia de lo que somos, se hace cada vez más evidente, se despoja de las vestiduras del personaje que hemos estado interpretando, quedando más expuestas las cosas que en realidad importan. Aunque hay egos muy potentes que cuesta mucho desactivar, hay que dejar claro que el único que puede desactivar su ego es uno mismo. Nada de ir dando lecciones a los demás, que sería una forma de ego educativo.

El siguiente caso es el de un familiar que se cuestionó, cuando estaba muy grave en la UCI, por qué se comportó como lo hizo y tuvo el tiempo suficiente para cambiar su conducta.

3.3.1. *La honestidad y coherencia con uno mismo*

Acudí a visitar a mi suegro, Antonio, que estaba en la UCI a consecuencia de un infarto cardiaco. Demacrado, con el rostro afilado y las mejillas hundidas, sus ojos brillaron al comprobar cómo nos acercábamos, mi hija (su nieta) y yo, a la cama en el box.[14] Tras unas frases de saludo y alguna pregunta sobre su estado en general, mi suegro me dijo:

—Estos días que he estado aquí me han hecho reflexionar. —Una leve sonrisa apareció en su arrugado rostro—. Y he pensado sobre lo que es importante, urgente y prioritario.

Era una persona muy culta y reflexiva. A veces casi obsesiva en la adquisición de conocimientos. Su pasión era leer toda clase de libros de manera profusa.

—Y ¿a qué conclusiones has llegado? —le pregunté.

Sus comentarios siempre eran interesantes e inteligentes.

—La primera conclusión es que vivir es una cuestión urgente. No tenemos tanto tiempo como pensamos. Los años pasan como una ráfaga y apenas te enteras de que estás viviendo.

—Entiendo lo que quieres decir. Pero muchas veces vivimos entretenidos con tonterías que son humo y por eso quizás el paso del tiempo nos parezca tan volátil. Hacemos cosas que no tienen peso que, en realidad, no son nada. Cuesta mucho vivir el presente.

—Es peor, en ocasiones nos dedicamos a actividades para «matar el tiempo». ¿Sabes lo que quiero decir?

Las personas, en cierta manera, somos lo que hacemos con nuestro tiempo: no lo deberíamos perder porque es finito. Eso nos lo enseña la muerte.

—Sí, Antonio. Ahora tiene que descansar —le dije, apoyando

14. Un box es una habitación o área aislada que permite al personal de salud vigilar, tratar y monitorear de forma continua al paciente en estado crítico.

mi mano en su hombro y viendo que ya había hecho mucho esfuerzo al hablar.

Ya pensaba en marcharme cuando nos dijo:

—No sé si me va a dar tiempo a hacer algo que tengo que hacer. —Me miró abriendo los ojos con dificultad—. Hay algo que no hice bien y quiero reparar el daño.

—¿Qué cosa Antonio? —No sabía a lo que se refería. No podía imaginar a mi suegro haciendo daño a nadie.

—Hay una vecina con la que no me hablo. Fue una tontería. Mi mujer tuvo una discusión sin importancia con ella y decidió dejarle de hablar. Y yo, en solidaridad con mi mujer, también le dejé de hablar. Ahora me arrepiento mucho. Porque a mí esa vecina no me ha hecho nada. Era algo entre mi mujer y ella, pero yo ¿qué pintaba en todo eso? Espero poder salir de aquí y disculparme con ella. —Levantó sus pequeños ojos negros hacia los míos—. Eso me preocupa mucho. Tengo que salir de aquí y pedir disculpas a esa mujer a la que le dejé de dirigir la palabra cuando ella ni me había ofendido ni me había hecho nada.

Tras esta declaración cerró los ojos, cansado. Le dimos un beso y nos marchamos. Pensé de vuelta a mi casa ¿por qué el tema de la vecina era tan importante para él? Está en la UCI muy grave por un infarto y ¿de lo que se acuerda es del tema de la vecina?

Me parecía una nimiedad en comparación con lo que le estaba ocurriendo y, sin embargo, era lo que le preocupaba, era de lo que se arrepentía.

Este arrepentimiento de mi suegro podría parecer pequeño, pero le causaba enorme desazón morirse y no haber pedido perdón. Estuve reflexionando que quizás la cuestión no era el no hablarse con una vecina, sino el motivo por el que le retiró el saludo. Un motivo que nada tenía que ver con la relación personal entre ellos dos, sino por mostrarse solidario con su mujer. Ahora en la UCI, se cuestionó este motivo ya que, en realidad, él no tenía un problema con la vecina. Por pura coherencia con él mismo deseaba tener tiempo suficiente para disculparse. Y lo obtuvo ya que le dieron el alta y, de manera prioritaria, hizo las paces con la señora en cuestión.

Urgente era vivir, prioritario hacer las paces con la vecina, pero importante era la lección que había aprendido, la de que debía tomar decisiones basadas en su ética y en sus propios valores, en coherencia con las normas internas que regían su vida.

Estar en coherencia es estar en paz con uno mismo. La base de la salud física y mental.

Mi suegro se disculpó con la vecina y la saludaba cuando la veía o se la cruzaba. Actuó en adelante coherente con sus valores. Lección de la UCI.

3.3.2. Preocupación por los hijos

Los hijos son una de las mayores preocupaciones que se pueden tener, sobre todo cuando son pequeños. Los progenitores enfermos que tienen niños pequeños se preocupan de que queden huérfanos y sufran abandono. Una madre o un padre que estén en tránsito pueden luchar con uñas y dientes, resistirse hasta el final, pero, si ha llegado su hora, hay un momento en el que saben que se marchan y es cuando comienzan a buscar soluciones para los hijos.

No es tirar la toalla, que sería resignarse, sino aceptar la realidad, adaptarse a ella y hacer lo mejor para todos.

Mención aparte merece cuando el hijo es un discapacitado, niño o adulto, entonces la preocupación es mucho mayor.

Se suele dejar dispuesto antes de la marcha todo lo referente al cuidado futuro de los niños.

Para Mónica, una joven madre de 32 años, con tres hijos, aquejada de un cáncer de mama terminal, su única preocupación eran los niños. Pero había algo más.

—Doctora me preocupa que mis hijos queden al cuidado de su padre, mi marido. Él no está en condiciones de hacerlo —me comentó uno de los días que acudió a por su parte de baja.

El marido no trabajaba, fumaba cannabis casi a todas horas y bebía desde por la mañana. Yo lo solía ver en este estado, sentado todo día en el escalón de la tienda que había abierto Mónica y en donde ella trabajaba muchas horas. Ahora, con ella de baja laboral por su enfermedad, la tienda permanecía cerrada, pero el marido seguía sentándose en el escalón con síntomas evidentes de estar bajo los efectos del alcohol y las drogas. Así pasaba el día, solo. Pocas veces alguien se le acercaba. Se aislaba cada día sumido un poco más en el mundo de la adición.

Mientras, Mónica seguía luchando hasta que su salud se quebró sin remedio. La complejidad de su situación hizo que su preocupación fuera doble, sus hijos y su marido. Ella no podía apoyarse en su marido, pero encontró un gran apoyo en su hermana que comenzó a acompañarla cuando el deterioro de Mónica empezó a ser muy evidente. Era la hermana la que comenzó a cuidar y a estar pendiente de los niños. Mónica muchas mañanas no podía levantarse por la extrema debilidad que la aquejaba. Además, sufría no estar bien por sus niños.

—Mónica, ahora te tienes que cuidar mucho y recuperar tu salud —le dije—. Ya verás como, cuando te pongas buena, vas a cuidar de tus hijos como has hecho hasta ahora.

No sé porque dije cosas que no pensaba. Creía que para dar ánimos se podía faltar a la verdad. No sabía, como ahora, que las personas que están en situación terminal aceptan la mentira o el engaño, aunque sea bienintencionado, de manera desigual. Era más que evidente que la salud de Mónica no iba a mejorar, milagros aparte.

Recuerdo la sonrisa que me dedicó tras mi comentario. Ella sabía que se iba. Pero también sabía que, aunque yo tuviera buenas intenciones al decir esa frase, carecía de sentido porque la realidad iba a ser otra. Ella lo sabía y no me rectificó. Consciente de que su momento se acercaba, me sonrió, como cuando sabes que no puedes llevarle la contraria al otro porque no merece la pena gastar energías en ello.

La situación de Mónica había empeorado en el último año. De una mastectomía unilateral[15] había pasado a que le tuvieran que extirpar el otro pecho, ya que se le reprodujo el cáncer en el que le quedaba sano.

La quimioterapia no estaba resultando tan eficaz como se pensaba y comenzaron con radioterapia que tampoco funcionó. Yo la veía a menudo por la calle, su cuerpo cada vez más delgado, andaba como un suspiro. Una imagen que sigue estando viva en mi recuerdo. Verla así, me causaba dolor.

Cuando acabé la consulta y me fui a casa, reflexioné sobre nuestra conversación y sobre el impacto que esa sonrisa me había causado. Me acordaba de Mónica en su situación como madre y esposa. Y entendí su sonrisa, entre condescendiente y compasiva. No iba a llevarme la contraria. Lo dejó pasar.

Cuando de nuevo un día acudió a la consulta, acompañada de su hermana, me explicó:

—Te comenté que me preocupaban mis hijos. Ya sé lo que voy a hacer —me dijo tras terminar con los temas de salud y de baja laboral. Su hermana permanecía sentada junto a ella—. Tengo un dinero ahorrado y he dispuesto que mi hermana —se giró algo hacia ella señalándola con la mano— sea la albacea. Mis hijos estarán con ella y mi marido no podrá tocar el dinero. Quiero que sea ella la que cuide de los niños. Mi marido, doctora, ya lo conoces —asentí—, está de acuerdo en todo.

Creo que el marido era consciente de que no se haría cargo de sus hijos por su condición de politoxicómano.

Aunque Mónica tenía desde hacía un tiempo un rostro afilado, demacrado y ensombrecido por las sesiones de quimioterapia, ese día desprendía una luz especial. Sonreía abiertamente por primera vez en mucho tiempo. Tampoco he podido olvidar esa sonrisa.

—Bien, Mónica, tomaste una decisión. Creo que tu hermana

15. La extirpación quirúrgica de una sola mama.

quiere mucho a sus sobrinos. —Miré sonriendo a su hermana que le cogió la mano a Mónica.

—Yo adoro a mis sobrinos, doctora —contestó con los ojos brillantes apretando la mano de Mónica.

Dejar solucionada la situación de sus hijos le dio paz mental y tranquilidad. Ese día, aprendida la lección, me puse de parte de Mónica en todo momento y no le sugerí nada que la pudiera molestar con unas falsas esperanzas que para ella no existían. Aunque en estas situaciones de enfermos terminales suelo guardar una pequeña expectativa, los pacientes saben de ellos mismos y de sus procesos mejor que ningún profesional de la salud. Saben que se van a marchar mucho mejor que sus médicos. Y así debe ser.

A Mónica la vi en un par de ocasiones más en la calle antes de su partida. Serena, me saludó cariñosa como era ella.

Su hermana quedó al cuidado de los niños. Entendí la decisión de Mónica. Se marchó tranquila dentro del drama de su situación. Pudo dar una solución a aquello que más la preocupaba: sus hijos. Que el cuidado de los mismos estuviera en manos de su hermana le devolvió algo de la tranquilidad que había perdido y con la que pudo marcharse.

3.3.3. Los asuntos pendientes de Juan

Juan tenía 58 años cuando le detectaron un cáncer de colon. Era un empresario de éxito, con varios empleados. Casado, con dos hijos. Amaba profundamente a su familia.

Tuve el honor de conocerlo durante los cinco años que duró su lucha contra la enfermedad. Al final llevó una bomba de quimioterapia durante casi un año.[16] Acudía con frecuencia a la consul-

16. La duración de una bomba de quimioterapia ambulatoria es variable y depende de varios factores, pero generalmente se usa durante un período que va de varios días a varios meses, según el caso específico del paciente y su tratamiento.

ta, llegamos a conocernos tan bien que solíamos hablar sinceramente, sin rodeos ni tapujos. A Juan le gustaba comunicarse así y yo lo agradecí.

—Salgo a pasear todas las tardes, doctora. En casa no puedo poner mala cara, malos gestos o simplemente llorar. Para mi familia es importante que salga a caminar todos los días, porque así piensan que tengo ánimo para hacerlo. La verdad es que, aunque no tengo fuerzas, todas las tardes me ven salir y se quedan tranquilos. Ellos piensan que estoy caminando, pero cuando tuerzo la esquina y ya no me ven, me siento en un banco.

—No acabo de entenderte, ¿sales a caminar para darle gusto a tu familia, aunque tú no quieras? —le pregunté al verlo muy desmejorado, con las facciones afiladas y un color grisáceo en su piel—. Quizás descansar un poco y reponer fuerzas en estos días sería mejor que salir a caminar, ¿no crees Juan? —le sugerí, al pensar que se sentiría mejor descansando.

—Es por mi familia, por mi mujer y mis hijos —me dijo con una sonrisa triste. El simple hecho de hablar le cansaba—. Cuando salgo a caminar, ellos piensan que estoy mejor, que estoy bien, que sigo haciendo las cosas que hacía cotidianamente y se preocupan menos. Si me ven en casa sentado, piensan que estoy peor, que no tengo fuerzas para salir y se preocupan. —Negó con suavidad con la cabeza—. No puedo soportar verlos sufrir por mi causa.

—Entiendo, Juan —continué cambiando de conversación—. Tienes una bomba de quimioterapia y no sabemos cuánto tiempo vas a estar con ella. Pero lo que sí tienes es tiempo para arreglar tus asuntos y cerrar capítulos.

—No sé muy bien qué me quieres decir —dijo Juan moviéndose en su silla.

—Tú sabes que la consulta no es como en tu casa. Aquí no tienes que mantener el tipo y puedes hablarme de tus preocupaciones. Lo que quiero decirte es que si tienes asuntos pendientes, flecos de la vida, cosas inacabadas que quieras dejar resueltas, deberías plantearte solucionarlo. Todos deberíamos tener nuestros deberes hechos, y no tener asuntos pendientes, pero no suele ser así. Entonces, si hay cosas que quieras solucionar, solo es una sugerencia, ¿por qué no dejarlas resueltas? Esa es la mejor manera de quitarle preocupaciones a tu familia ya que al resolverlas tú, quedaran arregladas para ellos y a ti también te vendrá bien. ¿No crees? Por ejemplo, si tienes pendiente situaciones en donde tengas que hacer las paces o tener una conversación sincera con quien no la has podido tener. No sé, Juan, esas cosas.

—Ya sé qué me quieres decir —me dijo sonriendo— crees que si dejo todas mis cuentas pendientes solucionadas, me marcharé con mayor prontitud, porque esas cosas que aún me quedan por cerrar son las que me retienen aquí.

—Sí, Juan, eso es. Por eso es importante e interesante que todos tuviéramos la oportunidad de dejar los asuntos pendientes resueltos. Y en todo caso podrás aligerar tu equipaje.

Pasaron unas pocas semanas antes de volver a verlo y, tras una primera toma de contacto, me espetó sin yo esperarlo:

—¿Te acuerdas que me dijiste que si arreglaba los asuntos pendientes que tuviera, quizás se aligeraría el tiempo y me marcharía antes?

—Sí, recuerdo esa conversación.

—Pues he pensado que si resolver asuntos puede hacer que me vaya antes, o yo lo entendí así y, que mientras tengamos cosas que hacer, no nos vamos a ir ¿es así?

—Bueno sí, algo así. No exactamente de este modo. —Me alarmé un poco y quise explicarle, pero Juan continuó hablando. Tenía prisa por contarme la estrategia que se le había ocurrido.

—Vale, es lo que yo he entendido. Pues como te decía, si no me voy mientras que tenga cosas que hacer aquí, entonces no me interesa resolver asuntos, al contrario, me interesa abrir muchos asuntos para no poder marcharme hasta que no queden resueltos.

Quedé estupefacta y no pude por menos que sonreírme ante el ingenioso argumento de Juan. Las cosas no funcionan así. Pero me hizo gracia la forma en la que se había tomado lo de resolver los asuntos pendientes, y tras una pequeña charla en donde se aclaró este punto le pregunté:

—Juan, ¿qué es lo que en realidad te retiene en este plano? Este último año te he visto muy cansado. Estás agotado.

—Es verdad, Lola. Es así, no puedo más. —Me miró a los ojos y relajó los hombros que había mantenido contraídos—. Te voy a ser sincero. No me marcho por mi mujer. La conocí cuando ella era muy joven, yo tenía más edad y experiencia. Desde entonces estamos juntos porque nos casamos enseguida. Sigue siendo muy inocente a pesar de los años. Mis hijos no están preparados todavía para llevar el negocio. Si me marcho ahora, ella tendría que hacerse cargo de todo y se la comerían viva. Hay gente muy despiadada en el sector en el que me muevo —que nunca me dijo cuál era ni yo pregunté—. ¡Ella es tan ingenua! Sigue siendo aquella niña. No me puedo marchar por ella.

Recordar a Juan me ha hecho reflexionar sobre el amor y la necesidad de proteger a la familia que puede ser y es una fuente de preocupación.

—Pero ¿tú qué piensas? ¿Tú qué quieres de verdad?

Sé que no es una pregunta fácil. Sabía que a Juan le podía hablar así, directamente. Creo que agradecía poder compartir lo que pensaba, poder ser sincero sin tener que mantener el tipo.

—Por mí me hubiese ido hace tiempo. Con lo activo que he sido siempre, verme sin fuerzas, sin energía, saliendo a caminar sin ganas, con la sonrisa puesta para que mi familia no se preocupe. Llevo una carga muy pesada, Lola. Por una parte el negocio, por otra cuidar de mi familia y luego la enfermedad que me está consumiendo.

—Muchas cargas, Juan. Pero yo sé que amas a tu familia —asintió con un brillo en los ojos. Eran su debilidad—. Entonces, ¿por qué no disfrutar de ella? Me explico. ¿Por qué no haces cosas con las que podáis divertiros todos? No sé qué te gustaría hacer con ellos, pero estoy convencida de que si todos lo pasáis bien, disfrutando los unos de los otros, puede que te recargue de energía. En vez de ver a la familia como una carga, tal vez la puedas ver en esa otra faceta que tiene como fuente de felicidad y disfrute. A ver, ¿qué cosas te gustaría hacer cosas con ellos? —Juan me observaba como si nunca se hubiese planteado esa posibilidad. Como si estar enfermo hiciese que el eje central de su mundo fuese la enfermedad, como que no pudiese hacer o centrarse en nada diferente—. ¿Un crucero? —sugerí—. Mantienen a las personas juntas durante unos días con actividades que tienen que compartir. Como cada uno tiene su habitación, su camarote, cuando quieras acostarte y descansar, no tienes mucho que andar, porque en el barco todo queda relativamente cerca. Puede ser divertido ¿no? —Lo miré para observar su reacción a mi propuesta. Permanecía atento a mis palabras—. Esto es solo una sugerencia de algo que puede ser divertido para todos y cómodo para ti. No sé, Juan, ¿no es mejor pensar en esto que en crear asuntos pendientes?

Juan se echó a reír:

—Un crucero, siempre quise hacer un crucero —me dijo cruzando los brazos—. Creo que a mi familia le gustaría.

Tardó varias semanas en volver. Entró sonriente a la consulta.

—Estuve de crucero, Lola —me dijo tras solventar los temas médicos.

— Ah, ¿sí? Y ¿qué tal?

Deseaba que lo hubiera pasado bien, después de todo el sufrimiento que arrastraba.

—Pues la primera noche, fatal. Al acostarme pensé: «Si ahora me pongo enfermo, aquí en mitad del mar, ¿quién va a poder asistirme? Hay un médico en el barco, pero a saber lo que puede hacer si me pongo muy grave».

Me preocupé mucho al escuchar su reflexión. La realidad era que Juan estaba muy enfermo y que tal vez un crucero no hubiera sido la mejor de las ideas ¿cómo se me había ocurrido sugerirle un crucero?

—Lo siento, Juan —acerté a decir—. Siento que mi propuesta te provocase estrés. Debería haber sido algo muy placentero.

—No, no, Lola —me dijo sonriendo y enseñándome las palmas de sus manos que movía en gesto de negación—. Eso fue la primera noche. Me tuve que tomar un Orfidal y todo. Pero luego pensé «me puede pasar cualquier cosa en cualquier lugar», que la vida te daba esos sustos y, que si tenía que darme uno, mejor que me lo diese haciendo lo que me estaba apeteciendo y donde me estaba apeteciendo. La alternativa es estar esperando a que llegue mi hora, sentado en el sillón de mi casa, dándole vueltas a la cabeza y yendo todos los días a caminar sin ganas para no preocupar a mis hijos. Salir de ese bucle es lo mejor que he podido hacer y te doy las gracias por habérmelo sugerido. Esa noche de insomnio decidí echarle valor aceptando lo que pudiera pasar. Por lo menos estaba divirtiéndome, estaba viviendo la vida. Si me pasaba algo, pues entonces ya se vería lo que se hacía, mientras tanto ¡vivir y disfrutar!

En los siguientes seis meses, Juan viajó a aquellos lugares a los que siempre había querido ir y que había postergado para un mejor momento, ese que nunca llegaba.

Cuando le apareció la enfermedad, ni se planteó que pudiese viajar. Pero una vez que comenzó a realizar cosas que le habían quedado pendientes, asuntos ilusionantes, superando el miedo, pudo vivir con una intensidad incomparable.

Por supuesto que están los asuntos pendientes en donde quieres pedir perdón a alguien, aclarar una situación o ser tú el que decides perdonar a otro o retomar una relación tras aclarar malos entendidos, pero cuando los asuntos pendientes están conectados con lo placentero y divertido, la ilusión aparece en forma de proyectos que le dan un sentido amable y feliz al futuro más inmediato.

De todos los lugares a donde viajó, Tierra Santa era uno al que siempre había querido ir. Me trajo una cruz de recuerdo que, por supuesto, aún conservo. Pero me hizo un regalo mejor: Juan me hizo ver que los asuntos pendientes no son siempre preocupaciones que hay que resolver para irse tranquilo, sino que pueden ser asuntos divertidos y vibrantes que hemos postergado por creer que tendríamos tiempo, y cuando la incertidumbre acerca del futuro aparece, cuando es un «ahora o nunca» es el momento de tomar una decisión. Y Juan la tomó, dándose cuenta de que la decisión real que estaba tomando era la de superar el miedo, tras lo cual pudo disfrutar feliz con su familia.

La superación de ese miedo ¿era una de las lecciones que tenía pendiente aprender? Porque además le llevó a la aceptación de su situación de enfermo cuando asumió que lo que le tuviera que pasar lo haría de todas formas. Y que tendría los recursos internos y externos para hacerle frente.

Fue en ese momento cuando eligió vivir el tiempo que le quedase, haciendo lo que realmente quería y no esperando el desenlace de manera temerosa, en la aparente seguridad de su domicilio.

Al final, hizo un tránsito suave y se marchó de este plano. Su recuerdo, la superación de su miedo en pos del disfrute de la vida cuando por fin se decidió a viajar, el amor a su familia a la que no quería preocupar haciendo como que caminaba, mientras se le iban las fuerzas, han sido y siguen siendo bellas lecciones de las que aprendo. Las personas, más allá de padecer una enfermedad, hacen frente a las incertidumbres de la vida superando, con mayor o peor fortuna, los miedos y las inseguridades que provienen de nuestra parte más arraigada a lo terrenal, mientras que nuestra alma o espíritu desea y anhela las experiencias que ha venido a degustar y a vivir. Comprendí que el miedo es compatible con la vida, pero es incompatible si la quieres vivir con plenitud, que no entiende de otra cosa que no sea intensidad, ilusión y el deseo de hacer algo que apasione.

Aunque pueda parecer excesivo, una enfermedad terminal puede dar el empujón que necesitas para realizar tus sueños y deseos porque ya no los puedes aplazar. Ahí están sin concesiones, sin dilaciones, frente a ti.

Entonces, ¿qué vas a hacer con ellos?

3.4. PREOCUPACIÓN POR LOS BIENES MATERIALES

En muchas ocasiones pueden preocupar los bienes materiales. El valor de los objetos y de los bienes lo ponemos las personas.

Algunos tienen muchos bienes materiales y no les tienen apego, o se lo tienen lo justo. Otros, en cambio, son lo contrario. Porque más allá del valor real de los bienes, está la energía psíquica que es lo que los objetos significan emocionalmente para nosotros por ser un recuerdo, por el trabajo que nos costó ganarlo, por ser un regalo especial, y es esa energía la que hemos depositado en ellos.

Esa energía nos pertenece porque la hemos puesto nosotros, y antes de marcharnos debemos replegarla, retirarla del objeto haciendo que vuelva otra vez a nosotros. Freud llamaba a esto investir[17] un objeto. No son las cualidades propias del objeto, sino de cómo nosotros lo vemos, lo percibimos y le damos atribuciones al mismo.[18]

Soledad, una mujer soltera de cerca de 80 años, maestra jubilada, sin hijos, padecía un tumor en fase terminal. No supe cuál era su preocupación hasta que se lo pregunté, por eso insisto en que se les pregunte a las personas qué es lo que les preocupa, porque me he llevado algunas sorpresas.

La visité estando muy enferma. Vivía con su hermana desde que esta se quedó viuda.

Cuando llegué al domicilio de Soledad, ella se encontraba en la cama porque ya no podía andar. No quería comer desde hacía varios días. La encontré muy delgada, había perdido mucho peso y

17. En la teoría psicoanalítica de Freud, investir un objeto se refiere al proceso de asignar líbido (energía psíquica es un concepto psicoanalítico que se refiere a la fuerza mental y emocional que impulsa pensamientos, sentimientos y comportamientos) a una persona u objeto.
18. Esta investidura libidinal es crucial para la formación de relaciones y la experiencia subjetiva, ya que implica la fijación de la energía psíquica en algo externo, lo que permite la conexión con el mundo.

en su rostro se cruzaban multitud de arrugas. En un momento de la visita, le pregunté:

—¿Hay algo en especial que te preocupe?

Soledad me miró y luego miró a su hermana que estaba allí. Se mordió los labios y tras una pausa soltó de repente:

—Me preocupa que mi sobrino se quede con mi coche. —Se hizo un silencio tenso. Miré de reojo a la hermana que clavó sus ojos en Soledad—. Acaba de sacarse el carné de conducir, doctora. Yo tengo mi coche que parece nuevo de lo bien cuidado que está. Cuando me lo compré, ya de mayor, a toda mi familia les pareció una locura y me decían que yo no lo necesitaba, que siempre habría alguien que me acompañase o me llevase a este sitio o al otro. Pero yo no quería andar pidiendo favores a los demás. Tenía mi dinero y me compré mi coche. Lo he disfrutado mucho porque entraba y salía sin dar explicaciones a nadie. —Me miró abriendo los ojos —. ¿Me entiendes? —Asentí. Y Soledad continuó alzando un poco más la voz, tal vez por encontrar en mí a una aliada frente a su hermana—. Y ahora el niño se va a dar un porrazo con mi coche porque no tiene dos dedos de frente, doctora. —Se cruzó de brazos—. Ya me ha pedido que le deje el coche, pero yo no se lo pienso dejar —apretó labios y mandíbula y continuó hablando entre dientes—. Cuando yo no esté, segurísimo que se queda con el coche y yo no quiero.

La hermana que escuchaba la conversación acerca de su hijo tensó el cuerpo y se irguió en la silla.

—Entonces, ¿qué deseas que se haga con tu coche? —le pregunté en medio de la tensión fraternal.

—Yo lo quiero vender. —Pude sentir la irritación de la hermana detrás de mí—. A mi familia le parece una locura porque dicen que me van a dar dos duros, pero es lo que yo quiero hacer. Y el coche sigue siendo mío, ¿no, doctora? —repuso.

Me despedí de ella y crucé la calle pensativa mientras caminaba hacia el centro de salud.

Para Soledad su coche era algo más que un trozo de metal con motor, era un símbolo de su independencia frente a su familia, que se mostró contraria a que se lo comprara y ahora se muestra contraria a que lo venda. Parece que tuvo que contar con la resistencia familiar tanto en un acto como en el otro, cuando el dinero era de ella. ¿Tenían derecho a opinar por el hecho de ser su familia? Y ¿si van más allá de la opinión y comienzan a presionar? Porque creo que era el caso. Mas allá de darle una opinión a Soledad, que no la había solicitado, era una presión.

Ese coche simbolizaba no solo la independencia de Soledad, si no el poner unos límites a aquellos que invadían el espacio personal de sus decisiones. Eso era lo importante y por ello le preocupaba que, hasta en sus últimos momentos, la familia se opusiera a la voluntad sobre temas que le concernían a ella.

Cuando se pregunta por lo que le puede preocupar al que se marcha, suele ser lo obvio: hijos, familia, negocio, etc., pero no lo sabemos con seguridad, hasta que no lo dice. Si deseamos acompañar, también tendríamos que apoyar al moribundo para que no se nos olvide que sigue siendo el protagonista y el centro de su propia muerte, que aún está vivo en este plano. Y hacerlo recordar si es necesario. Porque si el enfermo está en su sano juicio, ¿quién decide si es una locura o no lo que haga con sus bienes? Y la familia o acompañantes ¿deberían decidir sobre algo que no es suyo? ¿Cómo nos sentiríamos, si llegado nuestro momento en donde estaremos tal vez enfermos, tal vez cansados y débiles, nuestros seres queridos empezaran a disponer de nuestras cosas antes de nuestra marcha y muchas veces delante de nosotros?

Soledad no sentía que estuviesen aceptando su voluntad y no se sentía respetada en sus últimos días, tenía que luchar contra su familia que le espetaba: «¿Y a ti ya que más te da?».

¿Por qué no se respeta la voluntad del moribundo? Son sus pertenencias, pero nos las apropiamos antes de que muera porque como de todas formas se va a morir y como ya no le importará nada pues, qué más da.

Pero ¿no habría que respetar su voluntad? Y si no sabemos su voluntad, ¿no habría que preguntársela? Y si no podemos hacerlo, ¿no habría que esperar a que haya cruzado?

Debería ser normal que el moribundo fuese el protagonista de su propia muerte, reconociendo la autonomía que tiene como persona hasta el final. No tomando decisiones en su nombre si él mismo puede hacerlo.

Y, sobre todo, no hacerlo delante de él. Dejemos que el que se está marchando sea el centro de todo, de nuestro tiempo y de nuestros afectos. Creo que es lo justo.

4. EL TRÁNSITO. RESPETA MI MUERTE, RESPETA MI TRÁNSITO

El tránsito es el deslizamiento, o desplazamiento, de la conciencia desde este plano material al plano espiritual, y se realiza a la vez que el cuerpo se desconecta o agoniza y que nuestras emociones o mundo emocional se despide (de personas) y se desapega (de los objetos).

No hace tanto tiempo, cuando las personas fallecían en casa, el moribundo era el protagonista de su propia muerte. Amigos, vecinos y allegados iban asiduamente a visitarlo, a ver cómo estaba él mismo y su familia. Los niños no se quedaban en casa y acudían con los adultos a visitar a la persona enferma.

Al que se estaba marchando se le daba categoría de autoridad y él disponía sobre su persona, sus bienes y sus efectos como mejor le parecía.

Solicitaba ver o hablar con diversas personas, familiares, amigos, conocidos o profesionales como el abogado y esa voluntad era respetada; incluso si el que estaba falleciendo era un menor de edad, adquiría la categoría de protagonista y en esos últimos momentos se respetaba tanto lo que decía como la voluntad expresada.

Si la persona padece demencia o está incapacitada, tanto antes como ahora, los tutores legales serán los que asuman la responsabilidad de las últimas disposiciones.

4.1. SITUACIONES DE LOS ÚLTIMOS DÍAS

Lo que ocurre hoy en día con las personas terminales o moribundas es algo ciertamente misterioso porque no se tiene fácil acceso a esta información. Solo el personal sanitario, el personal de las residencias y los auxiliares a domicilio conocen lo que sucede por haberlo visto en muchas ocasiones.

Los acompañantes saben del proceso de su ser querido, pero suelen desconocer el de los demás.

Como ya he apuntado, hace unos años, las personas terminales se quedaban en sus casas, y el proceso de morir era público y conocido por todos desde la infancia.

Hoy es desconocido, confidencial y se desarrolla en el ámbito hospitalario en la mayoría de los casos.

Como médico he tenido la oportunidad de ver el proceso de muchos de mis pacientes, su comportamiento y el de sus familiares.

Hay tránsitos breves y otros más largos. Y será lo adecuado porque cada uno tendrá el tránsito que necesite.

Además, habrá una sincronía familiar adecuando tiempo de tránsito, mundo emocional del paciente y la familia e incluso de todos los que estén implicados en el tránsito. Pero lo iremos viendo con ejemplos.

Voy a relataros lo que, en mi experiencia, suele suceder, tanto en el enfermo como en la familia y los allegados. Un acercamiento a esta etapa de la vida a la que todos debemos atravesar para completar nuestro ciclo.

4.1.1. La infantilización del enfermo

En numerosas ocasiones, al enfermo terminal se le trata como a un niño. Más allá de dirigirse a él con frases similares a: «¿Qué tal está hoy el enfermito?» o «¿Cómo tienes hoy los ojitos» etc., aunque se digan con cariño, pueden poner al enfermo en un estado regresivo e infantil, al tratarlo como a un niño. Acorde a este tipo de lenguaje pueden ir actuaciones de los familiares en detrimento de una autonomía que aún no se ha perdido.

Están enfermos, pero ni son niños ni han perdido sus facultades mentales.

Creo que deberíamos devolverle, como ya he apuntado, el protagonismo y la autoridad a la persona que está en tránsito, para que pueda vivir, según su enfermedad se lo permita, el último tramo de su paso por este mundo con la mayor conciencia.

Si lo que desea el paciente es delegar en la familia o los sanitarios, será de la misma manera aceptable, porque es su voluntad. Por ello sería deseable haber dejado nuestra voluntad expresada.

La familia, muchas veces, trae al enfermo a la consulta como a un niño que hay que proteger a toda costa o que hay que regañar severamente por no seguir las recomendaciones médicas, recordando que, si el paciente no tiene deterioro cognitivo,[19] está en su pleno derecho de seguirlas o de obviarlas.

Mi responsabilidad, como médico, es explicar y orientar al paciente en las recomendaciones saludables y en sus ventajas, pero es responsabilidad del paciente seguirlas o no. Esto debe quedar claro para el respeto mutuo.

Sé que lo que estoy diciendo puede ser muy rompedor, si bien no por eso es menos cierto que mi vida es mía, mi cuerpo es mío y mi muerte también es mía.

Para tomar una decisión responsable debo tener información y darla es cometido del médico y del personal sanitario.

Así pues, mi trabajo consiste en informar, pero también tengo que respetar la decisión que la persona tome. Por mucho que yo esté en contra de ella, se lo puedo hacer notar, aunque la última palabra siempre la tiene el paciente.

19. El deterioro cognitivo es la pérdida de funciones mentales como la memoria, la concentración, el lenguaje, el pensamiento o la capacidad de tomar decisiones.

La familia, muchas veces, se arroga este papel y no entiende que, si bien la salud es un derecho, no es ninguna obligación.

Manuela era mi paciente desde hacía varios años. No venía mucho por la consulta porque gozaba de buena salud. Un día llegó acompañada de una señora mayor.

—Doctora, ella es mi madre —me indicó mientras se sentaban—. Desde que se murió mi padre, ha vivido sola. Pero ahora se ha puesto ya muy mayor y necesita ayuda, así que mis hermanos y yo hemos decidido que se venga a vivir conmigo. Tengo una casa grande y los niños ya están cada uno por su lado.

Saludé a la madre y hablamos sobre su estado de salud. Casi al final de la consulta dijo Manuela:

—Todavía no la he puesto en tu lista, doctora, porque tengo que hacerte una pregunta y si no me convence tu respuesta, no la pondré contigo y buscaré a otro médico.

Levanté las cejas y eché la cabeza hacia atrás. ¿Qué era esto?

—Pues no sé qué decirte, pero pregúntame lo que quieras.

—Mi madre es muy sensible doctora —comenzó a decir Manuela delante de ella— y quiero que me prometas una cosa antes de que sea paciente tuya.

—¡Ah! ¿Y qué quieres que te prometa?

Lo cierto es que soy reacia a hacer promesas en general porque nunca se sabe cómo pueden cambiar los hechos. La verdad es que me resultó muy extraño que un paciente me hiciese prometer algo. Solo me ha ocurrido en esa ocasión.

—Pues verás... —Miró a su madre que ahora tenía una leve sonrisa de compromiso que quedó congelada en su rostro durante el resto de la consulta. Parecía la convidada de piedra—. Si a mi madre le detectan algo grave, Dios no lo quiera, quiero que me prometas que nunca se lo dirás a ella.

Miré a la señora que permaneció callada con esa sonrisa impostada.

—Bueno —dije tras un momento de reflexión—, si tu madre —señalé a la señora—, que es la que va ser mi futura paciente me lo pide, me dice «doctora, si yo tengo algo grave, no me lo diga» o una petición parecida, pues ya me lo pensaría. Lo que pasa es que tu madre no me ha solicitado nada y habría que preguntarle a ella, ¿no te parece?

—Empezamos mal —me soltó Manuela—. Yo traigo aquí a mi madre con toda la confianza del mundo y no quieres hacer algo que creo que es normal, como es no añadir sufrimiento a una persona sensible porque la llevaría a una depresión. Primero se muere mi padre y ahora... —negó con la cabeza desaprobando—. Si a mi madre le detectaras algo malo y se lo dijeses, se deprimiría muchísimo. Yo la conozco y ella no lo soportaría, se vendría abajo. Por eso quiero que no le digas nada. Si pasa algo, quiero que me lo digas a mí que la conozco mejor.

—¿Por qué la tratas como si no tuviera voluntad? Incluso me estás diciendo como tengo que actuar —miré a la madre, y le pregunté—: ¿Qué piensa usted de lo que está diciendo su hija?

La señora se encogió de hombros. Miró a Manuela, luego me miró a mí y con voz algo temblorosa me dijo:

—Yo no sé qué pensar, doctora. Es verdad que soy sensible y lloro con facilidad. Las cosas me afectan mucho. No sé qué más decir.

—Pero ¿está de acuerdo en que si se descubre que tiene algo grave, yo no le diga nada y que se lo diga antes a su hija?

—Es que yo —comenzó a temblar un poco—... No sabría que hacer. —Bajó la cabeza mientras se retorcía las manos.

—Bueno, ahora no es momento de preocuparse por cosas que aún no han pasado —le dije en tono animado al ver que la madre se empezaba a poner nerviosa.

Entonces, la hija volvió a pedir mi promesa

—¿Has visto como se pone? Así que, ¿me vas a prometer que no le dirás nada?

—Lo que veo es a una mujer nerviosa, presionada por temas que ahora no vienen al caso y hablando de un futuro que no sabemos si llegará. Pero lo que tengo claro es que, si la paciente no me pide expresamente lo que desea, pues no puedo actuar. Creo que eso lo entiendes.

—Sí, entiendo que no me vas a prometer lo que te he pedido —se puso de pie—. Venga mamá, vámonos ya encontraremos a otro médico que te venga mejor.

La madre se levantó y ya en la puerta se volvió y me dijo:

—Disculpe a mi hija, ella se pone así con las cosas.

No sé a qué cosas se refería, pero esa manipulación de la enfermedad que pertenece al enfermo, delante del enfermo, el control de la información que pasaba por encima de los derechos de la madre, que era la paciente, arrogándose, como hija, lo que no le correspondía, no me pareció correcta. Distinto es que me lo hubiera pedido el propio paciente, pero eso nunca me ha ocurrido. Nunca un paciente me ha dicho: «Doctora, no me diga lo que tengo».

Y cuando he tenido que dar una mala noticia, he intentado hacerlo con tacto, delicadeza y no con una frase demoledora, por muy sombrío que sea el pronóstico.

Me hubiese gustado que me enseñaran en la facultad de medicina «cómo consolar» y «cómo dar una mala noticia». Creo que tenemos derecho a que se nos informe de lo que nos sucede y que dicha información se haga acorde al nivel de consciencia de cada cual, o sea a un nivel que la persona nos pueda entender, tanteando en cada momento lo que el paciente quiere o no quiere saber, sin forzar la situación en el sentido de ocultarla o de informar a toda costa a un paciente que no quiere ser informado.

Hay que respetar los ritmos de cada paciente, darles el tiempo necesario para comprender o aceptar.

Esto tampoco lo enseñan en la facultad, pero lo enseña la experiencia de la práctica de la profesión y la sensibilidad que se desarrolla con el ejercicio de la misma.

4.1.2. Tránsitos lentos

En ocasiones, los pacientes permanecen en estado terminal, en estado de agonía, incluso inconscientes, durante muchos más días de los que se espera, teniendo en cuenta su situación física y el estado avanzado de la enfermedad. Por ejemplo, una persona joven y en buenas condiciones físicas tardará más tiempo en que su cuerpo se apague que una persona con menos reservas, de mayor edad o con más complicaciones orgánicas.

Me resulta difícil entender esa medicina obstinada en prolongar unos pocos días más, unas pocas horas más y de forma artificial un cuerpo que ya ha iniciado su proceso de tránsito. Creo que sería conveniente preguntarse el porqué del llamado «encarnizamiento médico o terapéutico».[20]

Muchas veces, estas actuaciones médicas se hacen a instancias de los familiares en un intento de aferrarse a la persona que se está marchando y ruegan al médico que siga actuando. Me he encontrado con familias que ante la agonía activa del paciente me plantean otro análisis de sangre más, probar con otros tratamientos, alimentarlo con sonda nasogástrica[21] que es muy incómoda y otras medidas inútiles puesto que el proceso ya está en marcha.

Se puede alargar la vida de una persona inconsciente, agonizante y en periodo terminal durante unos días más, la pregunta sería ¿con qué calidad de vida va vivir esas horas o días extras? Si estamos haciendo todo esto para que viva unas cuantas horas más porque médicamente es posible, pero si no existe esperanza alguna de que se recupere, ¿para qué seguir poniendo tratamientos hasta que el cuerpo resista?

Este punto es muy importante a la hora de dejar establecido por parte de cada uno hasta dónde deseamos llegar una vez las

20. Continuar con tratamientos que no tienen el objetivo de mejorar la salud, sino de prolongar la vida a cualquier costo, incluso cuando la muerte es inevitable y el paciente no tiene esperanza de recuperación.
21. Una sonda nasogástrica es un tubo delgado y flexible que se introduce por la nariz, a través de la garganta y el esófago, hasta el estómago.

vías terapéuticas han sido agotadas. Estamos hablando de días de agonía, entonces, ¿hasta dónde los deseamos alargar?

En una ocasión, me contó una amiga que cuando su padre agonizaba en la UCI, un médico les dijo que, si estaba en el hospital, tenían que poner todas las medidas y que si no las deseaban, que se lo llevaran a casa lo que prolongó la agonía veinte días más. Afortunadamente ya hay muchas personas, tanto médicos como familiares, que son conscientes de que cuando el cuerpo se muere, hay que acompañarlo sin forzarlo o atosigarlo o intentar frenar el proceso.

El cuerpo ha nacido para morir y sabe hacerlo perfectamente. La tendencia actual más humana consiste en ayudar y no obstaculizar el proceso iniciado, esta actitud forma parte de una muerte digna.

También se prefiere que las personas se queden en casa con cuidados paliativos a domicilio y acudir al hospital en casos en donde nos puedan resolver algún problema de salud que haya surgido.

El tránsito es un proceso vital, inherente a la vida misma y al igual que nacer, son procesos que nos conectan con el misterio de nuestra existencia.

Teniendo todo lo anterior en cuenta, podemos preguntarnos cuando las personas que están en tránsito llevan muchos días agonizando e incluso inconscientes, pero no acaban de dar el salto, no llegan a partir, si es que hay alguna causa o circunstancia que los retenga en este plano. Algo que aún les quede por realizar.

La pregunta que los acompañantes no se atreven a formular en estos casos es: «Lleva así muchos días, ¿por qué no muere?».

Las recomendaciones que voy a dar van encaminadas a facilitar el tránsito a una persona que ha iniciado el proceso de morir. Antes o después dará el salto al otro lado, de eso no hay duda, pero ¿podemos hacer algo desde este plano por el que se está yendo para que le ayude a obtener paz y tranquilidad?

¿Podemos averiguar si pueden existir motivos por los que la persona está retenida, motivos por los que no se acaba de marchar?

Los motivos más habituales suelen ser:

ESPERANDO A QUE LLEGUE ALGUIEN

Aunque la persona esté en coma o inconsciente no ha perdido la capacidad de escucharnos siendo el oído el último sentido que se pierde. Por lo tanto, en casos extremos en donde el paciente ya esté inconsciente y no lo hayamos podido hacer antes, podremos despedirnos o tener una última conversación.

La trabajadora social de mi centro subió una mañana a mi consulta para pedirme un favor:

—Lola tengo que hablarte de un paciente terminal. No es de tu cupo, pero creo que puedes hacer algo.

—¿Qué sucede? —le pregunté.

—Es un hombre que vive solo en una casa muy apartada. Ahora está terminal. Solo tiene un hijo que está desbordado: llama a Urgencias o al 061 o al médico de cabecera o a mí o a la enfermera.

—Pero ¿qué es exactamente lo que sucede?

—Pues que el padre está agonizando, Lola. Acude el médico de Urgencias y desestima llevárselo al hospital porque ya no hay nada que hacer. Entonces, el hijo espera un rato y vuelve a llamar al 061 o llama al centro de salud. Bueno, que me gustaría que fueses a ver si puedes intervenir en la situación desde tu punto de vista particular, porque lo que es desde la medicina, ya no se puede hacer nada.

Cuando acabé mi consulta, la trabajadora social me llevó en su coche al domicilio de la persona que estaba agonizando.

Me encontré en la puerta de una pequeña casa en el campo, con un hombre de unos 40 años. Estaba demacrado y se acercó cuando aparcamos. La trabajadora social me presentó. Era el hijo del paciente. Entré al domicilio y me encontré con una persona de unos 70 años, en la cama, en estado inconsciente, que respiraba con cierta dificultad y había comenzado con los estertores.[22] Traté

22. Estertores de la muerte: sonido parecido al de gárgara que surge de

de despertarlo con un leve zarandeo y, aunque no obtuve respuesta alguna, me dirigí a él presentándome. Estaba claramente agonizando. Miré al hijo haciéndole una indicación para salir de la habitación. No quiero hablar con los familiares delante de los pacientes, aunque estén en coma, porque no sé qué me van a decir los familiares, y el paciente por muy mal que esté puede mantener la capacidad auditiva. Ante esa duda, prefiero hablar a solas con ellos. La vivienda era tan pequeña que tuvimos que salir a la puerta para hablar.

—Tu padre está en tránsito —le dije al hijo— y es un momento muy especial en su vida. Quiere decir que su conciencia está desplazándose desde este plano a la siguiente dimensión, por expresarlo de alguna manera.

—Ya, ya, entiendo que se está muriendo, lo que pasa es que yo no quiero quedarme aquí con él, solo. Soy hijo único y quiero que se lo lleven al hospital.

—Ya no le pueden hacer nada en el hospital.

En este caso y en muchos otros similares, lo que sucede es que la persona que está acompañando al moribundo se encuentra desbordado, no quiere sentirse responsable de que se podía haber hecho algo más ni tampoco desea presenciar la muerte. Seguramente era la primera vez que tenía a un moribundo cerca y, además, era su padre; una carga emocional añadida. Estaba solo, sin más familia o amigos que lo ayudasen o acompañasen. Demasiadas emociones y responsabilidades que lo estaban sobrepasando.

—Pero es que lleva así varios días, sin comer. Está inconsciente y tampoco bebe. No sé qué hacer con él —me dijo mientras se retorcía las manos.

—Ya no necesita comer ni beber, le puedes humedecer los labios con una gasa empapada en agua.

---

la parte de atrás de la garganta de una persona moribunda. Algunos síntomas relacionados pueden incluir disnea y respiración agitada.

—Ya, ya —me interrumpió—. Todo esto ya me lo ha dicho la enfermera, pero ¿no lleva así ya muchos días?

—Es que cada persona tiene un ritmo. Yo diría que el tránsito de una persona casi está sincronizado con el resto de los seres queridos o implicados en el proceso. Cuando alguien se está yendo, varias personas están involucradas en su marcha, normalmente son los seres más allegados. Es como si se adquiriera un ritmo propio para dar la oportunidad a todos ellos de que se pueda marchar de la mejor manera posible. Y de que los que se quedan también lo hagan de la mejor manera posible. Todo responde a la necesidad personal y de los seres queridos allegados. Una sincronía. Si averiguamos cuál es la necesidad, podemos facilitar el proceso.

No sé si me entendió, pero enseguida pasé a explicarle con ejemplos.

—¿Estás esperando a que llegue alguien? —le pregunté.

Este es uno de los motivos por los que un tránsito se puede alargar: estar esperando a alguien para despedirse.

—Mi madre llega el jueves de Italia —me respondió.

Estábamos a martes.

—Pues entonces seguramente trascienda el jueves —le dije—. En ocasiones, las personas esperan a que llegue alguien para despedirse. Por cierto, ¿te has despedido tú?

—¿De quién? ¿De él? —me preguntó enarcando las cejas—. Pero si cuando me avisaron, ya estaba así. Yo hacía mucho tiempo que no hablaba con él.

—Pues aprovecha para despedirte. Aunque esté inconsciente, el oído no se anula. Puedes acordarte de anécdotas, contarle aquellas cosas que te gustaría recordar con él, porque sigue escuchando. Estaría bien que le recordaras lo buen padre que fue...

—No, eso no —me interrumpió abruptamente—. No le puedo decir eso porque nunca fue un buen padre. Nos abandonó a mi madre y a mí cuando yo era pequeño. No nos hablábamos desde hace mucho tiempo como te he dicho. Es que no sé cómo han dado conmigo —me dijo algo incómodo. Se notaba que no deseaba estar allí. Miró alrededor como echando un vistazo—. Ni siquiera sabía que vivía aquí.

—Entonces, ¿no ves la oportunidad? —le contesté—. Parece que hay una conversación pendiente entre tú y él. Aunque no te pueda responder con palabras, tú si puedes hablar. Seguramente es la última oportunidad que tienes de hablar con tu padre. Cuéntale todo, díselo, coméntalo. Si no hablas con él ahora, ya no lo vas a poder hacer en esta vida. Muéstrale tus afectos y emociones desde el corazón. Sé honesto contigo mismo y dile todo lo que no pudiste, o lo que aún te quede por decir. No debería marcharse y que tú sigas sin hablarle. Tienes esta oportunidad única y, tal vez, sea el primer paso para hacer las paces con él. Quizás puedas dejar ir tu enfado. Quizás él también pueda saber lo mal que lo has pasado y, a pesar de todo, eres tú el que estás a su lado. Quizás eso le ayude a dar el salto hacia el otro lado y le ayude a alcanzar la paz emocional, o te ayude a alcanzarla a ti. Pero al final, no te olvides de dejar ir tu rabia contra alguien que está moribundo, quizás todos pudieron hacer las cosas mejor, pero ante la proximidad de la muerte, nos damos cuenta de que nada perdura, que todo se acaba y hasta tu enfado acabará. Perdona lo que puedas perdonar, y no vivas mucho tiempo con venenos emocionales. Porque eres tú, a pesar de todo, el que está a su lado, eso debe tener un sentido para ambos. No estás aquí por casualidad. Quizás él se esté preguntando y reflexionando sobre la vida que está terminado, y todos haremos lo mismo llegado el momento. Tómate tu tiempo para tener una despedida honesta, sincera, sin tapujos. Solo vosotros dos. Piensa si esa última conversación con tu padre puede ser desde el cariño, desde el amor que un hijo siempre le guarda a un padre. Si la muerte os ha unido, ¿cuál puede ser la lección en clave de amor para ambos? No sé cuál es ese aprendizaje, esa lección última con él, pero te pediría que reflexionaras sobre lo que te he dicho.

Al cabo de unos días me llamó por el teléfono interno la trabajadora social.

—¿Te acuerdas del hombre al que fuimos a visitar? Pues se murió el jueves pasado.

—Era cuando llegaba su exmujer de Italia —recordé en voz alta—. ¿Pudo despedirse de ella? Yo creo que la esperó.

—Sí bueno, la esperó lo justo, porque en el momento en el que el avión en el que venía su exmujer estaba aterrizando, expiró. La mujer no lo llegó a ver con vida. Todo esto lo sé porque el hijo se ha pasado por aquí y me lo ha dicho.

—Y ¿cómo está el hijo? —le pregunté.

—Pues no sé lo que hablaste con él, pero después de nuestra visita, ya no volvió a llamar a Urgencias ni a la teleasistencia ni nada, parece que se quedó más tranquilo. Aquí por lo menos ha venido tranquilo, Lola. Venía a devolver una silla de ruedas que le habíamos dejado al padre y estuvimos hablando. Me ha dicho que se quedó con él, que no se movió de su lado hasta que se murió.

Espero que en esos días en los que permaneció junto a su padre le hablara desde el corazón, con la compasión que despierta ver la fragilidad y la vulnerabilidad del otro y pudiera reconciliarse en la medida de lo posible. Por lo menos no se marchó sin que estuvieran sin hablarse.

Espero que la experiencia les sirviera a ambos. Porque para el hijo la marcha de su padre no era el problema, sino la relación que había mantenido con él. Y parece que la vida, en un último intento, les dio una oportunidad a los dos. Al hijo dejándolo al cuidado de su padre, frágil y vulnerable, con el que después de tantos años pudo hablar y despedirse. Por parte del que se estaba marchando, lo hizo al lado de su único hijo y deseo de corazón que lo hiciese, como todos deseamos hacerlo, con la mayor paz y en la compañía de algún ser querido.

MORIR SIN PERMISO. «QUÉDATE CON NOSOTROS»

Marta era una paciente que luchaba contra su enfermedad y morirse se convirtió en un paso difícil de asumir para su hermano médico y para su madre. Ambos la animaban continuamente y, aunque a Marta se la notaba cansada y exhausta, nunca se rindieron.

Pero llegado su momento no obtuvo apoyos: se estaba muriendo y parecía que nadie se daba cuenta.

El problema para el hermano era comprobar que su ciencia médica no podía salvar la vida de su hermana. No hay ciencia que salve al que le ha llegado la hora de marcharse. Porque de eso no hay que salvarse, hay que prepararse. Tanto los que se van como los que quedan.

Para la madre el problema era que no deseaba ver partir a su hija y no entendía por qué las cosas eran así, pero ella iba a intentar, hasta el último aliento, cambiar la situación para que las cosas fueran distintas.

La hija, por su parte, no quería defraudar a ninguno de los dos: sería una buena paciente y una buena hija. Con lo que no contaba era que su alma la reclamaba, debía regresar a casa. Marta se marchó sabiendo que lo hacía en contra de todos.

Hay ocasiones en donde los seres queridos se aferran tanto a la vida del moribundo que no le dan permiso para partir. La idea de la muerte del ser querido no la ven factible, casi no la ven posible y se resisten obstinadamente a la pérdida.

Pasan de lo que es un cuidado por recuperar la salud, a focalizar toda la vida alrededor de la enfermedad. Pero sin poder hablar de ella, porque cuanto menos se hable de enfermedades, más pronto se superará la situación. En la fantasía de que si no se habla de algo, acabará por desaparecer, el paciente queda, en cierta manera, preso de sus seres queridos, entre la lucha contra la enfermedad, el no poder hablar sobre ella y el deseo que no puede confesar: querer rendirse y volver a casa, y en esas circunstancias tienen que hacer su tránsito.

Todo se centra en dar ánimos para continuar luchando, pero ¿cuál debe ser el límite de la lucha? ¿Hasta dónde hay que luchar?

Pues hasta que lo determine el paciente que es quien decide cuándo abandona esa lucha, reduce la resistencia a su enfermedad y acepta que ha llegado su momento. Entonces, comienza a sentir paz.

He visto a muchas personas que tras ser diagnosticadas de una grave enfermedad han cambiado su manera de ver la vida, a tomarse las cosas de otra manera, a desdramatizar, a valorar lo que es pasar un día con los suyos en paz y tranquilidad sin tener una discusión de esas en las que lo importante es quien lleva la razón. Lo que antes eran enormes escollos, ahora son granitos de arena, nimiedades que no te arrastran a perder tu centro, tu paz mental, porque lo que realmente importa es la serenidad.

Existen dos conceptos diferentes que podrían llegar a confundirse, uno es la curación y el otro la sanación. La curación se refiere a la restauración de la salud física y está relacionada con recibir ayuda externa con fármacos, de profesionales sanitarios, etc. En cambio, la sanación es un proceso más amplio que implica el uso de los recursos internos de la persona para alcanzar un equilibrio físico, emocional, mental y espiritual. Incluso cuando no hay curación física, se puede llegar a este estado de satisfactorio equilibrio.

La sanación puede ocurrir sin curación y la curación no siempre implica sanación.

Pueden aferrarnos a este plano un esposo o esposa, un hijo, unos padres. Los enfermos van al hospital como quien va a un campo de batalla, a luchar. No los dejan ni a sol ni a sombra porque creen que el recobrar la salud es una cuestión de la familia, o del cuidador, que nunca hacen lo suficiente si el enfermo no mejora. Pueden perder de vista a la persona y centrarse solo en la enfermedad que lo aqueja.

Hay familias en donde cuando algún miembro cae enfermo de gravedad, hacen de la enfermedad el centro de su vida, nada les interesa a no ser que esté relacionado con la enfermedad y cómo curarse de la misma, pero cuidando mucho de no hablar de ella. Y la vida se reduce y concentra en salvar la vida. Pero qué pasa con las otras facetas humanas como la diversión, el esparcimiento, las conversaciones distendidas, los juegos. El ambiente se torna solemne y trágico desde el minuto uno.

Cuando los seres queridos los incitan a la lucha continua, sin descanso, sin tregua, esto no hará que el paciente viva más, más bien hará que pueda tardar en aceptar que tiene que cruzar al otro lado, que ya llegó su hora. Por lo que le costará más conseguir estar en paz con su situación y lograr la aceptación, fase con la que concluye el sufrimiento porque cesa la resistencia.

Dar ánimos es una actitud muy positiva en momentos en donde se está combatiendo activamente una enfermedad, pero ¿qué sucede cuando la calidad de vida del paciente es inaceptable, los tratamientos insufribles y el paciente, exhausto por la tremenda lucha, decide dejarse ir? ¿Cuál es entonces la mejor actitud de la familia y los seres queridos? ¿Seguir luchando y animando o apoyar al que está en tránsito? Estas son grandes preguntas que hay que contestar basándonos en lo que es mejor para el paciente y no en el dolor de nuestra pérdida.

Los seres queridos que han estado acompañando al enfermo, empiezan a darse cuenta de que la calidad de vida del mismo es insoportable. Entonces estar ahí sin presionar al enfermo, respetando el proceso de tránsito de nuestro ser querido, es la última forma de expresar el amor que le tenemos. Es como decir cada vez que abra los ojos y nos vea: «Estoy aquí, a tu lado».

Otras familias, sin embargo, pueden continuar utilizando frases como: «Quédate con nosotros», «No nos dejes», «¡Venga, que tú puedes!» «Sigue luchando». El paciente, así presionado por la familia, suele guardar silencio, no se siente comprendido ni acompañado, y le acomete una gran tristeza por no poder compartir con los suyos el último viaje, que se puede hacer muy lento porque existe la adecuación familiar y el tránsito de un miembro se convierte en el proceso de todos. Y el proceso le cuesta tanto al que se va como a los que se quedan.

Es muy difícil realizar un tránsito con una familia que, llegada la hora de partir, no da el permiso para poder hacerlo. Una hija llorando «mama no te vayas», un esposo doliente diciéndote «¿qué vamos a hacer sin ti?», creyendo que son motivaciones para seguir luchando cuando la lucha ha terminado.

Al final te acabas marchando, pero ¿qué se puede hacer para no defraudar a los que quieres y poder partir en paz?

Aunque todos tenemos una hora fijada, podemos adelantarla o retrasarla un poco, quizás unos cuantos días o unas pocas semanas, para poder hacer que la familia acepte nuestra marcha. Si no lo hace, nos iremos igualmente, pero es importante la paz y la tranquilidad que nos aporta el permiso que conlleva la aceptación de nuestros seres queridos ante nuestro último viaje.

Hay quien se marcha cuando llega la persona que esperaba para poder despedirse, mientras que otros aprovechan la salida de la familia de la habitación con cualquier motivo, como tomar un café o ir a la casa a ducharse, para trascender. En este sentido, el proceso de morir está sincronizado con aquellos con los que mantenemos lazos emocionales e intervienen en nuestro proceso de tránsito. Tal vez porque así deba ser.

Marta tenía 56 años y dos hijos mayores de edad cuando le detectaron un cáncer de ovario. Estaba divorciada y vivía en pareja con Roberto, un hombre retraído y tímido que, cuando ella fue empeorando, decidió marcharse. «No puedo verla sufrir y creo que no puedo hacer nada por ella, hasta pienso que la incomodo porque no hace más que discutir conmigo, doctora», me dijo un día en que vino a la consulta por medicación para Marta y a despedirse de mí. Se marchaba a descansar unos días a Ibiza con su familia. Nunca regresó.

Marta tenía como he comentado un hermano médico, que hizo todo lo posible por ella. Cuando fracasó la quimioterapia tradicional, probaron tratamientos nuevos y experimentales. La estimuló a que mantuviese una actitud de lucha constante frente a la enfermedad.

Tras el diagnóstico, estuvo cinco años con quimioterapia, una detrás de otra, sin descanso.

No pudo tomarse unas breves vacaciones, su vida consistía en los tratamientos y el control de su enfermedad: pruebas diagnósticas, analíticas e innumerables viajes de ida y vuelta desde del hospital al domicilio.

Los últimos seis meses los vivió en una silla de ruedas: las metástasis en las vértebras le causaban dolores tan intensos que le impedían caminar.

Unas Navidades, tras un ingreso en paliativos, le dieron el alta para que se quedase en familia celebrando las fiestas y que trascendiese en casa. No le daban más de una semana de vida.

Fue ahí cuando su madre le instó a que se fuera a vivir con ella y me avisó para que valorara a su hija un día que estaba más débil de lo habitual. «Ha dado un bajón», me dijo la madre al teléfono cuando le pregunté por el motivo por el que me requerían a domicilio.

Al llegar a la casa de la madre, la estampa era impresionante: Marta se encontraba en una silla de ruedas, tan débil que no podía mantenerse erguida y se escoraba hacia su lado derecho visiblemente incómoda y sin fuerzas para enderezarse. Había dejado de crecerle el pelo y lo ocultaba con un pañuelo que ceñía su delgado cráneo.

—Marta —dije inocente—. ¿No estarías mejor en la cama?

Marta miró a su madre que permanecía sentada al lado de su hija con actitud severa.

—Ella tiene que levantarse todos los días, doctora. Así es como, poco a poco, debe comenzar a hacer su vida normal. Alargó la mano hacia la de Marta y se la apretó.

Observé a la enferma, demacrada, con los finos brazos sobre el regazo, el delgadísimo cuerpo inclinado hacia su derecha sin poder sostenerlo. Las piernas se le escurrían entre los apoyos para los pies de la silla de ruedas. Me costó un momento reponerme para poder hablar con ella y tratar de averiguar cómo podría hacerle la vida más fácil.

—Dice tu madre que no quieres comer nada. ¿No tienes apetito?

—Ninguno, doctora. No tengo ganas ni de gloria bendita.

Marta había sido una mujer alta y muy bien parecida que me miraba con unos ojos apagados.

—Bueno, pero alguna cosilla te apetecerá, ¿no?

—Yo no quiero nada, doctora, estoy ya muy cansada. —Su voz se quebró convirtiéndose en un hilo.

Su madre la observaba en todo momento, pero cuando Marta dijo que se encontraba muy cansada, le lanzó una mirada intimidatoria, apretando los labios y moviendo la cabeza. Marta desvió sus ojos y bajó la mirada.

Me di cuenta de que las palabras que aludían al cansancio o actitudes que indicaran desfallecimiento y cese de lucha por la recuperación no se podían decir.

La paciente físicamente tenía un cansancio extremo, pero cuando lo expresaba delante de su madre, recibía palabras o miradas recriminatorias para reconducirla hacia una actitud en la que el estado de ánimo siempre tenía que estar alto, siempre en lucha y sin bajar la guardia.

Era tan triste presenciar como Marta se estaba marchando de este mundo sin poder expresar cómo se sentía de verdad porque no tenía el permiso para hacerlo.

En la última etapa de su vida, Marta no estaba recibiendo el apoyo emocional que necesitaba, ya que la familia no solo no lo aceptaba, sino que negaba el hecho de que se estuviera muriendo. La lucha por una recuperación imposible era la única opción para ellos y ponían sus metas solo en su cuerpo, en la recuperación de su salud sin atender a otras necesidades que Marta sentía en esos momentos: la aceptación y la compañía estrecha en su último viaje. Solo recibía apoyo en cuanto a la recuperación de la salud del cuerpo físico.

A Marta le siguieron haciendo análisis de sangre y orina hasta que estuvo en coma. En cuanto al apoyo emocional, como no era aceptable ni la tristeza ni el decaimiento, no obtuvo mucho, ya que si desfallecía, recibía una mirada intimidatoria por parte de su madre que reprimía cualquier muestra que supusiese debilidad.

Su hermano médico llegó en ese momento y tras saludarme se acercó a su hermana y le dio un beso. La puso derecha en la silla de ruedas y la mantuvo con su brazo. Si lo hubiese retirado, Marta se hubiera vuelto a escorar. Luego me miró y dijo con orgullo:

—Mírala, Lola, ahí está, luchando como una jabata.

La cogí de la mano y tras unas breves palabras programé una nueva visita y me despedí.

Cuando volvía a casa, pensaba en el hermano médico que había puesto al servicio de su hermana todo su buen hacer y su competencia profesional. Él tampoco había dejado la lucha, y, aunque en paliativos no le daban más que unos días de vida, los pensaba pasar luchando: quizás un nuevo análisis de sangre daría para tratarle la anemia, ponerle algún tónico que le abriese el apetito. Un médico, como he visto en tantas ocasiones, se siente muy culpable si piensa que no ha hecho todo lo posible por la salud del ser querido. No se le había pasado por la cabeza que era el momento de sentarse al lado de ella, solo estar y comentar las anécdotas que habían vivido juntos. Las graciosas y las que no lo eran tanto. Las que hicieron que tuviesen recuerdos comunes en la vida cotidiana, esos que te hacen sonreír por dentro y sientes que compartiste tu vida durante los años de infancia y de juventud. Los hermanos son uno de los lazos más potentes que existen, junto con los padres y los hijos constituyen el núcleo duro de la familia.

Para la madre todo iba a solucionarse. Para ella la muerte no era algo viable. Su hija se iba poner bien y no había más conversación. No era la primera vez que visitaba a Marta, pero siempre estaba la madre con ella y no pude tener una conversación a solas en la intimidad, y averiguar cómo se encontraba en realidad.

Esto era un ejemplo del pacto de silencio. La familia supone que, si no se habla del asunto, dejará de existir o menguará hasta desaparecer. Que las cosas tienden a arreglarse solas y que mientras no se mencionen, no duelen y a lo mejor se desvanecen en el silencio y acaban por no suceder. Y si bien es verdad que no es conveniente regodearse en una situación victimizándose continuamente, el no poder expresar nuestras emociones con los más íntimos, sin compartir lo que nos preocupa o simplemente hablar sobre nuestro estado de ánimo, hace que la enfermedad y el tránsito se viva en la más triste soledad a pesar de estar rodeada de los tuyos. Pero ¿qué se puede hacer cuando los seres queridos desean que nos pongamos buenos y no podemos hacerlo? Como si sanar fuese un acto de voluntad y dependiese de la lucha que la persona ha mantenido contra la enfermedad. Hay quien incluso se siente algo culpable por no haberse curado y darle ese mal rato a la familia: el mal rato de morirse.

Morirse por una enfermedad grave no depende en gran medida de nuestra resolución, sino de lo que nuestra alma haya decidido. Esto sucede porque vivimos disociados de ella. Si estuviésemos conectados, sabríamos no solo cuál ha sido, o es, nuestro propósito en la vida, sino incluso cuándo es el momento de marcharse y regresar.

Los familiares, a veces, no entienden que somos almas viviendo una experiencia finita y que cuando nos tenemos que marchar, lo haremos, al igual que lo harán ellos.

Si ya se ha concluido la misión en este plano, o por el contrario si nos hemos desviado de tal manera que es muy difícil cumplirlo, nos tenemos que marchar porque el anhelo del alma es volver a casa. No es una decisión del cuerpo enfermar y morirse, porque el cuerpo está hecho para morir, pero tampoco es un acto de voluntad curarnos. La decisión de marcharnos la toma nuestra alma o espíritu. Nos vamos cuando nos ha llegado la hora. Es nuestro destino.

La actitud de estar siempre alerta frente a la enfermedad, sin bajar nunca la guardia, está muy bien aceptada por la sociedad materialista que ve en el cuerpo físico la única expresión de la vida y que cuando se abandona la lucha, porque siempre hay un punto en donde se abandona, no lo acaban de aceptar.

Entienden mucho mejor la batalla perenne y esa decisión la pueden apoyar, pero cuando la decisión es la de dejarse ir, la de morirse, muchos pueden pensar que te has abandonado, en lugar de pensar que has aceptado que es el momento de regresar al hogar.

El tránsito de cada uno tiene un ritmo especial y empecé a pensar que ese ritmo estaba influenciado por todos los que intervenían: el paciente, la familia y los seres queridos que lo acompañan. ¿Estaría la muerte sincronizada? Y si era así, ¿qué peso tendría cada uno en esa sincronicidad?

Pensé que Marta estaba dando la oportunidad a su familia para que la dejasen partir y la familia estaba luchando para que Marta no se fuese. Mi experiencia me decía que su tránsito podría ser lento, aunque adecuado para esa situación familiar. Tal vez nos marchamos de la forma adecuada, cada uno según su situación personal y conectada con su circunstancia familiar.

La siguiente vez que acudí a ver a Marta, su madre me informó de que su hija estaba en la cama porque tenía mucho sueño. Entré a verla en la penumbra de ventanas cerradas y persianas semibajadas. Marta estaba en estado de estupor,[23] respiraba con dificultad, no abrió los ojos cuando le hablé ni tampoco me contestó. Estaba agonizando. Miré a la madre que se quedó en la puerta del dormitorio.

—Son los efectos secundarios de los parches de morfina —me dijo.

—¿Cómo dices? —le pregunté sin saber muy bien a lo que se refería.

—Ese estado en el que está, así como adormilada —dijo señalándomela—, son los efectos secundarios de los parches. Creo que

23. El estupor es un estado de falta de respuesta o de conciencia reducida, en el cual una persona puede ser despertada brevemente con estímulos, como sacudidas o gritos, pero luego vuelve a caer en un estado de inactividad.

nos hemos pasado con la dosis. Le he dicho a mi hijo que si se le pudiera eliminar la morfina que tiene en la sangre ahora, se pondrá bien. Lo que tiene es una intoxicación, por eso está así.

En ese momento llamaron a la puerta. La madre desapareció y pude estar a solas con Marta. Le tomé los brazos y la zarandeé. Con esfuerzo abrió los ojos, me reconoció y me sonrió.

—Hola Marta. He venido a verte. —Noté su esfuerzo cuando abrió los ojos que se volvieron a cerrar enseguida. Pero era el tiempo justo para verme, mirarme y saber que yo estaba allí—. Quiero decirte que ha sido un gran honor para mí haberte conocido. Reconozco el buen trabajo que has hecho en este mundo. Dejas un legado muy profundo en aquellos que te conocimos. Aunque tu familia te eche de menos y le duela, ellos van a estar bien. Tienes que seguir tu camino. Te deseo de corazón que tengas un buen viaje. Hasta que volvamos a encontrarnos. ¡Un honor, alma bella! —Le di un beso y salí de la habitación, tras echarle un último vistazo desde la puerta del dormitorio.

No la volví a ver más. Esa noche se la llevaron al hospital porque la madre seguía insistiendo que estaba intoxicada por la morfina. Falleció a los dos días. Sin recuperar ya la consciencia.

Al cabo de unos meses, su hermano pasó por mi consulta para arreglar unos temas burocráticos. En un momento de la conversación me dijo:

—¿Sabes lo que no puedo entender de mi hermana? —negué con la cabeza—. Pues que al final no quisiese ver a sus nietos. ¿Por qué no se aferró a ellos, Lola? Ahora ya no los va a ver crecer ni los va a disfrutar —negó con desaprobación—. Creí que le haría ilusión que se los llevara, pero al final no quiso verlos ¿Te lo puedes creer? ¡A sus nietos! ¡No quería verlos!

—Creo que tu hermana, una mujer muy guapa y coqueta, no quería que la viesen en el estado demacrado y caquéctico[24] en el

24. Condición crónica de desnutrición que resulta en una dramática pérdida de peso y debilitamiento del organismo. Este estado de salud suele

que se encontraba. No quería que sus queridos nietos la recordaran como una piltrafa humana, ella, que era tan guapa. Es mi opinión. —Lo observé y noté que miraba distraído hacia la ventana situada detrás de mí.

—¿Y eso qué tiene que ver? —me dijo alzando algo la voz cuando notó mi silencio—. ¡Son sus nietos! Podría haber luchado por ellos, podría haber hecho un esfuerzo, ¿no crees?

Incluso meses después de la partida de Marta, para el hermano era incomprensible que no hubiese luchado un poquito más, por sus nietos. No entendía que se tenía que marchar, que era su regreso a casa y que dejaba aquí a los seres queridos, como todos en algún momento los dejaremos para regresar a nuestro verdadero hogar.

Marta alargó el tránsito todo lo que pudo. Ahora a su hermano le queda un camino por recorrer. Creo que lo que nos sucede es importante en cuanto a cómo lo vivimos. Todos nos vamos a marchar y tendremos que vivir la marcha de otros, la lección proviene de cómo vivimos cada una de estas situaciones. Si la vivimos con el dolor propio de la experiencia, o le añadimos el sufrimiento que surge de la resistencia a vivir el dolor de la misma.

Pero en el caso de la muerte, si nos falta la perspectiva trascendental y espiritual, no podremos atender de manera integral a la persona que se está marchando.

Tan acostumbrados estamos a luchar contra la enfermedad que hemos confundido esta legítima lucha con entrar en guerra contra el proceso de morir.

Para poder despedirse de un ser querido y darle nuestro permiso se puede decir algo parecido a esto:

«Vas a emprender un viaje. El viaje que todos recorreremos algún día. Te deseo que atravieses el velo que nos separa de nuestro mundo espiritual con paz, armonía y confianza. Nosotros te va-

---

estar estrechamente vinculado a enfermedades graves y en una fase avanzada.

mos a echar de menos. Y nos dolerá vivir con tu ausencia. Vendrá el dolor y te lloraremos. Pero tú puedes irte tranquilo/a que te seguiremos amando y recordando. Vamos a estar bien. Todo va a estar bien».

CANCER DE LENGUA: NECESITO HABLAR

Patricia, una enfermera de oncología, me relató lo que le sucedió a un paciente que se mantenía en un estado agonizante, durante un tránsito muy duro.

—El cáncer de lengua es un cáncer muy doloroso —comenzó a decir Patricia y asentí tristemente.

—He tenido pacientes que lo han padecido y es así. Todos los cánceres que afectan a la cara lo son.

—Pues este paciente —continuó Patricia— padecía un cáncer de lengua terminal, estaba en el hospital recibiendo altas dosis de morfina. Llevaba agonizando varios días y no acababa de marcharse. Tanto el enfermo como la familia estaban muy cansados. Cuando pasaba cerca de su habitación, veía a la familia, pero empecé a darme cuenta de que la hija no entraba, se quedaba en el pasillo. Las veces que el hombre se despertaba de la morfina, intentaba levantarse para poder tirarse por la ventana con la intención de acabar con su sufrimiento y enseguida se le aplicaba de nuevo morfina—. Di las gracias en silencio a la existencia de la morfina y derivados porque ayudan muchísimo en el tratamiento de los pacientes con dolor incoercible[25]—. Entonces pensé —me miró Patricia— que tal vez esa hija tuviese algo pendiente con su padre y que por eso no entraba a la habitación, y que el paciente quería ver y despedirse de su hija y que por eso no se iba. Me decidí a hablar con la esposa y la convencí para que su hija entrase en la habitación. No era asunto mío saber lo que había sucedido entre padre e hija, pero sí era mi labor proporcionar al paciente to-

25. El dolor incoercible es un dolor que es difícil de aliviar y que suele ser crónico. Provoca angustia, y desesperación o depresión en el paciente.

dos los recursos físicos y emocionales para su mayor bienestar. Finalmente, esa tarde la hija entró en la habitación y estuvo con su padre. No sé qué le dijo o lo que sucedió, pero a las diez de la noche, finalmente ese hombre falleció. ¿Casualidad? No lo creo, Lola.

—Yo tampoco, Patricia. Parece que había algo pendiente con su hija.

Las relaciones entre las personas es una de las facetas más importantes del ser humano, y de las que más nos preocupamos cuando estamos para marchar.

En otras ocasiones vivimos en incoherencia entre lo que pensamos, decimos y finalmente hacemos.

Tener asuntos pendientes, como hemos visto, es una dificultad para el tránsito. En el siguiente caso, el asunto pendiente que quedaba por resolver era debido a una incoherencia y a un secreto. Lo que supuso superar este escollo para su resolución.

LA DOBLE VIDA DE UN *COACH* ESPIRITUAL

Damián era *coach* espiritual[26] de cierto éxito que, con 50 años, estaba en paliativos por un cáncer de hígado.

De él me habló Verónica, una voluntaria que acompañaba en el tránsito a pacientes y a familias. Era su vocación y ahora, que se acababa de jubilar, dedicaba más horas a esta compasiva misión. Me conoció en una conferencia en la que se me acercó y me dijo:

—Me has dado una perspectiva nueva en el acompañamiento, un salto cualitativo que ayuda al paciente y me ayuda a mí también.

Quería verme y comentarme un caso, para lo cual quedamos una tarde en una cafetería.

—Gracias, Verónica, por ayudar de manera altruista en esa úl-

26. Coach espiritual es un guía que ayuda a las personas a explorar su mundo interior, descubrir su propósito de vida y conectar con su espiritualidad.

tima fase de la vida, tan ignorada y mal entendida. Se podría decir tan salvaje. La muerte está sin domesticar.

—Te voy a contar el caso de Damián —comenzó tras asentir—. Era un ser maravilloso. Muy espiritual que me enseñó muchas cosas, Lola. Yo aprendo muchísimo con los pacientes, pero Damián era especial. Se había formado muy seriamente para guiar a otros en la espiritualidad. Daba cursos y talleres. Solo con verlo ya te dabas cuenta de que estabas delante de alguien con presencia. Sabía estar en el ahora, en el presente.

—Ya te entiendo. Los que saben vivir en el presente pueden apreciar la realidad con una profundidad y agudeza superior, porque saben detenerse para observar. Es cuando se empieza a tomar conciencia. Primer paso para un desarrollo y crecimiento interno y personal.

—Pues llevaba dos meses en el hospital, en paliativos, estancado en un tránsito que se alargaba. Yo no sabía por qué una persona tan espiritual tardaba tanto en cruzar al otro lado. Lo acompañaba su mujer en todo momento. Tenía un hijo que, de vez en cuando, lo visitaba. Me dio la impresión de que el hijo mantenía una cierta distancia con el padre. Pero claro, ni Damián ni su mujer me dijeron nunca nada y yo tampoco pregunté. Un día que yo estaba allí, se presentó otra mujer. Cuando la esposa de Damián la vio, se levantó y la echó de la habitación.

—Vino una mujer a ver a Damián y la esposa la echó. ¿Por qué hizo eso?

—Salí de la habitación para ver qué era lo que pasaba, porque la escena en la habitación había sido muy incómoda, la verdad. Esa mujer estaba en la puerta, no se había ido. Al verme, se acercó y me dijo que quería hablar con Damián. Como a ella no la dejaban entrar, me pidió que le hablase en su nombre. Entré de nuevo a la habitación, y antes de poder decir lo que esa mujer me había comentado, Damián me pidió que dejase entrar a la mujer. Me quedé muy impactada por el giro de los acontecimientos y más cuando, tras la petición de Damián, la esposa salió visiblemente enfadada. La otra mujer entró y yo me marché. Sé que estuvo unas dos horas hablando con el paciente.

—Y la esposa de Damián ¿qué hizo?

—Se marchó también, no la volví a ver hasta el día siguiente. Fue muy llamativo que, según me dijeron, esa misma noche Damián cenó con su hijo y su esposa, en la habitación. Los tres juntos.

—Si te causó sorpresa, es porque no era lo frecuente, que se reunieran y estuviesen los tres.

—Para nada, Lola. De hecho era la primera vez que estaban compartiendo una comida. A los dos días, Damián se marchó. Me puse muy triste, aunque comprendo que ya era su hora y llevaba mucho tiempo en pura agonía. Entonces, ¿qué había cambiado? Pues yo creo que el cambio lo dio cuando pudo cerrar o despedirse de aquella segunda mujer.

—¿Crees que pudo marcharse al despedirse de ella y de quizás sacar a la luz una situación que estaba oculta o semioculta?

—Eso pienso. Tenía ese asunto pendiente y no estaba en paz. Creo que no deseaba marcharse así. Luego supe que el hijo no iba a ver al padre porque esa doble vida que llevaba había hecho sufrir a su madre.

Damián había ayudado a mucha gente a ser honestos y coherentes con sus vidas, pero su propia vida familiar estaba en incoherencia. El día antes de morir, me dijo que ya se podía marchar, porque él hablaba de la vida y de la muerte sin tapujos ni tabúes. Me dijo que su hijo le había perdonado la infidelidad y todo quedaba cerrado. Así pues, Lola, sin alterarse, me anunció que se marchaba. —Me miró con unos ojos brillantes—. Cuando fui al día siguiente, estaba inconsciente, agonizando. Tomé la mano de esa persona con un alma elevada, pues lo considero un maestro espiritual. Lo que estaba en incoherencia era su parte humana. Pero, cerrado el capítulo y desecho el engaño, trascendió rodeado de su familia. Cuando expiró, observé su rostro y parecía más joven. Desprendía luz. No sé cómo explicarlo. Creo que el liberarse de ese lastre fue lo que le facilitó el paso al mundo del que todos procedemos.

4.2. EL DERECHO A SER INFORMADO

¿Qué podemos hacer cuando un enfermo terminal o alguien que ha sufrido un accidente o debido a otra causa, está en coma? ¿Le hablamos e informamos de lo que está sucediendo con respecto a su tratamiento o su enfermedad, aunque sepamos que no nos va a contestar? ¿Parece absurdo informar a quien no puede responder? ¿Es mejor no decirle nada y hacer como si ya no existiese? ¿Y su conciencia? Es más, ¿puede escucharme? Y si supiera que puede escucharme, ¿le hablaría y le informaría de todo lo que está sucediendo a su alrededor?

Está claro que no se puede mantener un diálogo con palabras, pero sí que se puede mantener una comunicación. La persona sigue estando entre nosotros. Al igual que le damos un beso o le tomamos de la mano como muestra de cariño, a sabiendas de que no nos va a devolver el beso, ¿por qué se nos antoja algo ridículo y sin sentido el hablarle para darle información?

Creemos que el beso que le damos sí que lo puede apreciar y sí que le llega, pero la información que le podamos comunicar con la palabra, esa no le llega. ¿En qué nos basamos?

Sabemos que el sentido del oído es el último que se pierde y, por lo tanto, podemos hablarle e informarle a sabiendas de que vamos a ser escuchados, de que nos va a oír. También sabemos que hay personas que tras un coma han recuperado la conciencia y han informado que se daban cuenta y se enteraban de todo lo que pasaba a su alrededor.

Actualmente se aconseja hablar o poner música a los pacientes que están en coma, entonces, ¿por qué no actuamos de igual manera cuando el coma es el de un enfermo terminal?

Incluso me atrevo a decir que tras fallecer puede que la conciencia se quede al lado del cuerpo no sabemos cuánto tiempo, pero seguramente durante unos minutos.[27] Hay quien asegura que pueden asistir hasta a su propio funeral, por las manifestaciones que en muchos casos aparecen y que yo las catalogaría dentro de la fase de las despedidas.

En las ECM, donde las personas que han sufrido un paro cardiaco tienen en una primera fase una visión autoscópica, es decir que se ven a sí mismos desde afuera, pueden observar su alrededor, ver quiénes lo rodean, oír lo que hablaban e incluso sentir lo que los otros sienten, como si hubiese una comunicación a través de un lenguaje interno emocional que, cuando estamos fuera del cuerpo, nos permite ser conscientes de lo que otras personas sienten en esos momentos. De esas ECM podemos deducir que la persona que está trascendiendo, o acaba de trascender, podría ver, oír y sentir a los que tiene al lado.

Yo me baso en estas experiencias para sugerir que a las personas en esa situación se les debe dar información acerca de su tránsito, de lo que está sucediendo a su alrededor, de si ha llegado un hijo o un nieto, de la medicación que le vayan a poner o le están administrando, si la van a sedar, etcétera. En resumen, creo que esa información es necesaria porque pienso que tiene derecho a saber lo que está ocurriendo ya que, aunque lo veamos inconsciente, sigue estando vivo. Su cuerpo sigue vivo y su conciencia no muere. El sentido de la vista lo tiene anulado al tener los ojos cerrados, pero el resto de los sentidos no están apagados porque no ha fallecido.

¿La información sobre lo que le sucede a la persona en tránsito en cada momento, de las actuaciones que se le practican, de las visitas que tiene, etc., pueden ayudar en su proceso?

27. Esto se puede inferir por las ECM en donde hay una salida de la conciencia del cuerpo y una visión del mismo desde afuera. Si en este «simulacro» de muerte puedo ver mi cuerpo y a los que hay alrededor, lo que hacen y lo que dicen, ¿no será igual cuando cruce al otro lado de manera definitiva?

Sé que lo que digo no va a ser entendido por todos, porque no estamos acostumbrados a tratar a un agonizante como a una persona completa, sino como a alguien que ya le falta la capacidad de entender. Pero ¿estás seguro de que ha perdido esa facultad? ¡Claro, como no nos responde!, me puedes decir. Y eso qué tiene que ver con que nos entiendan.

Pero ¿qué tienen que entender?, preguntarán algunos. Pues que se le están poniendo tratamientos específicos porque les ha subido la temperatura, o antibióticos porque tienen alguna infección, o si se les va a desconectar de algún aparato al que estén conectados, o la actuación médica que sea. Informarles desde lo más común, como que una enfermera lo está atendiendo o que va a ser lavado y cambiado de pijama, o la administración de los tratamientos habituales, a lo más extraordinario, como desconectar un ventilador o administrarle una sedación. Podríamos poner muchísimos ejemplos, ya que en una habitación de hospital o del domicilio, donde esté el enfermo, están ocurriendo cosas.

Si se le explica el porqué de cada actuación, el paciente podrá asumir con más facilidad lo que le está pasando. También de lo que ocurre a nivel familiar, con los hijos y nietos, si llegan o se marchan, en fin, tratarle como a un ser humano mientras su cuerpo sigue con vida. ¿Crees que si a ti te pasara, tendrías derecho a saberlo?

¿Por qué actuamos en los últimos momentos como si ya no existiese una conciencia? Nos dirigimos solo al cuerpo y como está inconsciente se podría pensar que todo en esa persona ya está acabado, apagado, aunque aún siga con nosotros y su corazón siga latiendo.

¿Por qué el tocar su cuerpo como una forma de decirles que estamos allí o que les amamos, está aceptado, pero hablarles de lo que le ocurre, de qué tratamientos se le está poniendo, entre otras situaciones, no lo está?

Y ya no digo nada acerca de informarle que acaba de fallecer, que en mi opinión es una forma de respetar la vida que acaba de ser vivida y de dignificar el último aliento y eso que llamamos muerte.

Que cada uno se dé su propia respuesta, pero piensa que existe una conciencia que no muere y que está presente mientras el cuerpo humano está vivo y no se extingue cuando el cuerpo ya no lo está.

LA ENFERMERA DE LA UCI Y LA DONACIÓN DE ÓRGANOS

Una tarde lluviosa de marzo impartí una conferencia en un pueblo de la costa andaluza. Allí conocí a Helena. Trabaja en la UCI. Se acercó a saludarme al finalizar la charla, conectamos enseguida y comentamos lo difícil que, en ocasiones, puede ser acompañar en el tránsito.

—Nunca he trabajado en una UCI —le dije—, pero sí que me han contado fenómenos que se despliegan en la frontera entre la vida y la muerte.

—En la UCI, las personas que ingresan no tienen por qué trascender. De hecho, la gran mayoría sale adelante —me comentó—, ya sabes que muchas veces la persona sabe que va a ir a la UCI, por ejemplo, después una cirugía programada y no entra en la UCI pensando que va a trascender. Pero cuando sucede un evento inesperado, como un ictus o un infarto, un accidente grave, o cualquier otra situación crítica que hace que llegue al hospital inconsciente, la persona puede ignorar que está en la UCI.

—Es verdad. Es algo en lo que no había pensado. Helena, tú en la UCI, ¿has tenido alguna experiencia en el umbral de la vida o de la muerte? Porque yo creo que estar en el umbral entre este plano y el otro, permite la posibilidad de percibir la otra dimensión.

—Tengo varias experiencias, sí. Unas me han pasado a mí, otras me las han contado mis compañeras. La verdad es que, al principio de trabajar aquí, en la UCI, no crees que existan fenómenos de esos que no tienen explicación, pero, poco a poco, he ido abriéndome a ellos. Tengo compañeras que son más escépticas, quizás porque le tienen pánico a todo aquello que se le escapa a la razón y no se puede explicar con la ciencia tradicional; el caso es que no quieren saber nada de sucesos que se salgan de lo que ellas llaman normal. Pero mira, Lola, hasta a ellas, las más escépticas, puede que les sucedan cosas extraordinarias y luego son las que más se asustan —me miró con una sonrisa—, cuando les está sucediendo algo raro, no lo pueden negar. Más tarde intentan buscar un sentido racional y no lo suelen hallar, la verdad.

—Cuando a un escéptico le sucede algo extraordinario, se suele asustar muchísimo —acordé con ella— porque, además del asombro que sienten al experimentar la situación que sea, les aparece una grieta en la forma en la que conciben la realidad y esto puede poner en entredicho sus creencias y su forma de interpretar el mundo. Y da mucho miedo.

Helena cambió de conversación

—Si una persona no se ha pronunciado expresamente sobre sus órganos y le sucede algo muy grave, ¿tienen derecho a decidir sus familiares?

La pregunta me sorprendió, la verdad.

—No sé qué decirte —hice una pausa—. No lo he pensado nunca. Soy donante de órganos desde primero de carrera. Mi entorno más cercano lo sabe. Pero nunca había pensado en ello. Daba casi por hecho que si se puede ayudar a otros, ¿por qué no iba a donar mis órganos?

—¿Y no crees que haya personas que puedan opinar distinto? Porque yo ya no lo tengo tan claro. —Me encogí de hombros pensando que otros pueden y están en su derecho a pensar distinto—. Lo digo porque en el servicio se nos planteó hace poco un caso y después de lo que pasó no tengo claro que la familia deba decidir sobre el cuerpo y los órganos de un familiar que no se haya pronunciado en vida.

—Vaya —le dije abriendo algo la boca—. Es un tema muy delicado el que planteas. Es un dilema ético de gran calado. Pero ¿qué es lo que pasó para que te plantearas esto?

—Pues fue un caso que tuvimos hace poco. Era una mujer de unos sesenta años que sufrió una hemorragia cerebral muy grave. Llegó al hospital con el cerebro inundado de sangre. Estaba prácticamente muerta. Le mantuvieron la actividad cardio-respiratoria de forma artificial a la espera de que se tomara una decisión sobre la donación de sus órganos. En el momento que le hubieran retirado la ventilación, la mujer habría fallecido. La señora no había dejado nada dispuesto y le preguntaron a la familia que estuvieron dilucidando y finalmente dieron el consentimiento para la donación.

En la actualidad hay métodos artificiales (como respiradores y fármacos) que pueden mantener temporalmente la respiración y el latido cardíaco activo incluso cuando cesa toda la actividad cerebral.

—Y ¿qué pasó con esa paciente?

—Te he comentado que hay compañeras que son muy escépticas, ni siquiera creen que existan energías que pueden moverse en el mundo sutil. Yo sí que las he sentido. Sales de la carrera con una mentalidad muy racional, pero la experiencia en la UCI me hizo percibir muchas cosas. Casi me he acostumbrado a sentir presencias y a escuchar a los pacientes contar experiencias extraordinarias cuando se hallaban entre dos mundos. Esa noche, una de mis compañeras más escépticas vino donde yo estaba muy asustada. Traté de tranquilizarla para que me explicase. Estaba aterrorizada. Entonces, casi a trompicones, me contó lo sucedido. La señora de la que te he hablado, la que tuvo una hemorragia cerebral masiva —asentí—, bueno, la familia decidió donar. Mi compañera fue a donde le habían extraído los órganos para recoger el material quirúrgico utilizado, pero cuando quiso entrar no pudo. Lo intentó varias veces. Las puertas del quirófano estaban abiertas, pero no podía pasar aun haciendo fuerza, se asustó y salió corriendo a donde yo estaba. «Helena hay algo que no me deja entrar», me dijo desencajada. Y le pregunté qué era. Entonces me dijo que notaba en la puerta del quirófano como una fuerza, o una energía, que la empujaba hacia afuera cada vez que intentaba entrar. Muy nerviosa me dijo, que al principio no se daba cuenta de que no podía entrar, pero cuando percibió que ella misma estaba haciendo fuerza para entrar por una puerta abierta, sin nada que se lo impidiese a simple vista, se asustó mucho y salió huyendo a contarme lo que le acababa de pasar. La tranquilicé lo que pude, porque tampoco acababa de comprender la situación. Entonces decidimos ir juntas a la puerta del quirófano de marras. Pude comprobar lo que la compañera me decía: yo tampoco podía entrar.

—¿Qué quieres decir exactamente? ¿Qué sentías para no poder entrar? —pregunté muy interesada.

—Pues que parecía que me empujaban desde dentro del quirófano. Cada vez que daba un paso para entrar, una fuerza me empujaba hacia afuera —dijo enseñándome las dos palmas de las manos y moviéndolas hacia delante y atrás—. Era tremendo. Me asusté muchísimo. ¿Qué era aquello? Decidimos entrar las dos a la vez, y nos pasaba lo mismo, había algo que no nos dejaba. Lo sentimos las dos. —Me miró elevando las cejas. Yo asentí. La estaba entendiendo—. Luego pensamos en entrar a la vez, nos apretamos una a la otra para hacer fuerza y poder pasar a ese quirófano que tenía la puerta abierta y no parecía que hubiese nada que se interpusiera. Pero lo había, Lola, ¡ya lo creo que lo había! Una situación muy tensa. Después de un rato, y con mucho esfuerzo, lo conseguimos. Nos costó, ¿eh? Nos costó —asintió varias veces, inspiró profundamente y me miró—. Pero entramos.

—No sé qué decirte, no había escuchado nada parecido —dije con franqueza—. ¿Y tú qué crees que pasó?

La persona protagonista de la experiencia suele tener una teoría sobre lo sucedido, una intuición sobre cuál puede ser la explicación.

—Te voy a decir lo que yo pienso, pero no te vayas a reír, ¿vale? —Negué. Estaba muy interesada—. Pensé que era el espíritu enfurecido de esa señora.

—¿Cómo? ¿El espíritu de la señora? ¿Por qué iba a estar enfadada? Bueno, si pensamos que había fallecido de repente... —mi frase quedó suspendida.

Sí, Lola, déjame que te explique. Esa fuerza o energía que nos echaba de allí y nos empujaba hacia afuera era la señora que acababa de fallecer. Bueno su conciencia o su energía. Es lo que sentí. Y pensé que esa señora no quería que entrásemos en el quirófano. Reflexioné sobre lo que le había sucedido en tan pocas horas. Una señora que tenía una vida normal y de repente sufre un derrame cerebral, va perdiendo la conciencia y la trasladan en estado de coma. Cuando la ingresan en la UCI, la mantienen artificialmente viva para la extracción de órganos, todo en tan poco tiempo. Creo que intentaba impedir que alguien entrase al quirófano donde había pasado todo. Verás, Lola, es una conclusión mía, pero fue lo que intuí, porque si no, ¿por qué percibí tanta rabia?

—Y ¿crees que esa mujer estaba enfadada porque le habían extraído los órganos sin su consentimiento? —pregunté para estar segura de que esa era su conclusión.

—Sí, eso creo —dijo asintiendo con calma— y si no fue así, en mí se abrió esa reflexión: ¿pueden mis familiares decidir lo que se hace con mi cuerpo?

Me dio que pensar la historia de esa mujer y la conclusión de Helena.

—Helena, ¿crees que hubiera cambiado algo si se le hubiera informado a la señora de que estaba viva artificialmente y que se le iban a extraer los órganos? —dije pensando en voz alta—. A lo mejor así, por lo menos sabría lo que le estaba pasando en el quirófano. ¿Y si no sabía que le estaban extrayendo los órganos? O peor. ¿Y si no sabía que se había muerto?

Pensé que quizás ella, de manera autoscópica,[28] estaba viendo lo que sucedía y al ser todo tan repentino no sabía exactamente qué es lo que pasaba.

28. La autoscopia es una experiencia subjetiva en la que una persona ve su propio cuerpo como si estuviera viéndolo desde una perspectiva externa.

—¿Y qué sugieres que se haga? —me preguntó— ¿Que le hable a una persona en coma y casi muerta? ¿No nos tomarían por locos?

—Lo que digo puede sonar extraño, se trata al cuerpo como algo desconectado de la conciencia que llevamos dentro, pero, la conciencia sigue conectada con el cuerpo, y si fallece, tal vez esté confusa y sin saber muy bien lo que ha sucedido. Mira te cuento lo que le pasó a una amiga: dice que cuando murió su padre, en el cementerio, antes de entrar, su madre empezó a decir en voz alta: «vete a la luz». Mi amiga le preguntó si estaba viendo a su marido y su madre le dijo que no, pero que lo hacía por si estaba allí. Esto es una sabiduría antigua que tienen las personas, tal vez porque «sienten» las presencias de los que acaban de fallecer. Lo tuyo más que «sentir» una presencia fue una lucha contra la misma. Porque ante una enfermedad súbita con un tránsito fulminante, puedan quedar confusas y no saber qué es lo que está sucediendo.

—Yo creo que esa mujer, más que confusa, estaba enfadada. No sé si sabía o no que se había muerto. Pero lo que yo sentí era que ella estaba muy enfadada. Porque esa fuerza invisible que nos impedía la entrada era una fuerza hostil.

—¿Piensas que esa hostilidad era debida a que no deseaba que le extrajeran los órganos?

—Sí, eso es lo que creo. Por eso estaba enfadada Y esa furia era como un escudo protector a su alrededor que nos impedía el paso.

—Y si se le hubiese informado de manera clara y concisa de cuál era su situación y de la decisión tomada por sus familiares de ser solidarios con otras personas necesitadas, y que por eso habían dado el permiso para la donación, ¿crees que hubiese entendido la situación? A lo mejor ese enfado sería menor. No sé.

—Hombre, Lola, creo que eso no estaría de más, pero —me miró fijamente un segundo— ¿quién lo hace? ¿Quién se pone a hablarle? Porque no se le puede pedir a un familiar, que ya tiene bastante con lo que tiene. Entonces, ¿quien lo hace?, ¿uno del equipo?

—Es verdad, pero si deseamos tener una muerte digna, en donde el moribundo sea el centro de su propia muerte, ¿no se nos debería informar de lo que nos sucede, de la enfermedad que tengamos, de la gravedad extrema, del pronóstico y de las decisiones que están siendo tomadas en nuestro nombre? ¡Qué menos! ¿No? Y en caso de fallecer, ¿no se nos debería de informar con más razón? —Terminé elevando la voz como si se me hubiera contagiado la rabia de esa señora.

Creo que podríamos tomarnos un tiempo e informar al que ha entrado en coma de forma inesperada y repentina, explicándole el motivo por el cual se encuentra así.

Explicarle si ha sido por un accidente, por un ictus o lo que sea que le haya sucedido. Informarle de que está moribundo, en tránsito y a punto de saltar al otro lado. Que pueda conocer que su situación es extrema.

Si la familia ha tomado la decisión de realizar una donación de órganos, ya que la persona no ha dejado nada dicho, explicárselo también y pedirle permiso para realizar dicha cirugía de extracción, aun sabiendo que no nos va a contestar, pero al menos pedir permiso para hacerlo. Creo que sería lo respetuoso tanto como recibir la información imprescindible para saber lo que está le sucediendo.

Durante muchísimos años, a la muerte se la había tenido en consideración. Existían rituales para hacerla patente y ayudar al que estaba en tránsito, la costumbre de ir a rezar al lado del enfermo bien para que recobrara la salud si eso era posible, bien para que su alma trascendiese con la mayor paz y serenidad. Cuando el moribundo veía a los que rezaban por él, se daba cuenta de que su estado de salud era muy delicado. Pero cuando el sacerdote acudía a darle los santos óleos, entonces era una confirmación de su estado de gravedad. La persona disponía de unos tiempos, de un ritmo, para ir preparándose.

La llamada Extremaunción, hoy denominada la Unción de los enfermos, es un sacramento católico que consiste en que un sacerdote unge al enfermo con aceite sagrado en caso de peligro inminente de muerte. El motivo, en el ritual cristiano, es la sanación espiritual, el perdón de los pecados, el consuelo ante las últimas tentaciones y, si es conveniente, la sanación del cuerpo. El rito incluye la aplicación del óleo sobre la frente y las manos, acompañada de una oración.[29]

Sin entrar en consideraciones religiosas, la persona conocedora del rito mismo, por ser la tradición, cuando lo observaba, o si estaba inconsciente, lo escuchaba y sentía, tenía la posibilidad de saber que su tránsito estaba finalizando y que se acercaba el momento de cruzar. Hoy no hay ritos que anuncien al paciente la proximidad de su marcha, luego, deberíamos buscar otras vías, porque la muerte acontece como antes, y la necesidad de ser informados permanece, independientemente de la religión que se profese.

Por eso, el siguiente caso resulta interesante. La cultura y la tradición del buen morir existía de la mano de la religión. Hoy deberíamos continuar con la dignidad del buen morir adaptado a nuestros días y al respeto de las creencias de cada cual. Morimos igualmente, aunque no tengamos religión alguna y seamos laicos. Se debería informar al enfermo de que se está en tránsito y que se está cruzando el umbral, y si lo acaba de cruzar, con más razón todavía.

«¡HIJO MIO, TE HAS MUERTO!»

Micaela, una cirujana ya jubilada, me contó que en una de sus primeras intervenciones, siendo ella muy joven, el paciente falleció en la mesa de operaciones. Era una intervención de alto riesgo y la familia aguardaba en la sala de espera junto a un sacerdote amigo. Cuando les informaron del fatal desenlace, la familia quiso que el

29. «Por esta santa unción y por su bondadosa misericordia te ayude el Señor con la gracia del Espíritu Santo, amén, para que libre de tus pecados, te conceda la salvación y te conforte en la enfermedad.»

sacerdote entrara a darle los santos óleos. Dejaron entrar al cura al quirófano que se acercó al cadáver que yacía en la mesa de operaciones. Ante la mirada sorprendida del equipo sanitario que aún se encontraba allí, el sacerdote puso las manos en forma de trompetilla y comenzó a gritar al oído del recién fallecido: «¡Hijo mío, te has muerto! ¡Que sepas que te has muerto!». El personal aguantó la respiración sin saber qué hacer ni qué decir mientras el sacerdote seguía gritando: «¡Que has muerto!». Tras lo cual le informó de que iba a administrarle la extremaunción y, seguidamente, lo ungió con los santos óleos.[30]

Han tenido que pasar muchos años para que comprendiera lo que el cura trataba de hacer. Hoy la sabiduría de ese clérigo me causa respeto.

Desde que la muerte ha quedado en manos de los profesionales de la salud, es responsabilidad de todos proporcionar a las personas una muerte digna que incluya: una agonía sin dolor, un trato humano para el mundo emocional y un cuidado consciente para su esencia espiritual, más allá de creencias o de los prejuicios religiosos.

Creo que uno de esos primeros cuidados, en los casos en donde la muerte haya acontecido de manera brusca e inesperada, es el de informar a la persona de que ha fallecido.

Es importante para poder pasar al plano de luz dar este primer paso. El segundo paso es, aceptar que ya no pertenecemos a este plano. Una vez estos dos pasos estén completados, podemos continuar el tránsito en el otro lado hacia el plano de luz.

Siguiendo con esta necesidad de informar a la persona de su deceso, el siguiente caso se desarrolla en un servicio de Urgencias de Andalucía y ahonda en esta reflexión.

30. Los santos óleos están compuestos, comúnmente de aceite de oliva puro, que se bendice, para la unción de los enfermos anualmente en la Misa Crismal del Jueves Santo.

«¿QUÉ ESTOY HACIENDO AQUÍ?»

Lourdes es una enfermera que trabaja desde hace más de quince años en el servicio de Urgencias de un hospital, en una capital andaluza. Al área de observación se accede desde allí y es una zona reservada en donde permanecen los pacientes que requieren vigilancia y seguimiento de corta evolución, y los que están pendientes de diagnóstico.[31]

La conocí a través de un amigo común y quedamos para que me contase lo que le sucedió una noche en el hospital. Quería saber mi opinión y averiguar por qué vio lo que vio y por qué le tuvo que suceder a ella.

En enero del 2024 le tocaba trabajar en el turno de noche.

—En la zona de observación hay doce camas, cuando entré a las 22.00 horas, la enfermera saliente me dio el parte: todas las camas estaban ocupadas y no parecía que hubiese nada grave. Pero ya sabes, en medicina no hay certezas absolutas. Desde el puesto de enfermería se tiene acceso visual a todas las camas. La mayoría están monitorizadas,[32] pero esa noche había cuatro que no lo estaban. Eso depende de la gravedad y la necesidad del paciente.

—Claro, hay casos en los que no necesitan monitores.

—Sí, eso es. Pues la paciente de la que te voy a hablar no estaba monitorizada. Acudió esa tarde a Urgencias por un estreñimiento muy pertinaz desde hacía unas semanas y se le había aplicado un enema de limpieza.[33] Estaba en observación, pendiente de descar-

31. La estancia máxima en esta zona de observación será de unas 24 horas en las que se decide, según el diagnostico, si el enfermo es dado de alta o trasladado a la zona de hospitalización que le corresponda.

32. Los monitores más utilizados son los que miden de forma intermitente o continua la presión arterial, el electrocardiograma y la pulsioximetría o saturación de oxígeno.

33. Un enema de limpieza es un procedimiento que consiste en introducir una solución líquida en el recto para limpiar el colon y evacuar las heces. Se utilizó en este caso para aliviar el estreñimiento.

tar una obstrucción intestinal[34] —continuó Lourdes—, y dado el buen estado general de la paciente se decidió no monitorizarla.

—Entiendo, estaba pendiente de hacerse pruebas para descartar que hubiese algo que le ocluyese el intestino.

—Sí —asintió—. El caso es que recién comenzado mi turno entró la doctora de Urgencias y me preguntó si había algún inconveniente en que pasasen los familiares de esa paciente porque no habían podido llegar a la hora de las visitas. Le dije que no había inconveniente y los familiares pasaron. Enseguida vino el hijo alarmado: «Señorita, mi madre no está bien». Acudí detrás del hijo y comprobé que la paciente estaba en parada cardiorespiratoria.[35]Como no estaba monitorizada, no había saltado ninguna alarma. Se puso en marcha el protocolo de reanimación, acudió el médico de guardia y se iniciaron de inmediato las maniobras de RCP (reanimación cardiopulmonar) avanzada.[36] Se solicitó incluso la ayuda de los compañeros de la UCI. Tras cuarenta minutos de reanimación infructuosa, la señora falleció.

—Se pasan momentos de mucho estrés. —Pensé en la enferma sin latido cardiaco y en mis compañeros sanitarios concentrados en su trabajo.

—Sí que fueron muy estresantes —dijo Lourdes, agarrándose una mano con la otra—. Cuando bajan los de la UCI, es porque se piensa que se puede reanimar a la persona con una probabilidad alta. Hay pacientes que, a pesar de la RCP, están tan enfermos que

34. La obstrucción intestinal es un síndrome causado por la detención, más o menos completa, de heces y gases en cualquier tramo intestinal, ocasionada por causas orgánicas o funcionales. Constituye alrededor de un 20 por ciento de las urgencias quirúrgicas de un hospital.

35. No existe latido cardiaco o este es ineficaz y la respiración esta dificultada o no existe.

36. Incluye el uso de dispositivos y técnicas avanzadas para el manejo de la vía aérea, la administración de fármacos y la terapia eléctrica, todo ello bajo la supervisión de personal sanitario cualificado.

no hay mucho que hacer, pero en este caso sí que pensamos que había altas probabilidades de recuperación. La señora había venido por su propio pie. —Me miró fijamente mientras asentía—. No sé si me explico.

—Sí, te he entendido, Lourdes —le dije con una sonrisa triste por el fatal desenlace que me contaba—. Hay pacientes en donde su estado general previo es muy bueno y la probabilidad de que se reanimen y salgan de la parada es muy alta. Y, sin embargo, nunca se sabe.

—¡Ya! —Bajó un poco la cabeza y los ojos—. Es muy frustrante. —Mantuvimos un breve silencio—. Continuó la noche con gran intensidad. Imagínate, enero con todos los virus de la gripe A, de las otras gripes, del COVID, en definitiva, alta frecuentación y las urgencias llenas.

—Sí, ya me imagino. Las infecciones pueden descompensar a las personas de salud frágil —dije por experiencia.

—Sobre las seis de la mañana, el trabajo amainó y yo propuse poner nuestros sillones de descanso en el puesto de control para sentarnos un poco. Esa noche estábamos trabajando dos enfermeras más y una TCAE.

—Desde el puesto de control podías ver los monitores ¿no?

—Sí, podía ver los monitores. Me acababa de sentar cuando justo por encima del mostrador y en la esquina izquierda del cabecero de una de las camas, veo una luz como a la altura del palo del suero y pienso: «¿Qué es eso? ¿Quién está allí? ¿Una compañera?».

—¿Viste una luz? ¿De algún color? ¿Tenía alguna forma?

—No, no tenía forma, solo era una luz de color amarillo. Me levanté para poder averiguar lo que estaba pasando. Como te he dicho, pensé que era una compañera que estaba atendiendo a un paciente y que tal vez necesitase ayuda. Pero cuando me levanté, la luz desapareció. Vi la cama en cuestión y a una mujer acostada en ella, con la bata típica del hospital, que estaba intentando bajar la defensa o barandilla que tenía alzada. No lo intentaba bruscamente, pero sí con cierta insistencia. Corrí hacia ella y, mientras salía del mostrador, comencé a decirle, haciendo gestos con las manos: «¡Señora, señora pare, pare!, que se va a caer, señora por favor, ¡pare!».

—Pensaste que era una paciente que estaba tratando salir de la cama. Pasa muchas veces con las personas mayores en el hospital: que se desorientan.

—En principio eso fue lo que pensé —respiró profundo y bajó algo la voz—. Pero me pareció, por la cara, el pelo... —se detuvo y me miró abriendo los ojos—. Ya sé que suena muy raro, pero era igual a la paciente que acababa de fallecer tras intentar reanimarla, la paciente de la que te acabo de hablar —asentí—. Además, Lola, era la misma cama en donde había fallecido. Entonces, conforme yo le estaba diciendo que se detuviese, esa mujer me miró —repitió recalcando—: ¡Esa señora me miró!, y yo pude sentir sus ojos fijos en los míos. Su mirada, es que no la puedo olvidar, porque hizo que me parase en seco. Sus ojos me decían: «Me quiero bajar de la cama. Pero ¿qué estoy haciendo yo aquí?».

—Quieres decir que esa señora que estabas viendo ¿era la paciente que había fallecido esa noche? —pregunté para asegurarme y Lourdes asintió

—Sí, sí, una locura, ya lo sé. Pero es que, además, estaba como preguntándose qué estaba haciendo ella allí. Como que no sabía lo que estaba ocurriendo y quisiera bajarse de la cama para irse. En esto que mis compañeras, al escucharme hablar fuerte, acudieron. Estaban detrás de mí y me preguntaron: «Pero ¿qué es lo que pasa? ¿Por qué estás hablando tan alto?». Yo me volví hacia ellas y, señalando a la cama en donde estaba la señora, les dije que esa paciente quería bajarse de la cama y que se iba a caer. Mis compañeras miraron por encima de mi hombro y me preguntaron: «¿De qué señora hablas?». Me giré hacia la cama en cuestión e insistí: «Pues de esa señora, ¡de esa! ¡Esa de ahí!». Ellas guardaron silencio. Y yo, mirando ahora de frente a la cama, me quedé anonadada. Paralizada. Sin palabras. Porque, en esa cama donde acababa de ver a la señora angustiada e intentando bajar las barreras, ahora descansaba plácidamente durmiendo un hombre. Ni de lejos se parecía a la señora. De hecho, ese hombre tenía puesta una mascarilla y la señora no llevaba mascarilla. Eran dos personas totalmente distintas. Sin posibilidad de confusión, Lola, dos personas que no tenían nada que ver la una con la otra —concluyó mientras respiraba profundamente.

—¡Madre mía! —exclamé con el vello erizado—. Y ¿qué pasó luego?

—Pues me acerqué a la cama comprobando una vez más que el paciente era un hombre, que además estaba dormido. Como ya estaba preocupada por lo que acababa de ver, desperté al paciente y le pregunté cómo estaba. Pensé: «¿Y si es una señal y este paciente se encuentra mal?». El pobre hombre se despertó y me contestó medio dormido que le dolía un poquito, no recuerdo el qué, pero que estaba bien.

—¡Qué experiencia! ¡Madre mía! Te asustarías mucho, ¿no?

—Pues no me asusté. Es extraño, pero no me asusté. —Hizo una pausa poniendo las manos sobre la mesa—. Mira, lo he pensado y ¿sabes por qué creo que no me asusté? —negué con la cabeza—. Porque lo que vi fue algo totalmente real. No parecía un fantasma o que su cuerpo fuera traslúcido o algo raro. No, para nada. Era algo real. La experiencia fue real. Yo lo vi y lo viví como real. Era una paciente que trataba de bajarse de la cama como lo haría cualquier otra que intentase bajar la barrera para irse. —Lourdes de pronto sonrió—. ¿Sabes quiénes sí se asustaron mucho? Mis compañeras cuando les conté lo que acababa de ver. Entonces sí que se armó una buena, tanto que querían encender todas las luces de observación. A las seis de la mañana en enero, ¡te imaginas! Si aún era de noche. Ellas creían que yo había visto un fantasma y estaban muertas de miedo, mirando para todos lados. Les dije que no era conveniente encender las luces porque los pacientes estaban durmiendo y los íbamos a despertar a todos.

—O sea, que tú, la que había tenido la experiencia, eras la única que no estaba asustada y además estabas calmando a las demás.

—Exacto, Lola. No tuve, ni tengo, miedo ahora que te lo cuento. Solo me pregunto qué fue lo que pasó y por qué lo tuve que ver yo y por qué no lo vio nadie más. ¿Por qué me sucedió a mí? Yo no tengo habilidades psíquicas ni veo cosas ni nada. Se lo conté a mi pareja que es también sanitario y que tira mucho más a la parte científica ortodoxa. Él piensa que tuve una pequeña alucinación o incluso una pequeña crisis de epilepsia[37] por irritación cerebral debido al cansancio. Pero yo no soy epiléptica, nunca lo he sido ni he tenido ningún episodio de epilepsia. Todos mis sentidos estaban bien alerta. Cuando estás de guardia, estás en un estado de superalerta. Cansada sí estaba, pero no agotada, ni mucho menos.

Asentí con una inclinación de cabeza, sabía lo que era estar de guardia. Estás en un estado de «alerta laboral» con todos los sentidos puestos en lo que estás haciendo. No sueles pensar en nada más. El intenso ritmo del trabajo te lo impide. Te centras completamente en tu labor. Si tienes problemas en casa o de cualquier otra índole, se te olvidan, porque el foco de tu atención está puesto en aquellos que reclaman tu asistencia y ayuda. De hecho, el tiempo pasa volando. Cuando te das cuenta, ya ha terminado tu turno.

En ese estado similar de alerta y concentración podría estar Lourdes, tal vez ya con la guardia y la noche casi vencida, las defensas mentales bajen un poco. Pero, aun así, su mente seguía despierta. Entonces, ¿a quién vio? ¿Qué es lo que vio?

Primero refiere ver una luz amarilla en la esquina izquierda, algo elevada, a la altura del palo del suero. Cuando le pregunté si era una bola de luz, o como un orbe, me dijo que solo era una luz, sin forma definida. Pero cuando se levanta, la luz desaparece. ¿Por qué desaparece la luz? Y ¿qué era esa luz? Luego se percata, tras ver como la paciente quiere bajarse de la cama, que es la señora

37. Una crisis epiléptica puede iniciarse con un aura, que puede variar ampliamente de persona a persona, pero a menudo incluyen sensaciones inusuales, como olores extraños, alteraciones visuales, o emociones intensas, aunque luego no exista convulsión.

que ha fallecido, pero puede mirarla confusa, sin saber qué estaba haciendo allí. Lourdes captó todo esto en la forma en la que la paciente la miró.

¿Existe la posibilidad de que la paciente no fuese consciente de que había fallecido? Si así fuese, lo que vio Lourdes y la mirada que percibió de la paciente, podrían tener un sentido. Hubo una comunicación a través de la mirada.

Estamos en una primera fase tras la muerte del cuerpo físico, pero esa señora aún permanecía en este plano, eso fue lo que vio Lourdes, entonces, ¿por qué la paciente seguía en la cama del hospital?

Cuando Lourdes gira la cabeza hacia atrás para explicar a sus compañeras por qué está hablando alto, estaba viendo a la paciente, pero sus compañeras, que ahora se situaban frente a la cama, no la ven, ¿por qué no la ven?

¿Por qué ella pudo ver lo que las otras compañeras no pudieron, si todas estaban en la misma habitación y en el mismo momento?

Cuando se gira de nuevo hacia la paciente, hay un hombre en la cama, ¿qué es lo que ha cambiado para que ahora ya no pueda verla?

La extrañeza que la paciente expresaba de no saber qué estaba haciendo allí ¿provenía de no saber que había fallecido?

Mi impresión personal es que había fallecido de forma muy repentina y no sabía muy bien qué es lo que había sucedido. Y si este fuera el caso, ¿podemos hacer algo?

Creo que cuando un paciente trasciende de manera inesperada, los que estamos en ese momento cerca (personal sanitario, seres queridos, allegados) deberíamos hacérselo saber. Acercarnos a ellos y decírselo, porque, aunque veamos a un cuerpo inerte, la conciencia no muere y puede quedar cerca del cuerpo, quizás en estado algo confuso, por lo inesperado. Como cuando el cura gritaba «¡Hijo mío que sepas que te has muerto!», sin necesidad de gritar, obviamente.

Identificar nuestro cuerpo físico con la conciencia, nos hace creer que cuando el cuerpo físico perece al dejar de latir el corazón, la conciencia corre la misma suerte.

Deberíamos explicarle a la persona que acaba de fallecer, que el vehículo físico que ha usado para vivir esta vida ya no es viable. Sería una intervención siendo conscientes de que la esencia de lo que somos no perece y sobrevive más allá del cuerpo físico.

Creo que hay personas que se dan cuenta de que han muerto, sobre todo los que esperan hacerlo porque han tenido una larga enfermedad y, por lo tanto, lo tienen asumido, pero cuando es inesperado, en el momento de fallecer, puede ser que no sean del todo conscientes de ese cambio y los que aún estamos en este plano, deberíamos tener la conciencia suficiente para informarles de que su forma física, ya no está entre nosotros.

4.2.1. Sedación y decisiones

Sabemos que frente a la sedación hay opiniones encontradas, de manera que, cuando hay que pedir opinión o permiso a los familiares pueden surgir polémicas. A veces muy graves.

La morfina es un opioide que se utiliza en los cuidados de los últimos días para aliviar el dolor que pueda tener la persona, la asfixia y la agitación como síntomas más relevantes. La dosis es ajustada a cada caso. Si el enfermo necesita más dosis por las razones anteriores, puede entrar en un estado de sedación. La intención de aplicar morfina en los cuidados de los últimos días es para el confort y bienestar del paciente. Siempre ajustando las dosis a cada caso y valorando los síntomas.

Una parte de los familiares pueden pensar que al aplicar la morfina se está acelerando el tránsito y, por tanto, acortando la vida del ser querido de manera farmacológica y pueden no mostrarse de acuerdo. Por ese motivo habría que informar cuidadosamente a los allegados de la función de la morfina en esos últimos momentos.

«QUIEREN MATAR A MI MADRE»

Una mañana me pasan una llamada telefónica a mi consulta.

—Doctora, soy Pepe, el hijo de María —dijo una voz familiar. Tanto a él como a su madre de noventa y seis años los conocía desde hacía mucho.

—Hola, Pepe, dime, qué sucede.

—Mi madre se ha puesto peor. Lleva tres o cuatro días en la cama, sin querer comer ni beber. Ha empezado a respirar raro, como fuerte y he llamado a Urgencias. Están ahora mismo aquí, la médico y el enfermero, pero quieren matar a mi madre.

—¿¡Cómo!? —exclamé, mientras escuchaba al fondo una voz femenina que decía: «¡Aquí nadie ha venido a matar a nadie!, pero ¿qué está usted diciendo?»—. ¿Quién es la que habla? —pregunté.

—Es la médico de Urgencias. Ha venido a dormir a mi madre como a un perro. Por eso te he llamado, porque yo con esta médico no me entiendo.

—Vale, Pepe, vale —le dije mientras seguía escuchando al fondo las protestas de mi colega—. Ponme con ella por favor.

Me pasaron con la médico que estaba muy nerviosa y enfadada.

—Hola soy la médico de Urgencias, ¿eres la doctora de cabecera? He venido porque la paciente, está estuporosa,[38] desde hace unas horas según me ha dicho el hijo, compruebo y ha comenzado con disnea.[39] Es que me han llamado por eso. Porque la paciente se está asfixiando. Solo le he dicho de ponerle un poco de morfina y

38. Estupor: nivel de alteración de la conciencia en el que una persona parece dormida o con mucho sueño y solo responde a estímulos vigorosos, como un grito, una sacudida o un pellizco, y vuelve a su estado de inactividad cuando se detiene la estimulación.
39. La disnea es una dificultad respiratoria que se suele traducir en falta de aire. La morfina genera un cambio del patrón respiratorio a respiraciones lentas y profundas, sin alteración importante del intercambio gaseoso.

se ha puesto este señor como una furia. Esto no se puede tolerar, no se puede tolerar.

«Porque quieren matar a mi madre», escuché a Pepe a lo lejos.

—No sabe lo que sucede —le dije—. No sabe por qué se les administra morfina a los enfermos agónicos. Asocia la palabra morfina a una sedación y la sedación la asocian a una acción para que los ancianos se vayan antes. Déjame hablar con Pepe.

Hablé con Pepe y le expliqué que se administraba morfina para el confort de la paciente, para que pudiese respirar mejor y, poco a poco, fue calmándose. La médico de Urgencias también se calmó. Al final, las urgencias acudieron varios días para administrar morfina hasta que María se marchó con tranquilidad rodeada de su familia, que también estaba tranquila, y que la estuvo acompañando en su último viaje.

«MI HERMANO DEJÓ DE HABLARME»

Encarna es médico especialista en medicina interna. Trabaja en un hospital privado de la provincia de Málaga. Su tiempo lo reparte entre el hospital, las guardias y su hija adolescente.

Con su amplia experiencia profesional, cuando su padre estaba enfermo, ella, la médico de la familia, se encargó de su salud y de todo lo concerniente a los tratamientos y los especialistas.

Un día en el que quedamos para almorzar me contó cómo había sido la muerte de su padre.

—Al final, mi padre estaba agonizando en mi hospital. Llevaba varios días muy malito y comenzó con dificultad respiratoria.[40] — Me miró a los ojos con fijeza—. Ya sabes, Lola, lo que eso significa.

—Sí, que está agonizando. ¿Le pusiste morfina?[41]

40. La dificultad para respirar, también llamada disnea, es un síntoma común y angustiante en la fase de agonía, especialmente en pacientes con enfermedades terminales.

41. La morfina actúa sobre el centro respiratorio, generando un cambio

—Eso es, Lola, le puse morfina que es lo que está indicado, como sabes —asentí—. Ahí comenzaron los problemas.

—¿Qué problemas?

—Problemas con mi hermano porque él no estaba de acuerdo con que se le pusiese morfina a mi padre.

—Pero ¿tu hermano es médico? —le pregunté. Encarna nunca hablaba de su hermano y no tenía información acerca de él. Solo sabía que vivía en otra provincia.

—No, para nada. Mi hermano no tiene nada que ver con el sector sanitario. Pero sí que tenía su opinión sobre ponerle morfina a mi padre porque creía que acortaba el tiempo y que moriría antes.

—Pero bueno, tú se lo explicarías, ¿no?, que tu padre estaba en una situación terminal, agonizando y que esa dificultad respiratoria se podía aliviar. Además, alargar unas horas una agonía frente a poder marcharse en paz y con calidad de vida o calidad de muerte, según se mire, pues qué quieres que te diga. Quizás por eso deberíamos dejar estipulado lo que queremos y así nadie se enfadaría o de hacerlo sería con nuestras últimas voluntades —pensaba en voz alta.

—Sí, Lola, mi hermano sabía que mi padre estaba muy enfermo, pero, aun así, se oponía a la administración de morfina.

—Entiendo que primó más el tratamiento adecuado para tu padre que la opinión de tu hermano.

—Sí, así es, pero me costó la relación. No me habla desde aquel día.

—¿Cómo? —pregunté algo incrédula.

—Sí, que no me habla. Ni nos llamamos por teléfono ni nada. Tenemos en el pueblo una casa en donde aún vive mi madre y en vacaciones vamos mi hija y yo algunos días. Pues si se entera que voy a ir, no va él. O si está él allí con su mujer y mis sobrinos y mi madre le dice que voy, se marcha llevándose a toda su familia. A mi

---

del patrón respiratorio a respiraciones lentas y profundas sin alteración importante del intercambio gaseoso.

cuñada y a mis sobrinos tampoco los veo. Así llevamos casi seis años y no creo que la situación mejore, porque me evita y no quiere hablar conmigo. —Me miró encogiéndose de hombros con ojos tristes—. Qué se le va a hacer, es lo que hay.

Para un médico tratar a los familiares es un tema que puede ser delicado, pero cuando se toman decisiones en la perimuerte, puede serlo más aún.

Para su hermano, Encarna había precipitado la muerte de su padre. Es un argumento que se basa más en un componente emocional que en un componente médico.

Encarna sabe que hubiese actuado de igual manera con otro paciente en iguales circunstancias. Sin embargo, el hermano no estaba de acuerdo con la decisión y sigue manteniendo resentimiento contra ella.

Esta puede ser una de las circunstancias por las que deberíamos dejar claro, antes de llegar a la perimuerte, si damos nuestro permiso con antelación para que se proceda a la aplicación de morfina con fines de tratamiento o de sedación.

4.3. CÓMO AYUDAR EN EL TRÁNSITO

Para ayudar en el tránsito y tener una muerte digna, lo primero que se debe hacer es respetar la voluntad del protagonista, del que se está marchando. No hay que entrar en polémicas o discusiones con el que se está yendo si ya ha elegido.

Aunque no te guste su decisión, habrá que respetarla porque es su muerte, no la tuya y por lo tanto no puedes disponer de aquello que no te pertenece. Cada uno tenemos nuestra propia muerte y no nos la pueden arrebatar ni pueden adueñarse de ella. Al César lo que es del César.

¿POR QUÉ NADIE ME DICE NADA?

—Creo que me están engañando todos y que estoy más grave de lo que me quieren decir —me dijo Isabel, una paciente de ochenta y seis años con un cáncer de colon estadio IV[42] un día que acudió con su hija—. Cada día estoy más delgada y cansada, ¿por qué nadie me dice nada?

—Pero ¿qué te vamos a decir, mamá? —dijo la hija, echándose hacia atrás y haciéndome un gesto llevándose el dedo índice a la boca—. Que te vas a poner buena, eso es en lo que te tienes que concentrar ahora. Eso es en lo que tienes que pensar —y luego mirándome continuó—: Mi madre es muy sensible, se preocupa y agobia por todo. Y con las enfermedades mucho más —dijo mirándola mientras le tocaba el brazo—. Siempre ha sido muy aprensiva.

—A mí esas cosas me han dado miedo, la verdad —dijo Isabel cabizbaja y se calló durante un instante—. No me voy a morir, ¿verdad, doctora? —me preguntó de repente mirándome a los ojos.

—Isabel, no te digo nada nuevo si te informo de que nos vamos a morir todos. Bueno el cuerpo es el que se va a morir porque tiene fecha de caducidad, como quien dice, y porque no es eterno como nuestra alma. Lo que no sé es ni dónde ni cuándo, pero irnos a casa, al lugar de donde vinimos, allí nos vamos a ir antes o después. La pregunta es: ¿estás haciendo hoy lo que te apetece? ¿Podrás hacerte feliz hoy? Porque tu vida, hoy, no está acabada; entonces, ¿qué vas a hacer hoy? ¿Con quién te gustaría estar o hablar?

—Con mi nieta, me gustaría hablar con mi nieta. Está en Inglaterra, pero no llama nunca.

42. El estadio 4 (o IV) del cáncer significa que la enfermedad se ha diseminado desde su sitio de origen a otras partes del cuerpo, proceso que se conoce como cáncer metastásico.

—Ahí lo tienes Isabel, ahí tienes lo que de verdad quieres hacer. ¿Por qué no lo haces? Porque si no es ahora, ¿cuándo?[43]

En este caso, Isabel me comunica de alguna manera que tiene miedo, que estas cosas le dan miedo. No me pareció que estuviera en actitud de saber la gravedad de su situación, pero sí deberíamos tener la conciencia de expresarles que el presente es importante y que no debemos dejar de hacer las cosas para un mañana incierto.

Estamos en nuestro derecho de saber o de no saber, según cada cual. También estamos en nuestro derecho de cambiar de opinión, de manera que, si en algún momento deseamos que se nos cuente la verdad, podamos así expresarlo.

CUANDO MORIR ES UNA OPCIÓN

Cuando Carolina llegó a su domicilio, después de varias semanas en el hospital por un cáncer de páncreas en estadio IV[44] que le acababan de diagnosticar, la estaban esperando con una pequeña fiesta. La familia y los amigos más íntimos se reunieron para darle la bienvenida.

—Ahora te toca descansar en tu casa que es donde mejor se está —le dijo una amiga— y verás como, poco a poco, te vas poniendo buenecita.

Pese a las buenas intenciones de su amiga, a Carolina le pareció de una gran falsedad y se echó a llorar. Todos pensaron que era la emoción del momento, pero lo que realmente sintió fue la soledad de un enfermo que no podía compartir su situación con los que

43. La frase completa y más antigua es: «Si yo no estoy para mí, ¿quién lo está? Y si solo estoy para mí, ¿qué soy? Y si no es ahora, ¿cuándo?». *Tratado de los padres del Talmud*.

44. El estadio IV del cáncer, también conocido como cáncer metastásico, es la etapa más avanzada. En esta fase, las células cancerosas se han diseminado desde el lugar donde se originaron (tumor primario) a otras partes del cuerpo, formando tumores secundarios. Este proceso se llama metástasis.

piensan que siempre hay esperanza. Y si bien es cierto que existen remisiones espontáneas y curaciones milagrosas, también debemos estar atentos y respetar la decisión que el alma de la persona (que es la que, en realidad, decide cuándo nos marchamos) haya tomado. Si todavía hay alguien que piensa que es el cerebro, ese órgano biológico y material, el que toma la decisión de cuándo nos vamos de este plano, es que no ha entendido la diferencia entre cerebro y conciencia y le animo a que lo haga. Pronto.[45]

—No voy a luchar —dijo tras unos minutos de lágrimas que se contagiaron a los asistentes—. No pienso emprender una lucha. Me han dicho mis posibilidades y el pronóstico de la enfermedad. Tres meses sin quimioterapia y seis meses con quimioterapia. No sé si entenderéis o no mi decisión, pero no me voy a someter a quimioterapia.

Hubo protestas por parte de unos y de otros. Quejas y frases acerca de plantar cara a la enfermedad, ser fuerte, o dejarse marchar como una forma de cobardía.

Carolina estaba muy triste no solo por lo que tenía encima, sino porque no se sentía acompañada en su decisión. Lo había decidido en las semanas de hospitalización. No deseaba en modo alguno volver al hospital. No quería pasar sus últimos días entre el personal sanitario, gente entrando y saliendo y enfermos por todos lados. Quería marcharse en su casa, en paz y tranquilidad.

—¿Tú me comprendes? —me preguntó una tarde en la que acudió a por el parte de baja—. Dime que tú me comprendes. No tengo hijos, he vivido para trabajar y escalar posiciones en el banco. Ahora quiero paz y descanso.

45. La conciencia no local es la teoría que propone que la conciencia no está confinada al cerebro, sino que es parte de un campo más grande y conectado, similar a una energía sutil que existe más allá del cuerpo físico. Según esta perspectiva, el cerebro actúa como una interfaz que traduce o capta esta conciencia más amplia, pero no la genera por sí mismo.

—Entiendo lo que me quieres decir —le contesté y pensé que debía elegir muy bien mis palabras—. Sientes que has elegido lo mejor para ti.

—Yo diría que esta experiencia de vida se ha terminado, no deseo continuar con ella, bueno, más bien es como si estuviera agotada, una vida en donde he tenido novios, un exmarido al que no tengo ningunas ganas de volver a ver, he tenido amigos, he viajado por donde he deseado y, en la soledad totalmente buscada de mi hogar, he sabido que no deseo nada. Yo, que antes ¡lo quería todo! Si me preguntas qué quiero ahora, te diría que nada. Dejaré las cosas que tengo a mi hermana, incluida mi casa. Solo quiero marcharme sin dolor, marcharme tranquila. ¿Es mucho pedir?

—Nadie se tiene que marchar con dolor. Hoy sabemos cómo hacerlo médicamente. Te sugiero que quede constancia por escrito de lo que deseas. Si no quieres escribirlo, déjalo grabado en un audio, por ejemplo. Te aconsejaría que se lo dijeses a tu hermana, y dale una copia a ella, tanto si dejas un escrito como si dejas un audio. Es tu familia más directa. Y, en caso de duda, sabrá lo que hacer, respetará tus deseos. Así le quitas la carga de tomar unas decisiones que son tuyas. Creo que dejar expresado lo que queremos es un gran acto de amor para con las personas que quedan aquí. Somos responsables de nuestra vida hasta el final. Me parece muy valiente y coherente dejar decidido lo que deseamos.

Le dije esto último porque estoy convencida de que es así. La muerte del cuerpo es un cambio de ciclo o una transformación de dimensión o de vibración.

—Bueno, yo lo que deseo es irme en paz y sin dolor.

Como todos, pensé.

La hermana de Carolina, Rocío, era paciente mía y acudió una semana después porque estaba muy triste.

—Carolina es mi única hermana. Ahora está todo el día en casa y me ha dicho que escribe sus memorias porque le sirve para recordar, revisar, averiguar para qué ha servido su existencia. Está diciendo cosas raras, como por ejemplo que no tuvo que haberse casado con ese imbécil, pero que lo va a llamar porque tiene que darle las gracias. «¿Cómo?», le pregunto yo, pero me dice que si no se hubiese casado, no le hubiesen sucedido otras cosas y que aprendió mucho a respetarse y a valorarse a sí misma. —Se detuvo para encogerse de hombros—. Dime lo que piensas, ¿crees que es normal que no quiera ponerse quimio? Porque a mí me parece que tendría que estar dándose una oportunidad.

—No sé qué decirte —le comenté con sinceridad—. Es la decisión de tu hermana. Ella ha sido dueña de su vida. La ha vivido como ha querido. Ahora es dueña de su muerte, porque también eso es parte de la vida. Su muerte, es parte de su vida.

—Pero ¿cómo puedes hablar así de la muerte de mi hermana? —me preguntó Rocío con los ojos anegados en lágrimas.

—Es cierto —le contesté algo arrepentida tal vez por mi franqueza—, pero deseo entender a tu hermana, entenderte a ti y poder ayudaros a las dos. El respeto y el amor que os tenéis la una a la otra será el que te lleve a darte cuenta de que ella tiene todo el derecho a decidir y tú tienes todo el derecho a no estar de acuerdo. Es algo que le concierne a ella y que, aunque a ti te pueda doler, nadie puede tomarla en su nombre. Sobre todo, cuando parece tan segura. ¿Qué podemos hacer sino apoyarla en lo que decida? Incluso si se llegara a arrepentir y de pronto solicitara que le administrasen quimioterapia, habría que admitir que no hay decisiones erradas, sino que se pueden ir tomando en libertad y adaptarlas al curso de nuestras emociones y sentimientos.

Unas semanas después me avisaron para que fuese a visitar a Carolina. Había dejado de comer y se encontraba muy débil.

—Lleva así desde hace dos días —me dijo su hermana al abrirme la puerta, mientras avanzaba hacia la habitación de Carolina—. Ya no se quiere levantar ni a comer. Apenas habla.

Cuando entré en la habitación, las persianas estaban casi bajadas, con lo que la penumbra inundaba el dormitorio. Mis ojos se acostumbraron rápidamente y me senté al borde de la cama tocando el brazo de Carolina. Cuando abrió los ojos, la saludé. Ella me correspondió:

—Hola, doctora, ¿por qué has venido? —Miró a su hermana que se había quedado en la puerta—. Ya te dije que no llamaras a la doctora —dijo dirigiéndose a Rocío.

—¿Cómo estás Carolina? —le pregunté tomándole una mano—. Estabas dormida ¿Estás cómoda? ¿Te duele algo?

—No, doctora, estoy bien. Muy cansada, eso sí. Necesito descansar. Solo quiero eso.

Y volvió a cerrar los ojos.

—Carolina, estoy aquí para lo que necesites —seguía con los ojos cerrados—. De corazón te deseo que tengas un buen viaje. Que continúes hacia donde tengas que ir. No te detengas ni mires atrás. Si tienes necesidad, busca a tus seres queridos. Si no los encuentras, pide ver la luz para que guíe tus pasos. El amor saldrá a tu encuentro. Renuncia a cualquier dolor que puedas arrastrar y no lo lleves contigo. Tu hermana sabe que cuenta conmigo. Le dolerá tu partida, pero todo estará bien. Todo va a estar bien.

Esta última conversación que mantuve con ella es un ejemplo de cómo aceptar la partida del otro y hacérselo saber, dándole alguna indicación sobre cómo buscar a sus seres queridos y que, en el caso de que no aparezcan, solo tiene que pedir ver la luz. En los planos no físicos, la proyección mental es la que domina, o sea, la conciencia. Asegurarle de que estaría atenta a las demandas médicas y emocionales que yo le pudiera proporcionar, como su médico, a su hermana, y de que todo iba a estar bien. El que puedan soltar la necesidad de tener controlado el futuro, y decirles que todo va a estar bien, proporciona tranquilidad y paz sobre los asuntos que quedan en este plano. Todo para que pueda irse lo más aliviada posible sobre los asuntos materiales pendientes que les puedan preocupar.

Y me marché tras darle un beso y apretarle ligeramente el brazo. Movió la cabeza en señal de despedida.

Ya fuera de la habitación hablé con la hermana. Estaba muy cansada por el cuidado continuo que requería Carolina y por el dolor que le causaba ver a un ser querido tan enfermo. Este es un punto importante a tener en cuenta en los familiares y seres queridos, la mella que el dolor puede hacer en su psique, en su cuerpo, de tal manera que, a veces, también los familiares cuidadores dejan de comer y de cuidarse.

—¿Qué hago cuando llegue el momento? Ya me doy cuenta de que esto no tiene marcha atrás —me dijo con una apagada y triste voz.

Le pregunté, si le preocupaba algo.

—Ha hecho testamento y todo lo que tiene quiere que sea para mí. ¡Maldita sea!, si yo no quiero nada. —Apretó la boca mientras que en sus ojos, enrojecidos por el cansancio, brillaban las lágrimas que afloraban y que supuse que sacaba cuando estaba a solas.

—Rocío, debes dejarla ir.

—¿Cómo? ¿Qué quieres decir? Si yo hago lo que ella quiere, si antes de que abra la boca ya estoy yo dispuesta a lo que me pida.

—Espera, espera —la interrumpí, poniéndole mi mano en su brazo—. Ya sé que estás dedicada a ella. ¿Has hablado con ella?

—Ah, sí. Hemos hablado mucho. Hasta hemos recordado muchas cosas de cuando éramos chicas y vivíamos en el pueblo. Cosas de los abuelos, de cuando nos mudamos o de cuando teníamos diez u once años y nos gustaba el mismo chico, que resultó ser un canalla. ¡Menos mal que ninguna acabó saliendo con él! Ha sido una gran hermana. Sí, hemos estado hablado mucho.

—Es una gran oportunidad, poder hablar. A veces existen cosas que mantuvimos ocultas, o en secreto, y que ahora ya no tiene la más mínima relevancia. Si hubo veces que no pedimos perdón, por ejemplo, pedirlo ahora. O al revés, esas veces que nos hizo daño, dándose o sin darse cuenta, eso da igual, y queremos que lo sepa, siempre con el fin de dejar ir el rencor, de no seguir manteniendo la rencilla. Si tienes algo bueno que decirle, entonces díselo. Si no puedes superar una situación con ella y sigue existiendo rencor en tu corazón, entonces como es un tema tuyo más que de ella mejor no lo digas y trata de resolverlo para que tú tengas paz. Estas conversaciones hay que mantenerlas para que puedan terminar en una frase fundamental: «Todo está bien» o «Todo estará bien».

Rocío se echó a llorar y estuvimos abrazadas un rato. La de veces que había presenciado el ingreso de una nueva vida a una familia y la de veces que había ido a despedirme, a apoyar a los que se quedaban, a sostener conversaciones que resultaban incomodas porque se trataba de la muerte.

ACOMPAÑAMIENTO DESDE LA CONCIENCIA

Muchas veces, los que visitan a los enfermos no tienen mucho conocimiento del proceso de morir. Pueden ir muy asustados y decir cualquier frase hecha para irse lo antes posible. Eso si llegan a ir. Porque existen mil excusas para no hacerlo. Autoengaños, en realidad.

Cuantas veces ni se visita como se hacía antes a los enfermos que están muriendo. Se manda un Wasap, un audio o como mucho una llamada por teléfono, asegurando que estamos dispuestos a ayudar si se nos solicita, con el deseo, en muchos casos, de que no lo hagan porque no vamos a saber qué hacer. La muerte nos sobrepasa. Está sin reflexionar. Está sin ser pensada.

Con este escenario, la tendencia actual es la de morir solo o mínimamente acompañado.

El tránsito es el paso de la conciencia de este plano al siguiente. También se puede definir como el abandono de nuestra conciencia del plano material, donde ya no obtiene soporte alguno para revelarse o manifestarse.

Cuando fallecemos, se desconecta el cuerpo físico, el cuerpo emocional, mientras que el espiritual o de conciencia, trasciende, cambia de plano, adquiere un nuevo estado de conciencia llevándose todas las experiencias que le han proporcionado el paso por la existencia que está terminando.

El alma es la interfaz[46] o el conector entre la densidad física, el cuerpo, y el espíritu, para poder tener una experiencia humana. En

46. El alma actúa como una conexión entre el cuerpo y el espíritu, sien-

el alma quedan recogidas todas las experiencias vividas en esta y en otras vidas. El espíritu, que necesita del alma como conectora con la densidad, extrae la sabiduría que contienen las experiencias vividas.

Cuando nuestra misión termina, es hora de regresar a nuestro verdadero hogar, el mundo espiritual.

Tal vez, mientras estamos vivos tengamos algo que enseñar y aprender, tanto a nosotros mismos como a los demás. Acompañar en el tránsito y vivir el propio sabiendo que somos una conciencia que sobrevive, nos dará muchos e interesantes matices, ya que abordaremos la muerte desde el punto de vista de lo imperecedero y desde el sentido de nuestra existencia.

Saber que el paciente está muy enfermo y, por eso, deberíamos estar a su lado sin más propósito que el de acompañar.

Si conocemos las fases del tránsito, la escucha activa nos permitirá acompañarlo a otro nivel.

Si el paciente nos comenta lo que le va sucediendo, como que está viendo algo (una luz, un portal, un paisaje, por ejemplo) o a alguien (fase de las visitas), debemos hacerle saber que el proceso que está teniendo es natural.

En casos de miedo a la muerte, la visión de una visita puede ser muy reconfortante ya que le podría ayudar en el tránsito, pero puede estar siendo rechazada por el paciente al considerar que esas visiones que tiene no son normales o son alucinaciones. Si nos comunican, con miedo, podemos intervenir animando a que pregunte a esa visita que está viendo qué es lo que quiere. Dejar que suceda la experiencia sin bloquearla con frases como que es imposible que esté viendo a alguien que ya ha fallecido porque no podemos detener el proceso de tránsito, pero sí que no nos cuente nada de lo que está viendo.

Hay casos en donde el paciente comienza a hacer gestos: puede extender una o ambas manos como queriendo agarrar algo o se

---

do la parte de nosotros que procesa las experiencias del mundo físico (el cuerpo) y establece la conexión con lo espiritual (el espíritu).

queda mirando un punto fijo de la habitación y/o comienza a sonreír, por ejemplo, entonces podemos preguntarle qué es lo que está viendo, en ese momento es interesante preguntar y escuchar. Puede que el mismo paciente crea que no es normal lo que ve y prefiera no compartirlo, pero en la mayoría de los casos hablarán acerca de su visión.

Hacerle saber que los fenómenos que está experimentando tienen un motivo en su proceso, que lo puede preguntar y la visita, o visión, se lo dirá.

Las preguntas serían del tipo:

- ◊ Para saber si el moribundo está siendo visitado por seres del otro lado se podría preguntar: ¿estás viendo o has visto cerca de ti (en la habitación, el dormitorio, etc.) algo que te llame la atención?
- ◊ En caso afirmativo, ¿a quién has visto?
- ◊ ¿Quién era el protagonista de la visión?
- ◊ ¿Qué acción estaba realizando esa visión?
- ◊ ¿Qué aspecto tenía la visión?, si era alguien conocido y, en ese caso, ¿qué edad aparentaba? ¿Tenía un halo o irradiaba luz?
- ◊ Qué gesto presentaba la visión: sonriente, serio.
- ◊ Observar hacia dónde focaliza la mirada el enfermo.
- ◊ ¿Reveló algún mensaje por medio del pensamiento como palabras que se escuchan en la cabeza y que provienen de la visión?
- ◊ Si el mensaje fue de corte emocional: ¿cuál fue el sentimiento que tuvo la persona tras la visión?
- ◊ Para averiguar cómo le ha afectado la visión a la persona: ¿qué crees que te quiso decir? ¿Porque o para qué crees que ha venido? O bien, ¿qué quieren de ti?
- ◊ Si no conoce o cree no conocer a esas visitas, se les puede pedir que las describan. Tal vez, si hacen un esfuerzo y se fijan, puedan reconocer a un familiar lejano, a un vecino, o a un conocido de alguna época de su vida. No hay que olvi-

dar que, muchas veces, los del otro lado se presentan con la apariencia que tenían en la plenitud de su vida.

◊ Se puede ahondar en el fenómeno de las visitas y preguntarles dónde los ve. Esto no solo demuestra interés y confianza al escucharlos, la posición de estas puede indicar cuánto de avanzado está el tránsito. Cuando los enfermos ven a las visitas en el dormitorio, el tránsito está ya muy avanzado. Cuando las ven en el pasillo, puede quedar un poco más de tiempo, porque lo habitual es que, desde el pasillo, accedan al dormitorio conforme el tránsito avanza.

◊ ¿Estás viendo alguna luz o un foco de luz? En ocasiones están viendo como un foco de luz que aparece y desaparece, como ocurrió en el caso de Paco J., que en estado de coma veía un foco de luz que aparecía y desaparecía, hasta que finalmente el foco se quedó fijo y tuvo una experiencia en el umbral. Esta pregunta es pertinente, porque en caso de que sea afirmativa, les podemos señalar que es un portal que se abre para ellos. No solo se ve la luz cuando se tiene una parada cardiaca y una ECM (experiencia cercana a la muerte), en mis investigaciones hay pacientes que ven un foco de luz, como un portal que se abre, en su perimuerte.

◊ Preguntar por los sueños es interesante porque puede ser otra de las vías de comunicación, utilizadas por los del otro lado, para avisar e informar de que el momento está llegando.

◊ Los sueños pueden ser variados, desde soñar con familiares fallecidos, o con momentos más o menos traumáticos de sus vidas, hasta soñar con figuras metafóricas, como puertas o arcos que deben traspasar, ríos que quieren cruzar y aún no pueden, o seres queridos que los esperan y llaman desde el otro lado de la puerta o desde la otra orilla de un río.

Debemos mantener una actitud abierta, sin expectativas, sin juicios previos sobre lo que pueda pasar ni sobre lo que nos están diciendo.

Puede ser que no esté viendo a nadie ni tenga visión alguna. No en todos los casos esta fase del tránsito se hace patente.

Si reflexionamos sobre lo que nos dicen, tal vez podamos averiguar por qué se alarga un tránsito y si no somos capaces de entenderlo, simplemente debemos dejarlo estar, sabiendo que existe un ritmo, una sincronía familiar y que es, sin duda, la adecuada para cada tránsito.

El siguiente caso me sorprendió porque era la primera vez que me relataban lo que sucede cuando acompañas a una persona desde el nivel espiritual o de conciencia. Si somos conscientes de cómo es el tránsito y sabemos las fases por las que pasa la persona en el proceso planificado de trascender, se puede establecer una comunicación con el que se marcha, desde lo espiritual, aportando paz y tranquilidad porque podemos dar una orientación sobre cómo realizar el tránsito.

AYUDAR A ENVIAR A LA LUZ

Ana, es una azafata de congresos, soltera, de unos 45 años, que me preguntó, tras consultarme por un tema de salud leve, si podíamos enviar desde este plano a alguien a la luz.

Me quedé en silencio, no me esperaba esa pregunta y la animé a que me contara la razón.

—He leído tu libro, *El final es el principio*, y me ha hecho reflexionar mucho. He aprendido muchas cosas.

—Gracias. Es una sabiduría antigua, conocimientos que todos sabemos, pero hemos olvidado.

—A mí me ayudaste mucho con mi tío.

—¿Y eso? —Me incliné hacia delante. Me gusta mucho que me compartan sus historias.

—Mi tío estaba soltero y era muy mayor. En la época de la pandemia le dije que se viniese conmigo porque vivía solo y yo también. Le gustaba salir todos los días a comprar el pan. Un día tropezó en la acera y se cayó. Se golpeó con el bordillo en la cabeza, y había transcurrido un rato cuando llegó la ambulancia. El caso es que tuvo una hemorragia cerebral con tan mala fortuna que quedó tetrapléjico[47] Cuando le dieron el alta, lo ingresamos en el Hospital Nacional de Parapléjicos de Toledo.

Luego mi madre, que vive en Madrid, se lo llevo a su casa y estuvo pendiente de él hasta que enfermó muy grave de neumonía y lo tuvieron que ingresar.

—Debe ser muy duro que te cambie la vida así, en un segundo. Salió a comprar el pan y, de repente, ya nada volvió a ser igual. Un vuelco tremendo. Todo muy estresante primero para él, y luego para la familia. —Ana asintió y bajó las comisuras de los labios.

—Todo muy triste, doctora. Además, mi tío fue perdiendo las ganas de vivir y al final, estaba muy deprimido. Bueno el caso es que yo estaba pasando unos días en Madrid mientras él estaba ingresado con la neumonía. Iba a verlo a diario. Físicamente tosía menos y le había bajado la fiebre, pero yo no lo veía bien. Estaba como ensimismado. Pasaban los días y no le daban el alta porque un día estaba mejor, al otro le subía fiebre y así sucesivamente.

—¿Qué quieres decir con lo de que no lo veías bien?

—Lo veía cada día más derrotado. —Ana achinó los ojos—. Con ganas de dormir a todas horas. Cuando iba a visitarlo, lo tenía que despertar, pero al minuto se le cerraban los ojos. El caso es que un día que fui a verlo y estaba dormido, como era habitual por aquel entonces, me acordé de tu libro. Recuerdo que pensé si no estaría haciendo el tránsito, tal como tú lo describes.

—¿Qué le preguntaste para saber si estaba haciendo el tránsito?

—Le pregunté directamente y sin rodeos si estaba viendo en la habitación a seres queridos que ya estaban en el otro lado. Le dije: «Tito ¿están viniendo por aquí a visitarte tu madre, tu padre o algunas personas que ya hayan fallecido?». Entonces se espabiló y me dijo: «Viene mi padre, pero también vienen otras personas».

47. Tetraplejia: parálisis motora y sensitiva que afecta a brazos, piernas y tronco causada por un daño o una lesión en la medula espinal.

—¡Qué me dices! ¿Se lo preguntaste así tan normal y él te respondió también normal? ¿O se sorprendió de tu pregunta?

—No, no se sorprendió, sino que me contestó de forma muy natural. A mí también me llamó la atención, pero ya que había empezado la conversación seguí y le pregunté la razón por la que estaban allí esos familiares y mi tío me dijo que estaban allí por él, que habían venido a buscarlo.

—¿Y te lo dijo tan tranquilo?

—Sí, como si mantuviéramos una conversación de lo más normal. Pero se había espabilado y parecía que tenía ganas de hablar. Me dijo que no esperaba verlos, pero que habían ido apareciendo. No todos a la vez, sino poco a poco. Entonces le pregunté desde cuándo los veía y me dijo que llevaba así varios días. Eso ya era muy fuerte. Mi tío no me había contado nada, aunque llevaba visitándolo varios días. En el hospital, que yo supiese, tampoco había dicho nada a nadie.

—Te llevaste una sorpresa, aunque estaba claro, por los síntomas físicos, que había iniciado el proceso de morir, y que te hablaba de lo que estaba viendo. Su apertura o expansión de conciencia, ya se había iniciado.

—Sin duda —asintió Ana—, pero yo fui un poco más lejos cuando le dije que esos seres queridos que estaba viendo, estaban allí para ayudarle a realizar su tránsito y que ese era el motivo por el que habían ido a buscarlo, porque lo iban a acompañar. Ya que me vine arriba al ver que me atendía a todo lo que yo le decía y no me interrumpía ni me cuestionaba, le dije que, llegado el momento, se abriría un portal que seguramente vería como una luz. Entonces mi tío me preguntó: «El portal ese del que hablas, ¿dices que es una luz?». Y yo le contesté que sí, que había escuchado que se veía así, como una luz.

—Me maravilla oír cómo se puede tener una conversación normalizada con alguien que está en tránsito de forma tan natural. Esto es un acompañamiento a otro nivel.

—Totalmente de acuerdo, doctora. Vi que mi tío me estaba

hablando muy animado por primera vez en mucho tiempo. Pero espera —me hizo un gesto enseñándome la palma de su mano—, le dije que ese portal que podía ver como una luz se abría para él. Y va y me dice: «¡Ah!, ¡esa luz! Ya sé. La llevo viendo varios días. Y ¿dices que es un umbral o un portal por el que tengo que pasar?». Si Tito, ese portal se ha abierto para ti. Es lo que separa esta dimensión de la otra y es por donde salen y entran los seres queridos que estás viendo. Entonces, mi tío me dijo: «Dicen que vinieron a buscarme». «Y ¿por qué no te vas con ellos?», le pregunté. Le animé a que se marchara con los suyos. Estuve un rato más con él y me despedí. Me marché a casa. No había ni aparcado el coche en el garaje, cuando avisaron del hospital. Mi tío acababa de fallecer.

—¡Qué bella experiencia! —le dije emocionada—. Creo que tu tío tuvo un gran apoyo y ayuda por tu parte, en realidad le ayudaste a cruzar, le diste la mejor de las razones, el portal de luz que se abre para cada uno de nosotros, y le indicaste que era su momento. Le mostraste el camino y se marchó acompañado por los suyos. Qué belleza, Ana.

Me pregunto cuántas veces pasará esto, que están siendo visitados por seres queridos del otro lado y no lo comparten con nadie. Si preguntáramos, ¿qué nos responderían? ¿Con cuántas experiencias nos encontraríamos?

Cuando se empezaron a explorar las ECMs, se comenzó preguntando a las personas que habían tenido una parada cardiaca si recordaban una experiencia durante la misma. Esta búsqueda activa dio sus frutos y así se recogieron, y aún se recogen, miles de casos en todo el mundo. Hay una concienciación sobre este tema.

Espero que con mi investigación también se produzca una concienciación sobre los fenómenos de perimuerte, para que se exploren e investiguen y así, llegar a saber un día qué es lo que sucede en la perimuerte y, sobre todo, cómo podemos ayudar al que está en tránsito a comprender lo que está viendo, lo que le está sucediendo, para que pueda entender el proceso y sentirse comprendido durante el mismo, orientándole sobre la actitud de apertura y acompañarlo durante uno de los procesos más fascinantes y naturales, nuestra despedida de este mundo que nos permitirá regresar al hogar donde se encuentra la esencia misma de lo que somos: nuestra conciencia.

4.4. DESPEDIDA CONSCIENTE DE LOS SERES QUERIDOS

Cuando el proceso de morir ha comenzado, puede ser el momento para despedirnos. Aún nos queda una oportunidad para decir aquello que deseemos hacer saber a la persona que está en tránsito: liberar cargas, dar las gracias y reconocer la vida que está terminando.

Podemos tener en cuenta varias vertientes:

◊ Reconocer lo bueno que hayan hecho en la vida. Como, por ejemplo, si han sido buenos padres, hermanos, hijos e incluso buenos compañeros y trabajadores. Para muchas personas, su faceta profesional ha sido importante y reconocer el esfuerzo, la pasión y el entusiasmo en su área profesional puede resultar valioso. ¡Cuántas veces nuestra misión de vida es nuestra profesión! Reconocer el valor de lo aportado con nuestro paso por este mundo es muy reconfortante. El tránsito podrá ser tenido como algo natural, si la misión para la que vinimos está completada. Si nuestra vida tuvo sentido, nuestra muerte también lo tendrá. A la hora del tránsito, las frases de reconocimiento y de agradecimiento serán de gran valor y muy apreciadas por el que va a partir.

Frases como: «Fuiste un gran padre/madre, muy atento, comprometido con tu familia y con tus amigos". "Gracias por todos tus esfuerzos para ayudar cuando fue necesario". "Ayudaste a aquellos que pudiste". "Gracias por haber estado en mi vida, gracias por tu apoyo, gracias por tu amor"». Este tipo de frases de reconocimiento pueden servir para todos los allegados: un padre o una madre, un hermano, un amigo, o un familiar. Poner en valor lo que ha sido y hecho en su vida, y cómo ha repercutido en la nuestra, así como el darle las gracias por la influencia y la huella dejada en nosotros, es importante para que pueda sentir paz en el momento de marcharse.

Las frases están propuestas a manera de modelo, para que cada uno encuentre su propia despedida, su propia manera de agradecer y de reconocer aquello que desea transmitir cuando tenga una conversación con el que se marcha. Creo que las últimas palabras son importantes y deberíamos cuidarlas siempre que podamos.

- ◊ Recordar episodios de nuestra vida asociados al que se está marchando no solo para evidenciar las cualidades que poseía, sino para expresarle que permanecerá en nuestro recuerdo. Recuperar estas anécdotas nos hará sentirnos unidos a la persona que se marcha puesto que pondrá de manifiesto que las vivencias han traspasado el tiempo. Para el que se va, también es importante puesto que le estamos expresando que, a través de los recuerdos, permanecerá en nuestro corazón. Es una forma de reconocimiento y de declarar que no nos vamos a olvidar de ellos.
- ◊ Pedir perdón si hicimos algo que no debimos con esa persona. Son momentos para hablar en confidencia. Esto puede hacer que entienda ciertos comportamientos que hayamos tenido, deshacer malentendidos, y además darle la oportunidad de que nos otorgue el perdón y pueda marcharse liberado de esa circunstancia que puede estar pesando para ambos. Y todos tenemos algo por lo que solicitar el perdón de alguien.
- ◊ Perdonar los episodios que hayan podido quedar enquistados en nuestro corazón. Tal vez sucedió algo que nos hizo

daño, tal vez esa persona no tenía intención, o tal vez sí. Pero si no lo hemos hablado, y es la última oportunidad de hacerlo, sugiero aprovecharla. No la deberíamos dejarla pasar. Lo ideal sería que aún pudiera dialogar con nosotros y darnos su versión de lo sucedido, pero si no fuera así, decírselo es una manera de ayudarle en el tránsito. Que sepa que aquel episodio del pasado está perdonado. Se pueden utilizar palabras como: «Todo está bien». Esta frase se expresa en positivo, se usan pocas palabras y es directa. Además, implica que, por nuestra parte, se ha equilibrado el enfado y el dolor que nos pudo causar la situación mencionada, que se ha superado con el perdón y que ya podemos seguir adelante sin la carga de aquel suceso.

Como ya he apuntado, si no podemos perdonar alguna situación y sigue estando activa y enquistada en nuestro corazón, es mejor no decir nada. Evitar mostrar un enfado con rencor es un asunto que debemos resolver nosotros, puesto que el rencor que tenemos es nuestro y si no hemos perdonado, es un trabajo interior que nos corresponde a nosotros realizar. Es mejor dejar partir al que se está yendo sin expresar enfado y sin manifestar la falta de perdón. Podríamos decir, como norma general y no solo en el caso de alguien que está en tránsito, que «si no hay nada bueno que decir, mejor no decir nada».

◊ En ocasiones, el no haber podido despedirse de la persona que acaba de partir puede ocasionar un sentimiento de culpabilidad, bien por no haber podido llegar o porque la última conversación con ella fue una discusión. Si ese es tu caso, no dudes en despedirte como te hubiera gustado hacerlo en el momento en el que así lo sientas. Pasar al otro lado es un proceso para el que se marcha, pero también es un proceso de adaptación a la pérdida para el que se queda. Por eso uno se puede despedir del ser querido cuando esté preparado emocionalmente para hacerlo, aunque haya pasado un tiempo desde la partida. En este caso, la despedida se podrá realizar de varias formas. Una de ellas es rezando por esa persona y por nosotros mismos, para alcanzar la paz en la despedida. Otra puede ser desde nuestro pensamiento y nuestro corazón en recogimiento interior o en meditación. Otra opción podría ser escribir una carta en donde le expresemos todo aquello que se quedó sin decir y luego llevar esa misiva a algún lugar que tenga un significado especial para ambos, y allí enterrarla, quemarla o realizar una meditación o ritual a tu manera.

◊ Si no vamos a poder despedirnos con amor, compasión y bondad, no lo hagamos. Mejor no hacer ni decir nada. Quizás en un futuro encontremos la paz para poder hacerlo.

4.5. CÓMO AYUDARNOS A NOSOTROS MISMOS. MI MUERTE ES MÍA

El objetivo es irnos con la mayor paz posible y en el mejor estado mental y emocional, por ello, podemos considerar la vida, además de para adquirir nuevos aprendizajes, como una preparación para el tránsito.

Se nos van a presentar multitud de ocasiones que nos irán preparando para la pérdida. ¿Qué pérdida? La mayor de todas, la de nuestra propia vida. Pero si lo pensamos bien no hay mucho que perder. No trajimos nada y nos llevamos las experiencias obtenidas con las relaciones que hayamos mantenido, en primer lugar con nosotros mismos, después con otras personas, con otros seres vivos (como mascotas o plantas, por ejemplo) y también con las cosas. Sí, con las cosas, como la relación que hayamos tenido con el dinero, con objetos como joyas, coches, motos, con los bienes inmuebles, por nombrar alguno de ellos, o pequeñas cosas a las que les damos un significado especial como una fotografía, un juguete, un mechón de pelo, etc. Cada uno que piense cuáles son esos objetos materiales en los que están depositados sus afectos y con los que tiene una relación de apego.

Antes de partir, habrá que despedirse de las personas y habrá que desprenderse de los objetos, del mundo material, de todo lo que atesoramos.

Los dos primeros apartados que comento a continuación son similares a los que propongo al despedir a un ser querido, porque cuando nos toque a nosotros estar en tránsito, nos estaremos despidiendo de todos nuestros allegados y para obtener la paz que deseamos, es muy interesante cruzar ligeros de equipaje, como decía Machado,[48] por lo que para los últimos días, te propongo lo siguiente:

◊ Despedirte de tus seres queridos, reconocerles y agradecer lo que hayan hecho por ti. Esto te aportará tranquilidad porque lo estarás haciendo con agradecimiento. Recuerda que en esos momentos eres el protagonista y ya no tienes que hacer nada por compromiso. Si no quieres hablar con alguien, no lo hagas. Solo tú eres el que decide. Sinceridad, honestidad y coherencia, ante todo, ya que no hay juicio.
◊ Recordar con los seres queridos anécdotas compartidas. Quizás fueron divertidas o tal vez trágicas. Algunas veces son situaciones de la vida cotidiana las que nos unen. Eso va a depender de cada uno. Este recuerdo te permitirá mantener el vínculo con esa persona y ella podrá entender que nunca te vas del todo, ni siquiera de este plano o mundo. Mientras haya alguien que nos recuerde y nos lleve en su corazón, allí estará nuestra energía de amor.
◊ Permitirte dar los últimos consejos o sugerencias, sobre todo si hay algo que te preocupe y deseas que escuchen tu opinión.

48. «Y cuando llegue el día del último viaje, y esté al partir la nave que nunca ha de tornar, me encontraréis a bordo ligero de equipaje, casi desnudo, como los hijos de la mar», *Campos de Castilla*,1912 (1.ª edición).

Un padre o una madre con alguno de sus hijos, o acerca de un negocio, una finca familiar, etc. Pueden ser muchos los motivos y si deseamos ser escuchados, lo mejor es hablar.

- ◊ Si te preocupa que alguien pueda quedar desprotegido, déjalo al cuidado de una persona de confianza o por lo menos tener su compromiso de que lo cuidará.
- ◊ La desprotección también puede darse con respecto a los animales que nos han acompañado. Me comentaba una querida amiga que a su madre le preocupaba quién cuidaría de su chihuahua, pero no lo decía porque le pareciera algo secundario. Cuando mi amiga se dio cuenta, le dijo que ella cuidaría del perro, lo que le proporcionó un poco más de paz en su tránsito.
- ◊ Hacer un testamento por escrito, si no lo has hecho antes, para los bienes materiales, aunque sean pocos, y dejarlos repartidos. Cuanto mejor especificado esté, menos polémicas suscitará tras tu marcha. Dejar el episodio de los bienes materiales cerrado, según nuestros deseos, también nos aportará tranquilidad, ya que podremos tener la confianza de que se hará lo que nosotros hemos dispuesto. Si los bienes materiales no nos importan, este apartado quedaría sin sentido. Pero creo que, aunque a nosotros no nos importen, sí que importarán a los herederos, por lo tanto, mi sugerencia es que se haga testamento.

No me cansaré de repetir que todos deberíamos ser los **protagonistas** de nuestra propia muerte.

La familia, los seres queridos y los acompañantes son eso, acompañantes, y tanto el equipo que atiende al enfermo como los allegados y amigos saben que habrá que darle apoyo al ser querido mientras dure el proceso del tránsito. Acompañar en la enfermedad y en el proceso de trascender de alguien al que amas puede ser muy doloroso, pero pongámonos en el lugar del que va a partir y consideremos su dolor.

El que se marcha está realizando el mayor duelo que un ser humano puede acometer: el duelo por la pérdida de la propia vida, debe dejarse ir y despedirse de todos sus seres queridos, también renunciar a emociones como el dolor, el odio, la envidia, la rabia, en definitiva, de todo lo que le suponga apego.

Podríamos pensar que el amor es un apego, pero, en realidad, el amor y el apego son dos conceptos distintos. El amor se caracteriza por un sentimiento de profundo afecto y respeto por la vida y la libertad del otro, sabiendo que tiene sus propios deseos y decisiones, su propio propósito y destino. Mientras que el apego tiene más que ver con una conexión emocional intensa, llegando a aparecer la dependencia, la codependencia y el miedo a la pérdida. Mientras que el amor se cimienta en la libertad, el apego se cimienta en un sentimiento de propiedad que puede generar dependencia, sentimientos posesivos (al creer que el otro es de nuestra propiedad) y deseos de control.

La diferencia entre el apego y el amor no es fácil para nuestro nivel de conciencia y mi experiencia me dice que es un trabajo interior que puede durar toda la vida.

Cuando nuestra marcha cause dolor a los seres que nos aman, siendo conscientes de ello, deberemos aceptarlo. Y nuestros seres queridos deberían concedernos el permiso para marcharnos. Se puede dar permiso sin aceptar, y se puede aceptar sin haber dado permiso explícitamente.

Dar permiso o permitir que el ser querido siga su camino, entendiendo que tiene su propio destino, es un acto de amor que vuelve a enfrentarnos al apego que podamos tener y se puede decir algo parecido a esto: «Entiendo que te tienes que marchar. Vas a emprender el gran viaje y no quiero que sufras por dejarme aquí. Permito que sigas tu camino. Te tienes que ir, es tu destino. El amor nos seguirá uniendo, no te olvidaré. Sé que siempre cuidarás de mí».

Algo muy parecido podríamos decir nosotros, cuando nos vayamos, a los seres queridos que quedan aquí: «Entiende que me tengo que marchar, tengo que emprender el gran viaje. No quiero que sufras por ello. Déjame seguir mi camino. Me tengo que ir, es mi destino, pero no te abandonaré porque siempre cuidaré de ti. El amor nos seguirá uniendo».

Para que aceptara su marcha, un hombre de 34 años, al que le acababan de detectar un tumor cerebral, le decía esta frase, o una similar, a su esposa embarazada. Ya tenían una hija de 2 años cuando decidieron tener otro. El tumor fue tan fulminante que falleció en menos de dos meses. Nunca conoció a su segundo hijo, por lo menos en este plano. Su viuda afirmaba que su marido sabía que se moría, lo aceptó y la ayudó. La fue preparando en esas escasas ocho semanas que duró su enfermedad con frases parecidas a las comentadas. Su esposa cuenta que lo siente con ella, que sabe que la cuida y que también cuida a los niños, a un nivel profundo, espiritual. Aunque no lo puede ver con los ojos, lo percibe de tal manera que, aunque no tiene a su esposo en este plano, no siente la soledad.

◊ Nombrar un *nuncius mortis*,[49] entre los amigos mejor que entre los familiares. Un *nuncius mortis* es alguien que, comprometiéndose con nosotros, se encargará de decirnos la verdad de lo que nos sucede en caso de enfermedad grave y terminal. Sería como un compañero del tránsito, y se debe comprometer a no darnos falsas esperanzas que tanto daño pueden causar, no solo por el engaño que encierran, sino porque vayamos posponiendo algo que deseemos y/o debamos hacer.

Si no deseas que se te informe de nada, obvio que no tienes que pensar en esta figura.

Hay ocasiones en donde hay tanto miedo por parte del que se está marchando que incluso hablar de enfermedades es un problema. En estos casos habrá que esperar a que la persona haga su

49. *Nuncius mortis* en latín significa «mensajero de la muerte» o «anunciador de la muerte».

propio camino interno de aceptación de su propia marcha. Pero si nos preguntan, contestar sin ocultar la verdad.

- ◊ Cuidar el estado mental en el que nos vayamos. Si hemos ido resolviendo nuestros conflictos y trabajado nuestra armonía y equilibrio interior, realizando un trabajo interno para llegar a tener serenidad en nuestro día a día, tendremos más posibilidades de irnos en paz. Se dice que morimos igual que vivimos. Tratemos de vivir en equilibrio y armonía porque seguramente así también nos iremos.
- ◊ Si hemos encontrado el sentido a nuestra vida, hemos encontrado el sentido a nuestra muerte, por lo que volver a donde vinimos con el propósito cumplido es la manera natural de cerrar el ciclo y disipar el miedo. Esto conlleva una reflexión interna para averiguar cuál es la misión que nos trajo a este mundo y poder cumplirla. Este cometido interno pasa por conectarnos con nuestra esencia o espíritu porque es la parte de nosotros que sabe cuál es nuestra misión y cumplirla. El sentido de esta vida es conectarse con lo espiritual, el camino espiritual o el despertar espiritual.
- ◊ Los conflictos aparecen como llamadas de atención y oportunidades para conectarnos con nosotros mismos y vivir una vida alineada con nuestro propósito. Esto sería lo deseable, pero siendo realista, cuando nos llegue el momento, puede ser que no todos los conflictos estén resueltos e incluso puede que queden situaciones que no se han podido atender como quisiéramos, en estos casos habrá que decirse a uno mismo «Está bien. Todo está bien» como frase que resuma el perdón, la tolerancia y la compasión hacia nosotros mismos.

En el tránsito todo se agudiza, se acentúa porque al haber poco tiempo, el que queda se hace intenso y cuando hagamos una revisión de nuestro pasado, de nuestra vida, debemos tener en cuenta que la misericordia y el perdón completo hacia nosotros mismos será importante a la hora de obtener la paz con la que todos deseamos marcharnos.

◊ Si hicimos daño consciente o inconscientemente a alguien y pensamos en los que nos hicieron daño, tanto con intención como sin ella, el perdón en ambos sentidos será muy acertado. Si no tenemos ocasión de expresárselo a los protagonistas, al menos hacerlo en el recogimiento de nuestro mundo íntimo.

Tuvimos la oportunidad de vivir una vida en donde hicimos lo que pudimos para afrontar las adversidades y cuando hagamos una revisión, sugiero tener tolerancia ante los desafíos que consideramos que no superamos, pero también reconocimiento sobre aquellas circunstancias que resolvimos con éxito. Todo ello es parte de una vida y todo contribuyó a nuestra elevación en conciencia.

◊ Poder decirnos: «Todo está bien. Todo estuvo bien porque sirvió para algo. Porque me hizo vivir como un humano singular y único. Ahora, sin orgullo ni vergüenza, con paz y armonía, despojado de todo lo que ya no me sirve ni me acompañará en mi gran viaje, me podré marchar siguiendo la energía de la luz».

Nosotros venimos a este plano con un nivel de conciencia menor del que nos llevamos. Esto es debido a las experiencias que la vida nos ha ofrecido y que nos han servido de aprendizaje. Este nivel de conciencia se puede ver incrementado si reflexionamos sobre dichas experiencias ya que, si no se reflexiona (profundiza, medita) sobre lo que nos acontece, la sabiduría que contiene dicho aprendizaje puede quedar desaprovechada.

◊ Si queremos prepararnos para cruzar al otro lado, se puede empezar hoy mismo. Vivir en paz con uno mismo debería ser un objetivo diario y no dejarlo para cuando llegue el mo-

> mento del tránsito. ¿No es mejor dejar rencores, envidias, rencillas o aclararlas hoy mismo? ¿Por qué dejar todo esto para cuando estemos en tránsito? Tal vez mejoremos mucho nuestra vida y la actitud con la que la vivimos.

Si no nos hemos entrenado previamente a lo largo de la vida, gestionando emociones como la vergüenza, el odio y la envidia, tal vez, llegado el momento de cruzar aparezca el miedo. Y eso nos puede aterrorizar, pero se nos presentarán entonces con más motivo seres del otro lado para guiarnos, calmarnos, tranquilizarnos y ayudarnos.

Si en esos momentos te atenaza el miedo, fíjate bien si está cerca de ti la energía amorosa de tus seres queridos que ya han alcanzado la luz, que están en el mundo espiritual y que te están esperando para cruzar el umbral.

Para alcanzar el otro lado debemos renunciar a todo aquello que no puede venir con nosotros. Considerar la materia dejándola en el lugar que le corresponde, apreciando lo que ha sido, un instrumento que nos ha servido para experimentar la vida en la Tierra y llegar a conclusiones acerca de las experiencias vividas en el plano del que nos vamos a marchar.

También debemos renunciar a la identidad que nos ha proporcionado el personaje utilizado para esta existencia que estamos finalizando, sabiendo que hemos sido un personaje, solo eso, que nuestra esencia va más allá de ese cuerpo utilizado para vivir las experiencias como humanos y elevar nuestro nivel de conciencia.

Elevar nuestro nivel de conciencia es el sentido de toda vida humana. No solo elevarla al nivel individual, sino también al del colectivo, entendiendo por colectivo desde el familiar al universal, al de todas las almas. Esto ocurre de manera automática. Si una persona eleva su nivel de conciencia, elevará también el de todo el colectivo, el de toda la humanidad.

Con las conclusiones extraídas nuestras vivencias, cruzamos al otro lado, llevándonos esta valiosa información que llamamos «conocimiento a través de la experiencia».

Este conocimiento es de suma importancia porque así es como llevamos la información y sabiduría adquirida al otro lado, a ese otro lado espiritual para que pueda aprender a través de la experiencia que se obtiene experimentando la densidad, esa que aporta el haber vivido en un mundo material.

4.6. ÚLTIMAS VOLUNTADES

Otra consideración es dejar por escrito o de manera verbal, nuestras decisiones, las que nosotros elegimos. Sopesar la conveniencia de no dejarlas en manos de los familiares o seres queridos, que puedan dudar acerca de lo que hubiésemos querido.

Entre ellas, como mínimo, deberíamos dejar expresado como propia voluntad:

- ◊ Si deseamos o no ser donantes de órganos.
- ◊ Si deseamos que se nos aplique la sedación. Si se procede a la sedación, si queremos ser informados verbalmente, aunque estemos somnolientos, en estado de estupor[50] o incluso en coma.[51]
- ◊ Determinar el tratamiento de nuestros restos mortales: incineración, nicho, en tierra o, si existe un Panteón familiar, manifestar si deseamos estar en el mismo o no.
- ◊ Si deseamos que nos mantengan artificialmente conectados hasta el último momento o nos desconecten de las máquinas[52] y que sea nuestro cuerpo, ese vehículo físico que nos ha

50. El estado de estupor es una condición en la que una persona se encuentra en un estado de falta de respuesta o inactividad extrema, donde solo responde a estímulos muy intensos como dolor, luz brillante o ruidos fuertes.
51. En estado de coma, la persona no responde a ningún estímulo.
52. Una vida biológica mantenida artificialmente o de forma muy básica, donde no existe una conciencia o capacidad de interacción, pero el

prestado tantos servicios para vivir la experiencia humana, el que se vaya desconectando a su propio ritmo.

◊ Dejar dicho que deseamos estar informados en todo momento de los tratamientos que se nos apliquen, incluso en el caso en el que estemos en estupor o en coma. De manera que nos vayan informando de nuestro proceso médico, sobre todo si no estamos conscientes en esos momentos. Ya sea por medio del oído o porque la conciencia está alrededor de nuestro cuerpo, creo que merecemos ser informados en todo momento de aquellos procedimientos que nos sean aplicados tanto farmacológicos, como físicos, como RCP[53] o la RCP avanzada.[54]

◊ Expresar el deseo de ser informados verbalmente cuando acabemos de trascender. Que se dirijan a nosotros por nuestro nombre y nos informen de que hemos emprendido el viaje hacia el otro lado o dimensión. Porque hay casos en donde podrían no darse cuenta de que han fallecido. Por ejemplo, en una muerte súbita, por accidente, o inesperada. O en estado inconsciente como cuando estamos bajo una sedación. Cuando alguien abandone este plano material, se le podría decir: «Acabas de dejar el plano físico y terrenal. Comienza tu viaje por otros planos de existencia. Sigues vivo. Tu conciencia sigue viva. Eres libre para continuar tu viaje. Recuerda que eres Luz y tienes su poder y su conocimiento. Recuerda toda la sabiduría que posees. Si no en-

---

cuerpo todavía realiza funciones vitales gracias a la ayuda de equipos médicos o por sus propios mecanismos residuales.

53. RCP, o Reanimación Cardiopulmonar, es un procedimiento de emergencia vital que se aplica cuando una persona deja de respirar o su corazón deja de latir.

54. En la RCP avanzada se incluye la gestión de la vía aérea con dispositivos avanzados, la administración de medicamentos, la desfibrilación y la monitorización avanzada, con el objetivo de restaurar la función cardíaca y respiratoria.

cuentras el camino, pide ayuda para que te guíen. Pueden ayudarte tus seres queridos, tus guías, tus ángeles, siempre seres de luz que te amen. Si tienes dudas, pregúntales ¿tú me amas? También puedes pedir ver la luz en caso de no percibirla y cuando lo hagas, no te entretengas mirando hacia atrás. Ya no perteneces a este plano. Dirígete avanzando al lugar más alto que tu conciencia pueda alcanzar porque ese es tu sitio, el que te corresponde y al que ahora perteneces».

◊ Tal vez esto último se pueda hacer vía telepática con el pensamiento, pues la persona que acaba de dejar su cuerpo material es ya una conciencia. Eso lo dejo al mejor discernimiento de cada cual.

A modo de sugerencia, te proporciono algunas ideas de ayuda en el tránsito. Ese pasillo por donde todos vamos a pasar. El lugar donde vamos a ir para alcanzar la dimensión que nos corresponde según nuestro nivel de conciencia. Ahora un poco más elevado por la información de la experiencia extraída de la vida recién vivida y la sabiduría un poco más elevada con las lecciones que hayamos podido dar y aprender. En ese instante podremos ver el gran plan desde otro prisma y tal vez entendamos todo lo que ahora no alcanzamos a comprender. Puede que entonces tengamos la respuesta a la pregunta de para qué estuvimos en esta vida y nos ocurrió todo lo que nos pasó, quedando contestadas todas las preguntas que te hayas hecho.

Te animo a que te plantees preguntas que, aunque no tengan respuesta, sí pueden ser motivo para que te sigas interpelando sobre el mundo que te rodea, tu propia realidad, la verdad oculta en todas las cosas o lo que ahora no puedes ver por las limitaciones del mundo material.

Entonces, cuando des el salto, conocerás mucho más porque esas preguntas te serán contestadas.

Por último, te deseo que tengas un gran viaje y que llegues lo más alto que puedas, a ese lugar donde todos estamos conectados y unidos formando parte de la trama sagrada, el gran tapiz de la creación del que tú y yo, no solo formamos parte, sino que lo estamos tejiendo con cada vida, con cada acto, con cada experiencia y con cada final.